미야모토 무사시

-병법의 구도자-

우오즈미 다카시 지음 | 김수희 옮김

AK

일러두기

1. 이 책은 국립국어원 외래어 표기법에 따라 일본 지명과 인명을 표기하였다.

2. 본문 주석 중 역자의 주석은 '역주'로 표시하였으며, 그 밖의 것은 저자의 주석이다.

3. 서적명은 겹낫표(『 』)로 표시하였으며, 한자 음을 그대로 표기하되, 국내에서 일본어 발음으로 통용되는 용어의 경우에는 일본어 발음으로 표기하였다.
   예)『무공전武公伝』,『니텐기二天記』

4. 이 책은 산돌과 Noto Sans 서체를 이용하여 제작되었다.

머리말

　미야모토 무사시宮本武蔵(1582~1645)의 삶은 아즈치모모야마安土桃山 시대부터 에도江戸 시대 초기에 걸쳐 있다. 미야모토 무사시는 그가 세상을 떠난 지 360년 이상의 세월이 흘렀음에도 불구하고, 여전히 지대한 관심을 받으며 온갖 형태로 언급되는 인물이다.

　현대인들에게 가장 친근한 무사시는 요시카와 에이지吉川英治의 소설 『미야모토 무사시宮本武蔵』(1939)에서 묘사된 모습일 것이다. 이 소설에서 그는 소꿉친구 혼이덴 마타하치本位田又八와 함께 젊은 혈기로 공명심에 불타 세키가하라関が原 전투에 참가하고 있다. 그러나 이 전투에서 패배하게 되면서 인간이라는 존재가 얼마나 나약한지 알게 되고, 오쓰お通라는 여성에게 흔들리면서도 다쿠안沢庵 스님의 지도 아래 수행을 시작하면서 검의 길에 정진한다. 이후 요시오카吉岡 가문과의 대결을 비롯한 온갖 승부를 거쳐 마지막으로 사사키 고지로佐々木小次郎와 겨루게 된다. 사사키를 이길 수 있었던 것은 그의 검이 "정신의 검"이었기 때문이다. 요컨대 요시카와 에이지의 소설은 일종의 교양소설이었다.

검을 익히는 것이 선을 수행하는 것이나 마찬가지라는 이른바 "검선일여劍禪一如"의 경지를 추구하는 청년 무사시의 캐릭터에 주목했기 때문이다.

요시카와의 소설은 신문 연재 당시(1935~1939)부터 큰 호평을 받아 태평양 전쟁 시절부터 오늘날에 이르기까지 영화나 연극, 라디오와 텔레비전, 만화 등 다양한 장르에 걸쳐 끊임없이 재생산되면서 널리 유포되어왔다. 때문에 자칫 이것이 역사적 인물 '무사시'의 실제모습이라고 여겨지곤 한다.

그러나 요시카와 본인 스스로 인정하고 있는 것처럼 "소설이 널리 읽혀질수록 작자의 창작과 역사적인 사실이 뒤섞여 먼 훗날 두 가지가 혼동되어버릴 우려"가 있었다. 이 점을 의식한 요시카와는 소설과 별개로 역사적 사실을 있는 그대로 남기고자 『수필 미야모토 무사시随筆宮本武蔵』(1939)를 저술한 바 있다. 물론 오쓰나 마타하치는 소설가 요시카와가 만들어낸 가공의 인물이었으며 다쿠안과의 관계도 사실에 근거한 내용은 아니었다. "명확한 역사적 사실이라고 신뢰할 수 있는 무사시 관련 기록은 매우 한정적이다. ……대략적으로 추려보자면 이 활자의 한 단[1행 42자-인용자]으로 계산했을 때 고작 6, 70행 정도에 지나지 않는다"라고 밝히고 있다. 요시카와가 소설 집필에 임하기 전, 구마모토에 있던 '미야모토 무사시 유적 현창회宮本武蔵遺蹟顕彰会'에 의해 『미야모토 무사시宮本武蔵』(1909, 이하 '현창회본'이라고 약칭한다)가 편찬되면서 에도 시대에 간행된 무사시의 전기나 다양한 일화들은 이미 활자화된 상태였다. 요시카와는 이런 내용들을 바탕으로 자신의 소설을 완성시켰던 것이다. 아울러 요시카와는 현창회의 설에 따라 무사시의 출신지를 미마사카美作로 파악하고 있다. 소년 시절에 대해서는 『단지 호킨 필기丹治峯均筆記(다치바나 미네히라[立花峯均]가 저술한 미야모토 무사시의 전기-역주)』(1727)의 일화를 따르고 있지만 보다 근본적으로는 에도 시대 후기에 나온 전기 『니텐기二天記(이천기)』(1776)를 바탕으로 하고 있다. 그러나 나중에 다시 언급하겠지만, 이런 사항들을 바탕으로 하되 이미 이 단계에서 상당 부분 창작이 가미되고 있었다.

　무사시에 대한 일화나 전승은 그의 생전 모습에 대해 더 이상 아는 사람이 존재하지 않게 된 사후 70년을 전후로 한 시기에 다양하게 생성되기 시작했다. 특히 가부키《적을 응징한 간류섬敵討巌流島》(1737년 초연)이 엄청난 인기를 모으면서 허상에 허상이 더해지며 확대 재생산되기에 이르렀다. 전기라고는 하나 자칫 가공의 모습이 혼재될 수 있으므로 자료들에 대한 면밀한 재검토를 거쳐 허상을 최대한 배제해야 한다. 당시의 시대적 상황 속에서 무사시의 진정한 모습을 제대로 파악해볼 필요가 있기 때문이다. 그런 점에 대해 좀 더 쉽게 이해하고자 본격적 고찰에 앞서 저명한 고지로와의 승부를 대상으로 그 허상과 실상을 명확히 나누는 작업에서부터 시작해보고자 한다.

요시카와의 소설은 고지로와의 승부를 마지막으로 막을 내린다. 29세가 되었을 무렵의 무사시의 모습이 묘사되고 있는 것이다. 하지만 무사시의 진정한 가치는 본인의 지적처럼 오히려 그 이후에 존재한다고 할 수 있다. 병법의 도리道理에 천착하며 마침내 도의 경지에 올라『오륜서五倫書』를 저술했던, 바로 그 점에 있었던 것이다.

무사시는『오륜서』도입부에서 병법의 도리道理를 깨닫게 되기까지의 과정에 대해 직접 언급하고 있다. 여기에는 현실 안에서 실제로 존재했던 무사시의 생애가 응축되어 있다. 이에 따르면 그는 어린 시절부터 병법의 도를 터득하기 위해 매진했으며, 열세 살 무렵 처음으로 승부에 도전했다고 한다. 그 후 스물한 살 무렵 교토로 올라와 천하의 병법자兵法者(단순한 검객이 아니라 검술을 포함한 무예 전문가-역주)들을 상대로 수차례 승부를 겨룬 후 "천하를 돌아다니며 여러 유파의 병법자들을 만나 60여 차례 승부에서 단 한 번도 패한 적이 없다"라고 한다. 이것이 스물아홉 살 때까지의 일이었다. 하지만 서른이 지난 어느 날, 그때까지의 승부를 되돌아보며 "승부에서 이길 수 있었던 것은 결코 병법이 최고 경지에 올랐기 때문이 아니었다"라는 사실을 문득 깨닫게 된다. "더더욱 심오한 도리道理"를 얻고자 "아침저녁으로 병법의 도에 대한 연마朝鍛夕練"를 거듭해가다, 50살 무렵 "자연스럽게 병법의 도를 만났다", 즉 "병법의 이치를 터득했다"는 것이다. 이후 더 이상 일부러 의식적으로 수련할 '도'가 없어진다. "병법의 이利(병법의 실제적으로 유효한 이론-역주)를 모든 예술 분야에 적용하자 만사에 있어 더 이상 스승이 없었다"라고 단언하기에 이르렀기 때문이다. 60살이 넘어 이 책(『오륜서』-역주)을 저술하면서도 "불교와 유교 등 그 어떤 가르침에도 의존하지 않고, 군기軍記·군법軍法에 관한 고사故事도 굳이 인용하지 않으며", "천도天道와 관세음보살을 거울삼아" "오직 이 이치를 설명함으로써 진정한 병법의 의미를 밝힌다"라고 되어 있다.

무사시 스스로 자신의 인생을 되돌아보며 이렇게 파악하고 있는 것이다. 승부가 끝난 후 "심오한 도리道理"를 추구하여 마침내 도달할 수 있었던 경지에 대해서도 자신 있게 말하고 있다.

오늘날 무사시에 대한 조사나 연구는 요시카와가 소설을 창작했던 시대보다 훨씬 진전을 보이고 있다. 최근 30년 동안 무사시의 자필 편지가 두 통이나 발견되었을 뿐만 아니라, 오사카 전투 이후의 무사시의 동향을 전해주는 다섯 곳의 번藩의 다양한 공문서나 무사시의 양자가 된 미야모토 이오리宮本伊織 등 주변인물에 의한 자료도 다수 발견되었다. 아울러 엄밀한 자료 분석 결과, 전기『니텐기』에 수록된 무사시의 편지나 구술 기록 등이 기실은 창작에 불과하다는 사실도 밝혀지고 있다. 이런 점들을 취합해본 결과, 중년 이후의 무사시의 삶에 대한 새로운 사실이 제법 밝혀졌다.

무사시는 오사카 전투에서는 후다이 다이묘譜代大名(세키가하라 전투 이전부터 도쿠가와 이에야스[德川家康]를 모시던 측근 가신-역주) 휘하에서 출전했고, 이후 하리마播磨(현재의 효고현[兵庫県] 남서부-역주)로 진입한 후다이 다이묘 중 두 개의 번과 관련되어 있었다. 두 번째 양자인 미야모토 이오리는 오가사와라번小笠原藩에서 가로家老(무가 가신단 중 가장 높은 지위-역주)라는 위치에까지 올랐다. 무사시는 평생 어느 번에도 속하지 않았다는 의미에서 "낭인牢人(특정한 주군이 없는 무사-역주)"에 가까웠지만, 장년기 이후 이 두 곳의 번에서 '귀한 손님客分'의 예우를 받게 되었고, 만년에는 구마모토의 호소카와번細川藩에서도 '귀한 손님'으로 예우되었다. 그곳에 있던 다이묘나 가로는 무사시를 극진히 대접했다.

아울러 저술 작품으로『오륜서』『병법35개조兵法三十五箇条』『독행도独行道』가 널리 알려져 있지만, 20대 중반에 이미

『병도경兵道鏡』이라는 제목의 책을 써서 엔메이류円明流라는 유파를 수립했다는 사실도 밝혀졌다. 또한 50대 후반 무렵 『병법35개조』를 저술하기 3년 전, 14개조에 달하는 이론서(『병법서부[兵法書付]』)를 썼다는 사실도 판명되었다. 이와 함께 애당초 『오륜서』의 서문으로 작성되었다고 추정되는 무사시 자필의 한문 서문(『오방지태도도[五方之太刀道]』)의 존재도 확인되었다. 『오륜서』는 이런 모든 저서들을 집대성한 작품으로, 평생에 걸친 추구를 통해 비로소 얻을 수 있었던 "심오한 도리道理"를 자신의 언어로 남긴 책이라고 할 수 있다.

　그러나 『오륜서』는 무사시가 직접 쓴 것이 아니라 그의 수제자들이 대신 썼다는 설이 의외로 끈질기게 존재해왔다. 무사시가 직접 쓴 자필본이 결국 발견되지 않았고, 가장 오래된 필사본조차 무사시가 죽은 후 22년 이후에 성립되었기 때문이다. 필사본에 따라 본문 내용이 다르다는 점, 아울러 특정 필사본의 후기에 무사시 본인이 "나에게는 저서라는 것이 없다"고 말했다는 전승이 수록되어 있다는 점도 그 근거가 되었다. 하지만 『오륜서』의 여러 필사본과 전승 내용을 면밀히 고찰해보면 필사본은 사후 8년부터 이미 존재했음을 알 수 있다. 또한 수제자 데라오 마고노조寺尾孫之丞가 무사시에게 직접 "땅·물·불·바람·공(비어있음)의 다섯 권"을 받았다고 되어 있으며 이 이야기는 여타의 두

필사본에서도 완전히 동일한 형태로 발견되고 있다. 현재 다섯 권 모두를 갖춘 필사본만 해도 열권이나 되기 때문에 본문교정을 거치면 텍스트 확정도 가능하다. 아울러 무사시의 자필본은 이를 보관하던 성의 천수각에서 화재가 나는 바람에 소실되었다는 설이 있다. 데라오 마고노조 계통에서 내려오던 전승이다. 무사시에게는 애당초 저서가 없었다는 지적은 무사시 사후 반 세기 이상 흐른 후 나온 특정 필사본의 내용이다. 직접 전수받은 것은 아닌 것으로 보이는 자가 스스로를 정당화하기 위해 했던 발언으로 보인다. 『오륜서』라는 서명은 무사시가 직접 붙인 것이 아니라 18세기 이후에 정착된 것으로, 땅·물·불·바람·공(비어있음)이라는 다섯 권은 분명 무사시 본인에 의해 작성된 것이라고 할 수 있다(우오즈미 다카시 『미야모토 무사시―일본인의 도[宮本武蔵―日本人の道]』 참조)

또한 무사시의 자화상, 초상화가 네 종류, 십수 작품이 전해져 내려오고 있는데 대부분 가부키 등을 통해 유명해진에도 중기 이후의 것이다. 따라서 무사시의 실제 모습에 대해서는 정확히 알 길이 없다.

이 책은 『오륜서』를 중심으로 무사시의 사상을 파악해보고자 한다. 우선은 서장 이후, 제1장, 제2장, 제3장에 걸쳐 무사시의 생애에 대해 상세히 되짚어 보기로 하겠다. 무사시의 사상은 자신이 직접 겪었던 경험에 바탕을 둔 것이기 때문이다. 격동의 시대를 견뎌낸 삶의 궤적에 그의 사상이 오롯이 표현되어 있을 것이다.

제4장에서는 무사시가 후세에까지 남기려고 했던 "병법의 도"가 과연 어떤 것인지,『오륜서』의 내용을 전체적으로 되짚어 보며 그 사상의 진수에 접근해보고 싶다. 이전의 작품들과도 대조하면서『오륜서』의 사상을 상세히 고찰해보도록 하겠다.

마지막 장에서는 무사시라는 인물을 일본의 사상 안에서 거시적으로 포착해보고 싶다. 도의 사상이라는 역사, 혹은 검술의 역사라는 측면, 나아가 무사武士의 사상적 흐름 속에서 무사시가 과연 어떤 존재였는지를 깊이 고민해보고 싶다. 무사시의 사상은 그 당시까지 일본에서 전개되어왔던 사상을 바탕으로 하면서도 그것이 독자적 형태로 확립된 것이라고 할 수 있다. 때문에 오늘날 우리들에게도 중대한 의미를 가질 것이다.

기존까지『오륜서』의 텍스트는 호소카와細川 가문에 소장된 필사본에 주로 의거했기 때문에, 해당 필사본에서 누락된 총 다섯 부분, 115개 글자의 내용과 잘못된 필사 및 오독이 교정되지 않은 채 그대로 계승되어왔다. 따라서 본문에 관해서는, 현재 판명된 열 가지의 필사본 가운데 특히 유력한 다섯 가지 필사본을 근거로 본문교정을 거친 필자의 저서 『정본 오륜서定本五輪書』(2005)에서 인용하기로 하겠다(단, 『오륜서』든 다른 자료든 가독성을 고려해, 한자 등 일부 표기법은 편의적으로 바꾸었다).

그간 무사시의 연구과정을 통해 무사시에 대한 수많은 사람들의 열정적 에너지를 느낄 수 있었다. 깊은 사정까지는 모르더라도 무사시라는 걸출한 인물이 있었음을 직감적으로 느낄 수 있었기에 그토록 많은 사람들이 오늘날까지 다양한 기록을 남겼고 창작물을 만들었고 그것을 향수해오면서 자잘한 것들에 대해서까지 자료를 모았고 나름대로의 방식으로 연구해왔을 것이다. 무사시 관련 서적이나 그림, 수공예품을 모은 전람회에도 많은 사람들의 관심이 집중되고 있다.

아울러 무사시는 국내뿐 아니라 해외에서도 많은 관심을 불러일으키는 존재다. 『오륜서』의 첫 번째 영문 번역은 1974년에 출판되었다. 본문교정을 충분히 거치지 않은 불완전한 텍스트의 번역이었기 때문에 개중에는 오역된 부분이 있었음에도 불구하고, 그것을 읽은 외국인들도 무사시라는 인물이 얼마나 매력적인지 직감적으로 느낄 수 있었을 것이다. 70년대 말 시점에서 10만부가 넘었다고 한다. 오늘날 『오륜서』의 영어 텍스트는 일곱 가지에 이르며 기타 여러 외국어로도 번역되고 있다.

　이런 거대한 에너지에 힘입어 실상과 허상이 혼재된 무사시의 삶의 맥락을 짚어보고, 그간 충분히 이해되지 못했던 무사시의 사상이 가진 진가를 명확히 하며 우리들의 공통인식이나 공통재산으로 삼고 싶은 마음이 간절하다.

목차

무사시 사후 9년이 지난 1654년(조오[承応] 3년), 무사시의 양자 미야모토 이오리에 의해 고쿠라(小倉) 다무케산(手向山)에 건립된 무사시현창비. 1111 글자로 이루어진 비문이 새겨져 있다.

"간류섬(巖流島)의 대결"을 통해 형성된 이미지

미야모토 무사시라는 이름을 들으면 사사키 고지로와의 승부가 단박에 떠오른다. 요시카와 에이지의 소설 『미야모토 무사시宮本武蔵』의 클라이맥스로 저명한 장면이다. 영화나 텔레비전 등, 다양한 미디어를 통해 반복적으로 묘사되고 있기 때문에 우리들의 뇌리에 깊이 박혀 있을지도 모른다.

승부에서 이긴 무사시는 일부러 늦게 나타났다는 이유로 비겁하다는 비난을 받는 경우도 더러 있다. 무사시에 대한 이미지도 이 이야기가 결정적이었다. 매우 유명하기는 하지만 이것이 정말 사실이었을까. 자료를 검토해가며 한 번쯤은 그 허상과 실상을 제대로 짚어볼 필요가 있다.

요시카와의 소설 속에서 언급된 내용은 대부분 에도 후기에 성립된 무사시의 전기 『니텐기二天記』에 바탕을 두고 있다.

『니텐기』는 1776년(안에이(安永) 5년) 도요타 가게히데豊田景英가 쓴 무사시 관련 전기문이다. 도요타 가게히데는 무사시가 세상을 떠날 무렵 후원을 받았던 구마모토번熊本藩 소속 필두가로筆頭家老(무가 가신단 중 최고의 직책이었던 가로들 중에서도 가장 높은 직위-역주)이자 야쓰시로성八代城(구마모토 야쓰시로에 있던 성-역주)의 성주대리城代였던 나가오카長岡 가문을 섬긴

인물이다. 도요타 가게히데의 조부 도요타 마사카타豊田正剛는 소년 시절 무사시에게 지도를 받은 야쓰시로 성주대리 나가오카 나오유키長岡直之를 곁에서 모시던 신하였다. 그는 나오유키를 통해『오륜서五倫書』의 이야기를 접하게 되었으며 나오유키가 세상을 떠난 후에는 생전의 각종 문서나 서적들에 대한 행정 처리 역할御書方御書物取次役을 공식적으로 맡게 되었고 무사시류 병법을 지도하기도 했다. 때문에 18세기 초기 무사시 관련 자료를 모으는 한편, 직계 제자들에게 들었던 이야기를 남겨두기도 했다. 그것을 도요타 가게히데의 부친 도요타 마사나가豊田正脩가『무공전武公伝』으로 정리해 두었고, 이것을 그 아들 가게히데가 더욱 세심히 첨삭하여 전기문 형식으로 완성시켰던 것이『니텐기』였던 것이다. 무사시 사후 130년 만에 비로소 완성된 전기문이지만, 무사시가 만년을 보냈던 지역에서 만들어진 것이며 무사시가 직접 쓴 글도 수록되어 있기 때문에 비교적 상세한 기록이라고 할 수 있다. 근대 이후 무사시를 재발견한 현창회본도『니텐기』를 바탕으로 무사시 전기문을 쓰고 있으며 요시카와도 이에 준하여 소설 창작에 임했던 것으로 보인다.

『니텐기』의 작위적 서술──『무공전』과의 비교

한편 『니텐기二天記』의 바탕이 된 『무공전武公伝』의 내용은 1977년이 되서야 비로소 소개되었는데(마루오카 무네오[丸岡宗男] 편 『미야모토 무사시 명품집성[宮本武蔵名品集成]』), 두 가지를 상세히 비교해본 결과 중대한 문제가 발견되었다. 『니텐기』에는 『무공전』의 내용과 다른 대목이 있었을 뿐만 아니라 제법 많은 내용이 추가로 삽입되어 있었던 것이다.

고지로와의 승부에 관해서는 두 자료의 내용이 거의 동일했지만, 중요한 몇몇 부분에서 차이점이 보인다. 우선 정보원 격의 인물이 서로 다르다. 승부 장면에 대해 보다 상세히 쓰고 있는 것은 『무공전』 쪽인데, 이는 "1712년(쇼토쿠[正德] 2년) 봄, 고쿠라 상인 무라야 간파치로村屋勘八郎라는 자"가 말해주었기 때문이라고 나와 있다. 이 자는 승부를 겨룰 때 무사시를 섬까지 보낸 뱃사공으로 노인처럼 묘사되고 있는데, 바로 이 자가 승부에 대한 이야기를 상세히 해주었다는 것이다. 그런데 『무공전』은 승부가 치러진 해를 1612년(게이초[慶長] 17년)이라고 밝히고 있기 때문에 이 이야기를 들었다는 1712년(쇼토쿠[正德] 17년)과는 100년이라는 시간적 간격이 있다. 따라서 간파치로가 승부와 관련된 전후 과정을 말했을 때는 120세 가까운 나이가 되었거나 그 이상의 노인이었다는 말이 되어 연대적으로 일단 성립이 불가능하다.

『니텐기』는 도요타 가게히데의 조부 도요타 마사카타가 1712년(쇼토쿠[正德] 2년), 야쓰시로에 온 간파치로에게 들은 이야기라고 되어 있다. 아울러 간파치로가 친족(시모노세키[下関] 거주) 해상운송대리업자 집에 있던 늙은 뱃사공에게 몇 번이고 들었던 이야기라는 내용을 책의 범례에서 일부러 밝혀놓고 있다. 정보 출처와 관련된 핵심인물에 대한 내용 정정이 무엇에 의거하고 있는지는 확실치 않다. 연대적 위화감을 불식시키고자 이야기의 앞뒤를 맞춘 것으로 추정되지만, 여전히 부자연스러운 감이 없지 않다. 심지어 간파치로는 마사카타가 취재한 구마모토 야쓰시로번의 무사가 아니라 고쿠라 사람이라고 되어 있을 뿐 자세한 신원조차 알 수 없다. 심지어『무공전』에서는, 무사시의 양자 이오리에 대해 데와국出羽国(과거 존재했던 율령국 중 하나로, 현재의 야마가타현[山形県], 아키타현[秋田県] 부근-역주) 쇼보사正法寺에서 미꾸라지를 잡고 있던 소년이라는, 명백히 창작이라고 생각되는 긴 이야기를 늘어놓은 인물로 묘사되고 있다.『무공전』과『니텐기』의 '간류섬의 대결' 이야기는 가장 핵심적인 정보 전달자에 대해 신뢰성이 떨어진다.

또한『니텐기』에는 고지로와의 승부 직전 가로家老 나가오카 오키나가長岡興長에게 보냈다는 무사시의 서신이 수록되어 있다. 그러나 『무공전』에는 일반적인 서술문으로만 처리되고 있다. 한편 『니텐기』에 나오는 서신은 "사도노카미佐渡守 님(나가오카 오키나가-역주)"에게 보낸 것이라고 되어 있는데, 오키나가는 당시 시키부쇼유式部少輔라는 직책에 있었다. 사도노카미라고 불린 것은 이 승부로부터 20년이나 나중의 일이기 때문에 이 서신은 명백히 『니텐기』에 의한 창작이라고 할 수 있다.

아울러 승부를 벌인 상대에 대해 『무공전』에는 간류巖(岩)流의 "고지로"라고만 되어 있다. 그러나 『니텐기』에서는 본문 중 단락을 나누어 주를 삽입하는 형태로 "간류岩流는 사사키 고지로라고 불리며 나이는 18세다"라고 되어 있다. 『무공전』의 경우 고지로에 대해 그 성씨는 물론, 출신지나 승부를 벌일 당시의 연령에 대해서도 밝히지 않았다. 그러나 『니텐기』의 경우, 에치젠越前 우노사카쇼宇の坂庄 조쿄지촌浄教寺村(『무공전』에서 고지로의 스승 도타 세이겐[冨田勢源]의 출생지라고 주가 달려 있던 곳)을 고지로가 태어난 곳이라고 적고 있다. 아울러 고지로가 "스승[세이겐]의 앞에서 자취를 감추고" 간류岩流라는 유파를 성립시켰다고 추정되는 18세를 무사시와 대결했던 해로 파악하고 있다.

고지로와 관련해 그 이전의 다른 글에서도 사사키라는 성은 보이지 않는다. 따라서 『니텐기』는 1737년(겐분[元文] 2

년) 이후 오사카와 교토, 에도 등 세 도시에서 상연되면서 유명해진 가부키《적을 응징한 간류섬敵討巖流島》에 나오는 "사사키 간류佐々木岩流"의 성을 집어넣은 것으로 추정된다. 참고로 계통이 다르며 훨씬 이른 시기에 만들어진 전기문 『무슈 겐신공 전래기武州玄信公伝来』(현창회본에서는 『단지 호킨 필기[丹治峯均筆記]』라고 되어 있다)에 "쓰다 고지로津田小次郎"라고 적고 "나가토長門 사람"이라고 언급한 이외에 고지로에 대해서는 거의 아무런 자료가 남아 있지 않다.

소설가 요시카와 에이지는 그의 소설에서 『니텐기』의 내용을 바탕으로 대결 장면을 쓰고 있다. 즉 승부를 겨룰 당시, 고지로의 나이를 18세라고 파악하고 있는 것이다. 아울러 『본조무예소전本朝武芸小伝』에 나온 "아직 상투를 틀지 않았으며 20세가 채 되지 않았다"는 요시오카吉岡의 이미지와 중첩시켜 꽃미남 고지로를 만들어냈다. 그러나 요시카와 스스로 역사적 사실을 바로잡고자 집필했던 『수필 미야모토 무사시』 안에서는 간류巖流라는 한 유파를 확립하고 호소카와 산사이細川三斎(세키가하라 전투에서 공을 세워 고쿠라번의 주인이 된 다이묘로 와카와 그림에 재능이 있었으며 다도를 즐겼던 교양인으로 알려져 있음-역주)가 자기 사람으로 거둘 정도의 인물이었다면 "설마 18세일 리" 없겠지만, "아직 30세를 넘지는 않았을 것"이며, "후대의 도타冨田 가문에서 입신출세한 사람 중 한 사람이지 않을까"라는 주장도 있다.

유명한 승부 장면

그렇다면 승부의 내용은 어땠을까. 『무공전武公伝』과 『니텐기二天記』를 바탕으로 승부 장면을 재구성해보면 다음과 같다.

무사시가 고쿠라의 번주 호소카와 다다오키細川忠興(호소카와 산사이의 본명-역주)의 총애를 받던 고지로와의 승부를 원했기 때문에, 가로의 직책에 있던 나가오카 오키나가가 번주의 허가를 얻어 고쿠라에 있는 나가토長門에서 배로 약 1리(약 400미터-역주) 떨어진 작은 섬에서 승부를 겨루게 되었다. 그런데 무사시는 시합 전날 느닷없이 시모노세키로 떠나버렸던 것이다. 심지어 그 지역 해상운송대리업자 집에 머물었다가 다음 날 아침 늦게까지 일어나지 않았다. 오키나가가 사람을 보내 재촉하자 마지못해 일어나 아침식사를 한 후 배를 저을 때 쓰는 낡은 노를 가지고 오게 해서 긴 목검을 만들기 시작했다. 그리하여 미리 정해둔 시각보다 한참이나 늦게 배를 타고 출발하게 되었는데, 배 안에서는 종이를 꼬아 어깨끈을 만들었다. 애타게 기다리고 있던 고지로는 무사시의 배를 보자마자 무사시의 발이 육지에 올라오기 전 베어버리고자 서둘러 물가로 달려가 칼을 뽑아들고 칼집을 던져버렸다. 그것을 본 무사시는 그 즉시 "고지로, 패했노라"라고 거침없이 말한다. 그 소리에 격앙된 고지로는 장검을 휘둘렀지만, 무사시가 자신의 이마 부근에 동여매두었던 수건의 매듭을 베었을 뿐이다. 고지로의 칼이 내리치는 순간 재빨리 몸을 날린 무사시는 고지로의 머리 위로 목검을 내리쳤고 이에 가격당한 고지로는 쓰러지고 말았다. 쓰러지면서도 검을 옆으로 휘둘러 무사시의 겹옷 저고리를 세 치 정도 베었으나 무사시가 옆구리를 목검으로 내리치자 결국 기절하고 말았다. 무사시는 콧김으로 고지로의 숨이 아직 붙어 있는 것을 확인하자마자 호소카와 가문의 관리들에게 예를 하고 서둘러 배를 타고 돌아갔다.

이 승부는 『무공전』이 성립되기 훨씬 이전부터 유명했던 것으로 보인다. 1716년에 간행되어 많은 이들에게 읽힌 『무장감상기武将感状記』와 『본조무예소전本朝武芸小伝』 안에 나오는 무사시 항목에서도 이와는 서로 다른 이야기가 각각 수록되어 있었다. 『무공전』과 『니텐기』의 이야기를 세밀히 조사해보면 이런 책들에 나왔던 몇 가지의 이야기를 조합한 구성이라는 사실을 알 수 있다.

우선 『무공전』의 경우, 약속 시간에 늦은 것은 이 승부 직전에 나오는 요시오카 세이주로吉岡清十郎와의 대결 때와 동일하다. 노를 깎아 목검을 만든 것은 『본조무예소전』의 "부러진 삿대를 뱃사공에게 간곡히 부탁해" 깎았다는 이야기에도 나온다. 무사시가 이마 부근에 동여매두었던 매듭이 잘려나간 대목은 『본조무예소전』의 요시오카와의 승부 장면에도 나온다. 무사시가 재빨리 몸을 날려 저고리 자락만 살짝 잘린 채 목검을 내리쳐 고지로의 머리를 박살냈다는 대목은 두 개의 칼로 싸웠다는 『무장감상기』의 이야기를 연상시킨다.

즉 『무공전』과 『니텐기』의 유명한 승부 장면은 이런 명장면들을 교묘하게 재구성한 것이라고 할 수 있다. 곰곰이 생각해보면 대결로부터 150년 가까운 세월이 흘렀음에도 불구하고 『무공전』과 『니텐기』의 기술은 너무나도 상세하다. 제3자가 보고 들은 내용을 전하는 형식이라기보다는, 이야기를 서술하는 사람이 곳곳에서 무사시의 시점에 동화되어 직접 이야기를 펼쳐가는 소설적 서술형식을 취하고 있다.

이상의 내용들을 통해 『무공전』과 『니텐기』 중 특히 길고 상세한 승부 장면은 대부분이 창작이라고 단언해도 무방하다고 말할 수 있다. 저명한 고지로와의 승부 장면은 실은 다양한 이야기를 조합시킨 허구, 창작에 불과하며 결코 사실에 기반한 내용이 아니었던 것이다.

실제 승부는

그렇다면 실제 승부는 어땠을까. 이에 대해 제대로 된 자료를 활용하여 명확히 짚어보고 싶다. 그러나 동시대 자료는 남아 있지 않으며『오륜서』에도 이에 대해 적혀있지 않다(무사시는 이 승부를 그다지 특별시하지 않았던 것이다). 고지로와의 승부에 대한 가장 오래된 기록은 무사시의 양자 미야모토 이오리(1613~1678)가 무사시 사후 9년이 지난 1654년(조오[承應] 3년), 고쿠라小倉 다무케산手向山에 건립한 무사시현창비에 새겨진 비문이다(이하, 생략하여 고쿠라 비문이라고 기술하겠다. 원문은 한문이지만 해독하여 인용한다).

우선 승부가 행해진 곳은 비문에 의하면 "나가토와 부젠豊前의 옆"에 있는 "후나섬船島"으로 이 섬은 훗날 "간류섬巖流島"이라고 불린다. 당시 조후번長府藩(에도 시대에 현재의 야마구치현[山口県] 시모노세키시[下関市] 조후[長府]에 존재했던 번-역주) 관할 지역이었던 점을 고려하면 고쿠라번의 가로가 관여하는 형태로 번의 관리가 파견된 공식적 승부가 아니라 무사시와 고지로 간의 사적인 대결이었다고 생각된다.

비문에는 "여기에 병법의 달인으로 간류라고 불린 자 있었다. 그와 자웅을 겨루고자 한다"라고 적혀있다. 진검 승부를 하자고 말한 간류에게 무사시는 목검으로 충분하다며 후나섬에서 승부에 임했다. "두 영웅이 동시에 서로 만나다. 간류〔고지로〕, 3척의 진검을 들고 죽음을 두려워하지 않으며 자신의 검술을 펼치다. 무사시, 목검으로 일격을 가해 이를 쓰러뜨리다. 전광석화라는 말이 무색할 정도다"라고 적혀 있다.

비문은 승부가 행해진 고쿠라 땅에서, 대결 당시의 상황을 아는 사람도 다수 존재했던 시기에 건립된 것이다. 허황된 이야기를 쓸 수 있는 상황이 아니었을 것이므로 비문의 내용이 승부와 관련된 대략적인 내용이었을 것으로 추정된다.

여기에는 두 사람이 "동시에 만났다"라고 명확히 적혀있다. 『무공전』까지의 다른 자료에도 무사시가 늦게 도착했다는 언급은 보이지 않는다. 승부는 정해진 시간에 약속대로 행해졌을 것이다.

다만 무사시가 직접 만든 목검으로 싸웠다는 이야기는 사실이었던 것으로 추정된다. 앞서 언급한 바와 같이 무사시가 만년에 '귀한 손님客分'으로 예우되던 호소카와번의 가로 나가오카 요리유키長岡寄之가 무사시에게 질문을 한 적이 있다. 고지로를 내리쳤던 목검이 어떤 것이었는지에 대한 질문을 받고, 무사시가 직접 만들어 바쳤다는 목검이 남아 있다(이후 살펴볼 예정이지만 요리유키는 양아버지 나가오카 오키나가[長岡興長]가 이 승부에 관여했기 때문에 이 대결에 관심을 가지고 있었을 것이다). 떡갈나무를 잘라 만든 것으로 미세하게 휘어진 약 4

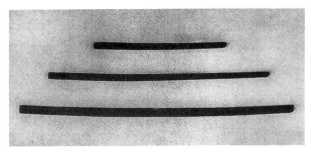

그림 1 무사시가 직접 만든 목검. (상) (중)니텐이치류(二天一流) 목검(대소 한 세트), (하)목검(하나). 전체 길이는 위에서부터 61.0cm, 101.8cm, 126.8cm. [마쓰이문고[松井文庫] 소장]

척 2촌(126.8센티미터)이나 되는 긴 목검이었으며, 지금도 마쓰이松井 가문(구 나가오카 가문)에 전해지고 있다. 승부를 겨룰 때 직접 사용했던 목검은 아니지만 대략 이런 모양의 목검으로 대결에 임했을 것이다.

2척 4촌의 검이 "표준 치수"로 간주되던 당시, 고지로는 항상 다른 사람보다 긴 "3척이나 되는 칼"로 상대방을 제압했기 때문에 칼의 길이가 승패를 결정하는 핵심일 거라고 생각한 무사시는 4척이 넘는 거대한 목검을 만들었을지도 모른다. 나가오카 요리유키에게 바친 목검은 균형이 잘 잡혀 있다. 길이나 무게, 민첩성을 고려해 약간 휘어진 목검 형태를 만들었을 것이며 몇 번이고 휘둘러본 후 손에 딱 맞을 때까지 다듬고 또 다듬었을 것이다.

나중에 살펴보겠지만 이전에 저술했던 『병도경兵道鏡』의

내용을 고려해보면 어떤 승부였을지 대강 짐작이 간다. 이렇게 큰 목검을 가지고 전광석화 같은 속도로 목을 내려친다면 일격에 절명했다고 해도 납득이 간다. 어쨌든 승부는 일격에 끝났다고 비문은 전하고 있다.

승부 후의 처치와 확대 재생산된 전승 내용

고지로와의 승부에는 후일담이 있다. 『누마타가기沼田家記』(1672)의 기록이다. 당시 모지門司 성주대리였던 누마타 노부모토沼田延元(1572~1624)의 항목에 보이는 다음과 같은 기록이 최근 주목되고 있다.

고지로는 대결에서 패해 쓰러졌다가 다시 깨어났는데, 몰래 숨어 있던 무사시의 제자 몇 명이 그런 고지로를 덮쳐 결국 죽여 버렸다는 것이다. 양쪽 모두 제자는 데리고 오지 않기로 미리 약조했는데 무사시가 그런 약속을 지키지 않았다는 말이 된다. 이 이야기가 고쿠라에 전해졌기 때문에 격분한 고지로의 제자들 다수가 무사시를 치고자 섬을 건넜다. 그 때문에 무사시가 모지 성주대리였던 누마타 노부모토에게 도움을 청했고, 노부모토는 무사시를 성 안에 한동안 숨겨주었다가 철포를 갖춘 병사와 말 탄 호위병까지 동원된 삼엄한 경호를 붙여 무사시를 분고豊後(현재의 오이타현[大分県] 일대-역주)에 있던 부친, 신멘 무니新免無二에게 보내주었다는 이야기다.

이 시절 분고의 기쓰키杵築(당시엔 기쓰키(木付))에는 누마타 노부모토와 마찬가지로 호소카와번의 가로家老였던 나가오카 시키부長岡式部(이후 사도노카미) 오키나가興長의 성이 있었다. 오키나가는 무사시의 양아버지 신멘 무니에게 검술을 배웠다는 전승도 있다. 때문에 아마도 기쓰키성에 무니가 있었다는 것은 사실로 추정된다. 무사시에게 경호를 붙여 분고의 무니에게로 보냈다는 이야기는 노부모토가 취한 처치였으며 아마 사실이었을 것이다.

하지만 그 이전에 보이는 기록은 신뢰가 가지 않는다. 무사시의 제자들이 몰래 숨어 있었다는 이유로 고지로 문하 무인들에게 추격을 받아 무사시가 도움을 청했다는 이야기는 선뜻 믿기 어렵다. 비문에 의하면 고지로는 무사시의 일격에 의해 즉사했기 때문이다. 설령 그 후 소생했다고 해도 무사시는 승부에서 이기면 그것으로 충분했을 것이므로 굳이 고지로의 목숨까지 빼앗을 필요는 없었을 것이다. 애당초 후술하는 것처럼 요시오카 가문의 수많은 무사들과도 홀로 싸웠던 무사시가 약속까지 어기면서 제자들이 따라오도록 허락했다는 것이 믿기지 않는다. 게다가 제자들이 고지로를 죽였다면 필시 무사시 측의 거짓됨이 지탄받았을 것이다. 또한 승패가 정해지면 무사시가 바로 그 섬에서 떠날 텐데, 무사시를 찾아 고지로 문하 무사들이 대거 섬으로 건너온다는 것도 시간적으로 납득이 가지 않는다. 만약 이런 사실이 있었다면 고쿠라에 세운 비문에 일부러 이런 불명예스러운 승부에 대해 쓸 리도 만무하다. 『누마타가기』의 이 대목은 "모지로 내려와 모토노부님에게 간곡히 청하다"라고 되어 있다. 이런 표현 방식만 봐도 모토노부의 공적을 칭송하는 관점에서 무사시가 절체절명의 위기에 있던 상황이었던 것을 도운 것처럼 강렬히 윤색되어 있음을 엿볼 수 있다.

모토노부가 철포를 갖춘 병사까지 붙여 분고로 보내준 것은 번의 구역 안에서 무사들 간에 칼부림이 일어나 소란스러워질 것을 두려워했기 때문일 것이다. 이런 조치가 전승 과정에서 눈덩이처럼 불어나, 이로부터 백 년 후에 나온 『본조무예소전本朝武芸小伝』에서는 모지의 성주대리가 시합에 입회했다는 이야기로 발전했고, 한술 더 떠서 40년 후에 나온 『무공전武公伝』에서는 나가오카 사도노카미가 승부가 실제로 이루어지도록 움직여, 번의 관리를 대동한 공식 시합 형태로 고지로와의 승부가 행해진 것처럼 와전되었을 것으로 추정된다.

자료비판의 중요성

이상과 같이 유명한 간류섬의 대결에 대해 재검토해 보았다. 자료비판 작업의 중요성을 다시금 절실히 느끼지 않을 수 없다. 에도 시대에는 전기라는 장르임에도 불구하고 상상력을 발휘하는 방식이 행해졌기 때문에 문서 등을 마치 진짜인 양 위조해서 게재하는 경우가 있었던 것이다. 하지만 아무리 창작이라고는 해도 완벽히 상상만으로 이루어진 것이 아니라, 필시 단서가 될 만한 재료가 있었을 것으로 보인다. 그 모든 것이 거짓이라고는 할 수 없기 때문에 신중하게 그 여부를 판단해야 한다.

무사시의 진정한 모습을 명확히 밝히기 위해서는 최대한 기본 자료로 되돌아가 엄밀한 검증작업을 거쳐야 한다. 자료가 성립된 배경에 대해서도 고찰해볼 필요가 있다. 아울러 당시의 시대상황에 대한 고려도 간과할 수 없다. 무엇보다 무사시의 생애가 전개되는 과정 안에서 고찰해나가야 한다. 이하 이런 시점을 바탕으로 무사시의 생애를 꼼꼼히 살펴내려가기로 하겠다.

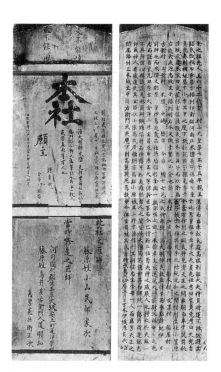

무사시가 세상을 떠나고 8년이 지난 1653년(조오[承応] 2년), 양자인 미야모토 이오리가 자신이 태어난 하리마(播磨, 현재의 효고현[兵庫県] 남서부-역주) 지역의 도마리신사(泊神社, 효고현 가코가와시[加古川市]에 있는 신사-역주)의 보수 공사 시 봉납했던 용마루 표찰. (도마리신사 소장, 본문 41쪽 참조)

제1장
"미야모토 무사시"의 탄생
──"천하제일"의 무예가가 되기까지

1. 무사시의 성장과정

무사시의 출생년도

　미야모토 무사시가 태어난 해에 대해서는 1584년(덴쇼[天正] 12년)이라는 것이 일반적인 견해다. 하지만 무사시가 직접 자신의 출생연도를 밝힌 적은 없다. 무사시의 비문에도 태어난 해나 향년에 대한 기록이 없다. 태어난 해를 1584년으로 파악하는 것은 『오륜서』 첫머리에 "예순이라는 나이"라는 표현이 보이기 때문이다. 무사시가 붓을 들기 시작한 1643년(간에이[寬永] 20년)에 60세였다고 치고, 이로부터 역산해서 태어난 해를 파악하고 있다. 그러므로 나이는 어디까지나 추정에 불과하다.

　하지만 생각해보면 『오륜서』의 "예순이라는 나이"라는 내용은 표현적인 기법에 불과하다. 당시 일반적으로 사용되던 '세는나이'가 아니라 '만 나이(태어난 이후부터 셈하는 나이)'로 헤아렸다고 생각할 수도 있다. 아울러 붓을 들기 시작했던 것도 '간에이 20년 10월 10일'이라는 딱 떨어지는 날짜다. 무사시는 스스로의 인생을 30세, 50세 등으로 크게 나누어 파악하고 있기 때문에, 설령 '세는나이'로 60세를 1, 2년쯤 넘겼다 해도 얼추 60세라고 표현했을 가능성이 농후하다. 보통 이 표현을 바탕으로 출생년도를 도출해내고 있는데 이는 결코 그리 간단히 지나칠 일이 아닐 것으로 생각된다.

이에 반해 무사시의 양자 미야모토 이오리 사다쓰구宮本
伊織貞次의 직계 후손에 전해지는 "미야모토 가계도宮本家系
図"에서는 "1582년(덴쇼 10년)생", "향년 64세"라고 명기되어
있다. 이 가계도는 이오리로부터 8대째에 해당되는 사다아
키貞章가 그간 내려오던 가계도가 너무 손상되었다는 이유
로 1846년(고카[弘化] 3년)에 새로 작성한 것이다. 작성연대로
치면 무사시가 세상을 떠난 후 200년이나 지났기 때문에 그
신빙성에는 문제가 있겠지만, 사다아키는 『미야모토가문
유래서宮本家由緒書』에도 "옛 가계도에서 전하기를"이라며
"덴쇼 10년(임오년)에 태어남", 세상을 떠난 것은 "64세"라고
적어 놓은 바 있다.

지금까지 "미야모토 가계도"의 기술 내용은 그다지 신뢰
할 수 없는 자료로 여겨졌다. 성립연대가 늦을 뿐만 아니
라, 이 가계도에서 무사시의 부친이라고 되어 있는 이에사
다家貞가 1577년(덴쇼 5년) 사망, 어머니가 1573년(덴쇼 원년)
사망했다고 되어 있기 때문이다. 이를 따른다면 무사시가
태어나기 이전에 양친 모두 세상을 떠났다는 이야기가 되
므로 당연히 납득하기 어렵다. 하지만 이오리와 그 동생은
그들에게는 조부모에 해당되는 이에사다家貞부부의 법명만
적힌 묘비를 교토의 호토사宝塔寺와 미키三木의 혼요사本要

寺 등 두 곳에 건립했다. 그 묘비에도 계보도와 동일한 사망 날짜가 각인되어 있다는 사실이 판명되었다.

이에사다家貞가 세상을 떠난 해에 대해서는 1580년(덴쇼 8년)의 하리마 전투(후술) 시의 농성자 리스트(『도설 미키 전기[図説三木戦記]』「동군 및 서군 장수 성명록[東西両軍将士名録]」) 안에 "다하라 진에몬 이에사다田原甚右衛門家貞"라는 이름이 있다는 사실이 발견되었다는 점에서 오류임을 알 수 있다. 아마도 그 이전인 증조부 사다미쓰貞光의 것으로 추정된다. 8대나 이전으로 거슬러 올라간 과거의 연호였기 때문에 이오리 등 후손들은 아버지의 출생 연도를 고려할 때 모순이 있다는 사실을 눈치채지 못했을 것이다.

이런 점을 고려해보면 "미야모토 가계도"에 있는 이에사다家貞 부부의 사망연도는 이오리가 묘비를 건설했을 때의 착각에 유래했을 것으로 추정된다. 오히려 "미야모토 가계도" 쪽이 전해져 내려오던 내용을 있는 그대로 반영했다고 파악할 수도 있다. 만약 그렇다면 "미야모토 가계도"에 기재된 무사시의 출생 연도도 오래된 계보에 있던 것을 있는 그대로 반영한 것이지 않았을까. 무사시는 미야모토 가문의 시조로 이미 저명인사가 되어 있었기 때문에 출생연도에 관한 정보는 전해져 내려왔을 것으로 추정된다.

무사시가 살았던 시대는 그야말로 격동기였기 때문에 2

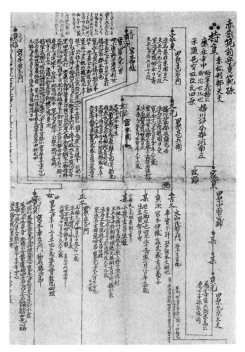

그림 2 미야모토 가계도(일부분, 미야모토 가문 소장 자료). 중앙 상부에 무사시의 이름이 보인다.

년이란 세월은 결코 간과할 수 없는 시간이다. 무사시의 삶이 남긴 족적을 돌이켜보면 1582년(덴쇼 10년)에 태어났다고 파악하는 편이, 후술하는 것처럼(교토로 상락한 해, 요시오카[吉岡] 가문과 대결한 해, 자신의 검도 유파를 수립한 해, 사사키 고지로와 승부를 벌인 해, 양자 이오리가 가로의 직위에 오른 해, 고쿠라로 이주하는 해 등), 시대배경과 훨씬 더 잘 부합한다.

미야모토가 태어난 해를 확정할 수 있는 당시 자료는 이 이외에 존재하지 않기 때문에 이 책에서는 "미야모토 가계도"에 따라 1582년(덴쇼 10년)에 출생한 것으로 보기로 하겠다.

"하리마 출신 무사"

『오륜서』도입부에서는 "하리마播磨 출신 무사 신멘 무사시노카미 후지와라노 겐신新免武蔵守藤原玄信"이라고 자신의 이름을 명기하고 있다. 어째서 "미야모토宮本"가 아니라 "신멘新免"이라고 자신의 성을 밝혔는지 문제가 있지만, 어쨌든 본인 입으로 직접 그렇게 말하고 있으니 무사시가 하리마(효고현 남부) 출신이라는 것은 분명할 것이다. 그러나 이에 대해 반론을 제기하며 미마사카美作(오카야마현 북동부)라고 파악하는 설도 오랫동안 일반적인 견해로 통용되었기 때문에 다시금 자료를 상세히 검증해볼 필요가 있다.

『오륜서』이외에 무사시의 출신에 대해 언급한 자료로 가장 주목해야 할 것은 무사시의 양자 이오리가 남긴 자료들이다.

이오리는 무사시가 세상을 떠나고 8년이 지난 1653년(조오[承応] 2년), 자신이 태어났던 하리마 지역에 있는 도마리신사泊神社를 보수할 때, 기증자인 자신의 출신에 대해 쓴 용마루 표찰(용마루를 올리거나 재건·수리를 할 때, 공사 내용이나 건축가, 목수의 이름 등을 적어 놓은 표찰)을 봉납했다. 그 다음 해에는 자신이 다스리게 된 고쿠라 지역에 무사시를 현창하는 대형 비석을 건립한다. 비석에 각인되어 있는 것이 서장에서 언급했던 고쿠라 비문이다. 이 용마루 표찰에 적힌 글과 고쿠라 비문은 무사시의 생애를 이해하는 데 매우 중요한 자료다. 단, 이 두 가지를 대조해봐도 무사시의 출신에 대해서는 극히 일부분의 기록이 있을 뿐이다. 심지어 그중에는 오류로 추정되는 부분도 있기 때문에 자료 비판을 신중히 행한 후 사용해야만 한다(양쪽 모두 한문으로 작성되어 있는데, 이를 쉽게 풀어놓은 문장을 인용하기로 하겠다).

용마루 표찰에서 이오리는 대략 다음과 같은 의미의 내용에 대해 남기고 있다.

"본인(이오리)의 선조는 아카마쓰赤松 씨다. 아카마쓰 모치사다赤松持貞 때에 부진했기 때문에 명문名門 '아카마쓰'를 피해 '다하라田原'로 성을 바꾸고 하리마의 요네다촌米堕村〔현재의 효고현[兵庫県] 다카사고시[高砂市] 요네다정[米田町] 요네다[米田]에 살게 되었다. 이후 자손 대대로 여기서 태어났다. 증조부는 사다미쓰貞光, 조부는 이에사다家貞, 아버지는 히사미쓰久光라고 불렀다." 용마루 표찰은 여기에 바로 이어져

"사쿠슈作州(미마사카[美作]와 동일-역주)의 유명한 씨족 신멘神免이라는 자"의 가문을 이어받았던 무사시에 대해 언급하고 있다. 무사시가 훗날 "미야모토宮本"를 칭했다는 사실, 무사시에게도 자식이 없었기 때문에 이오리를 그 양자로 삼았고, 그래서 이오리는 현재 미야모토라는 성을 사용하고 있다고도 쓰여 있다.

이오리 형제는 앞서 언급했던 것처럼 조부모 이에사다家貞, 부모 히사미쓰久光 부부의 묘비문을 두 곳에 건립하고 있기 때문에 이오리가 다하라 히사미쓰田原久光의 둘째 아들이라는 점은 확인할 수 있다. 하지만 용마루 표찰의 글은 무사시가 어느 집안 출신인지에 대해서 명확히 밝히지 않고 있다.

그 다음 해에 건립된 비문은 무사시를 "하리마 출신, 아카마쓰의 말엽, 신멘의 후예"라고 우선 소개하고 있다. 이것만 적혀 있을 뿐이지만 이 비문과 용마루 표찰의 내용을 조합해보면 무사시는 하리마 출신이며, "아카마쓰의 말엽" 즉 아카마쓰 계통 집안 출신이며, 신멘 집안의 대를 이었기 때문에 "신멘의 후예"라고 쓰고 있다고 파악된다.

이오리 직계 후손에 전해지는 "미야모토 가계도"를 보면 무사시는 다하라 이에사다의 차남이자 히사미쓰의 아우이므로 히사미쓰의 차남인 이오리가 무사시의 양자가 되었다는 말이 된다. 이 가계도는 앞서 언급했던 것처럼 1846년(고카(弘化) 3년)에 성립된 것인데 이것을 작성한 사다아키貞章는 "옛 가계도에서 전하기를"이라고 말하며 "무사시에게 자식이 없었기에 같은 성씨라는 연유로 이오리를 후사로 정하다"라고 적고 있다(『미야모토가문 유래서』). 이오리가 같은 성씨였고, 특히 자신이 출생한 본가의 사람이라면 자신의 양자로 삼는 것은 지극히 자연스러운 일일 것이다.

앞서 언급한 것처럼 이오리는, 다하라 가문의 시조에 대해 하리마 지역의 명문 아카마쓰 씨 일족인 아카마쓰 모치사다라고 말하고 있다. 오에이応永 시대(1394년부터 1428년까지의 기간으로, 일세일원제 도입 이전의 연호 중 가장 오랜 기간 사용된 연호로, 오에이의 평화시대라 일컬어짐-역주)에 요네다촌에 있었으며 사연이 있어 다하라로 개칭했다고 적고 있다. 기실은 모치사다가 쇼군의 측실과 밀통 혐의를 받아 할복했기 때문에 "아카마쓰 가계도"에서는 그 자식 이에사다에서 가문이 끊긴 것으로 되어 있다. "미야모토 가계도"에서는 모치사다의 손자와 중손자의 2대, 즉 이오리의 증조부로부터 위로 2대를 "모某"라고 애매하게 처리하고 있기 때문에 다하라 집안이 정말로 모치사다의 후예였는지는 확신하기 어렵다. 에도 초기에는 신흥 무사들이 자신들의 조상이 유서 깊은 명문가라며 가계도를 인위적으로 지어내는 경우가 종종 있었기

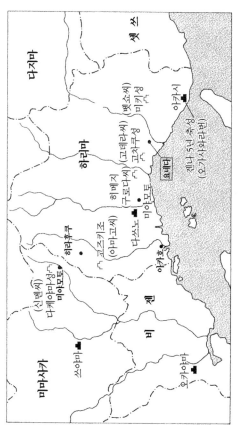

그림 3 무사시 탄생지의 관련 지도(■ 표시는 추정 축성 지역)

다지마

하리마

셋 쓰

(벳쇼씨) 미키성

아카시

(고메다씨) 고차루성

요메다

게나5년 축성 (오가사와라번)

(구로다씨) 히메지

미야모토

다쓰노

아카호

교즈카

효고카조 (아마고씨)

미마사카

다케야마성
(신멘씨) 미야모토

쏘야마

비 젠

오키야마

44

때문에 그런 부류일지도 모른다. 하지만 앞서 언급한 바와 같이 농성자 명단에 다하라 이에사다의 이름이 있기 때문에 다하라 가문은 무사시가 태어나기 직전인 1578년(덴쇼 6년)부터 8년에 걸친 하리마 전투에서 패한 가문이었다는 사실은 분명하다. 이에사다의 아들인 히사미쓰의 아내로 이오리의 모친에 해당되는 사람은 "셋슈摂州(지금의 오사카 북동부와 효고현 남동부-역주) 아리마군有馬郡 오하라성주小原城主 고즈케노카미上野守 미나모토노 노부토시源信利"의 딸이기 때문에 하리마(지금은 효고현 남서부-역주) 지역에서 나름 유력한 집안이었을 것이다.

어쨌든 이오리 직계 후손에게 전해지는 자료를 보면 무사시는 다하라 가문 출신으로 요네다촌에서 태어났다는 말이 된다.

미마사카(美作) 출신설

한편 무사시가 하리마가 아닌 미마사카에서 태어났다는 설도 존재한다. 1909년(메이지 42년)에 나온 구마모토의 '미야모토 무사시 유적 현창회' 편『미야모토 무사시』(이하 '현창회본'이라고 약칭한다)가 무사시를 미마사카의 미야모토촌宮本村(현재의 오카야마현[岡山県] 미마사카시[美作市] 미야모토[宮本])의 히라타 무니武仁의 자식이라고 단언한 이후 주장되어온 설이다. 이 미마사카설은 에도 시대 후기의 미마사카 지리지 『도사쿠시東作誌(동작지)』(1815)에 게재된 자료나 연도 불명의 "히라타 가계도平田家系図"에 의거하고 있다. 하지만 이런 자료들을 재검토해보면 "무사시 겐신武蔵玄信"이 아니라 18세기의 『본조무예소전本朝武芸小伝』에 나오는 "무사시 마사나武蔵政名"의 이름이 적혀 있기 때문에 오래된 것이 아님을 알 수 있다. 특히 "히라타 가계도"에는 조부인 히라타 쇼간과 그 아들 무니武仁, 아버지인 히라타 무니平田武仁와 무사시 사이에 각각 모순이 존재한다. 양쪽 모두 부모가 사망한 후 태어났다는 모순이다. 무엇보다 "또한, 무사시無三四라고도 한다"라고, 18세기 말에 가부키에서 유명해진 이름까지 게재되어 있기 때문에 자료로서의 신빙성이 낮다.

또 하나의 하리마 출신설

아울러 하리마에서 태어났다는 설에도 여러 버전이 존재한다. 이보군揖保郡 미야모토촌宮本村(현재의 효고현 이보군 다이시정[太子町] 미야모토촌[宮本村])에서 태어났다는 설도 있는데, 이는 하리마의 지리지인 『하리마카가미播磨鑑』(1762년 완고[完稿])에 의한 것이다. 『하리마카가미』는 성립연대가 "미야모토 가계도"보다 80년이나 거슬러 올라간다. 저자인 히라노 쓰네나가平野庸脩는 요네다촌米堕村과 이웃한 히라쓰촌平津村에 거주하고 있었다. 40년 이상 하리마 각지의 지리지를 상세히 조사한 인물인데, 무사시는 "잇토군揖東郡 이카루가 부근의 미야모토촌 출신"이라고 적고 있다. 하지만 이에 대해 더 이상 언급하고 있지 않기 때문에 이 기록을 어디까지 신뢰할 수 있을지 의문의 여지가 있다.

『하리마카가미』에는 이오리가 16세가 되었을 무렵, 아카시번明石藩의 성주 오가사와라 다다자네小笠原忠真(당시 이름은 다다마사[忠政])가 집으로 불러들여 "용모가 출중하게 태어났다는 연유로" 무사시의 양자로 삼았다는 기록이 보인다. 그러나 "미야모토 가계도"에는 이오리가 15세 무렵 "다다자네 공을 가까이에서 보필하던 임무"를 맡았다고 적혀 있다. 이오리의 본가인 다하라 가문이 하리마 전투에서 패한 이후 더 이상 무사로 존속할 수 없었다는 점을 생각해보면, 무사시와 무관하게 이오리가 무슨 재주로 번주를 보필하던 고위직에까지 오를 수 있었을지, 좀처럼 납득하기 어렵다. 어째서 이오리를 양자로 삼았는지에 대해 『하리마카가미』의 전승은 그다지 설득력이 없어 보인다. 오히려 "미야모토 가계도"가 밝히고 있는 것처럼 조카였기 때문에 양자로 삼았다고 보는 편이 타당할 것이다.

시대 배경——"하리마 출신 무사"가 가진 함의(含意)

이오리는 무사시의 출신에 대해 명확히 밝히고 있지 않다. 하리마 관련 여타의 자료에서도 확인이 불가능하다. 더 이상 참고자료가 존재하지 않기 때문에 이 책에서는 이오리 직계 후손에게 전승된 내용을 따르기로 하겠다. 이에 의하면 무사시는 결국 다하라 이에사다라는 인물의 차남이라는 말이 될 것이다. 이런 시각에 서는 편이 후술하는 것처럼 당시의 시대배경에도 부합하기 때문이다. 무사시가 스스로의 출신에 대해 입에 담은 "하리마 출신 무사"에 함축되어 있던 의미도 명확해질 것이다.

당시 하리마에서는 무사시가 태어나기 직전인 1578년(덴쇼 6년)부터 8년에 걸쳐, 중앙에서 진격해온 오다 노부나가織田信長 측과 주고쿠中国 지역을 호령하던 모리毛利 측 간의 전투가 이어지고 있었다. 그 결과 노부나가 측에서 파견된 하시바 히데요시羽柴秀吉(훗날의 도요토미 히데요시[豊臣秀吉]-역주) 군과 싸워 패한 무사가 매우 많았다. 오다 측은 아키安芸(히로시마[広島]) 지역을 본거지로 삼고 있던 모리 가문과 결전을 앞두고 있었기 때문에, 그 당시 하리마 지역에서는 다른 지역과 달리 패자에 대한 섬멸이나 일제 소탕은 이루어지지 않았다. 이로 인해 전투에서 패배한 이후에도 그 땅에서 그대로 토호로 남아 있던 무사들이 많았던 것이다. 다하라 가문도 그중 하나였다. 전투의 상대방 측이었던 히데요시는 불과 2년 후에 발생한 '혼노사의 변本能寺の変'으로 노부나가를 대신하여 그 자리를 차지했고, 심지어 8년 후인 1590년(덴쇼 18년)에는 전국을 통일하여 천하의 주인이 되었다. 아울러 히메지姫路에 있던 구로다 요시타카黒田孝高 일당은 그간 섬기던 가문에 등을 돌리고 오다 측에 합류해 승자 편에 서더니, 그 후 히데요시 휘하에서도 다양한 전투에서 활약을 거두어 하리마 전투 종결 7년 후에는 부젠 지역 12만 석에 달하는 다이묘로 등극했다. 이런 일련의 상황들이 하리마의 무사들로 하여금 본인들의 실력을 믿고 출세를 해야겠다는 '전국시대의 무사 정신'을 한층 더 고취시켰던 것으로 추정된다.

하지만 히데요시는 천하통일 후 하극상의 풍조를 막기 위해 무사와 농민을 신분적으로 철저히 나누는 '병농분리정책'을 시행했다. 이에 따라 직전 전투에서 패했던 다하라 가문은 순식간에 농민 신분으로 전락하게 된 것이다. 무사로 남기 위해서는 무사 집안의 양자가 될 수밖에 없었다. 무사시와 이오리의 2대에 걸친 양자 관계는 이런 시대적 배경을 생각해보면 쉽사리 납득이 간다. "하리마 출신 무사"라는 표현 속에는 대대로 뼈대 있는 무사 가문이었다는 자부심이 담겨 있었던 게 아닐까.

무사시는 장년기가 되자, 새롭게 하리마 지역의 영지를 차지한 후다이 다이묘譜代大名(세키가하라 전투 이전부터 도쿠가와 이에야스[德川家康]를 모시던 측근 가신-역주)가 있는 두 곳의 번에서 활약하게 되는데 이것도 하리마 출신이었기 때문에 비로소 가능했던 일일 것이다.

2. 소년 시절의 무사시

양아버지 신멘 무니

무사시는 『오륜서』에서 "신멘新免"이라고 자신의 이름을 밝히고 있다. 이오리의 자료를 보면 하리마에서 태어난 무사시가 이후 미마사카美作(사쿠슈[作州])에 있던 신멘 가문의 대를 이었던 것은 확실한 것으로 보인다.

고쿠라 비문에서는 "부친, 신멘 무니라 칭한다. 짓테(십수 [十手], 일본의 전통적인 휴대용 무기-역주)로 일가를 이루다. 무사시, 가업을 이어받아"라고 적혀 있다.

용마루 표찰은 보다 상세한 내용을 담고 있다. "사쿠슈(미 마사카)의 유명한 씨족 신멘神免이라는 자가 있었다. 덴쇼天 正 시대에 후사 없이 지쿠젠筑前 아키즈키성秋月城에서 세상을 떠나다. 남긴 뜻에 따라 집안을 이었는데 일컬어 말하기를 '무사시 조 겐신武藏掾玄信'이라 한다. 훗날 성을 미야모토로 바꾸다"라고 적혀 있다.

신사에 봉납하는 것이기 때문에 용마루 표찰에는 음이 같고 뜻이 통하는 한자로 "신멘神免"이라고 적고 있지만 "신멘新免"이 올바른 표기다. 비문에 적힌 "부친, 신멘 무니新免無二"가 이를 가리킨다. 용마루 표찰은 "미마사카의 유명한 씨족" 신멘 무니가 덴쇼 시대(1573~1592)에 후사를 남기지 않고 규슈 지쿠젠의 아키즈키성(현재의 후쿠오카현[福岡県] 아마기시[甘木市] 아키즈키[秋月])에서 세상을 떠났기 때문에 무사시가 그 유지를 이어받아 신멘 가문을 이었다고 하고 있다.

그런데 용마루 표찰에 나와 있는 이런 기록에는 몇 가지 문제가 있다. 덴쇼 시대(1573~1592)의 마지막 해라고 해도 당시 무사시는 9세 이하의 소년이었기 때문에, 신멘 무니 사후 즉시 집안을 이을 수는 없었을 것이다. 설령 가업을 이어받았다고 해도 양아버지가 바로 세상을 떠났다면 직접적인 영향을 거의 받지 못했다는 말이 될 것이다. 하지만 후술하는 바와 같이 무사시에게는 아주 나중까지 양아버지 무니의 그림자가 여전히 짙게 드리워져 있었다.

무엇보다 덴쇼 시대보다 훨씬 이후인 세키가하라 전투 이후, 구로다번 봉토 기록 장부의 1601년(게이초[慶長] 6년),

1602년(게이초 7년), 1604년(게이초 9년)의 지행知行(다이묘로부터 토지를 받아 거기서 나온 수익을 취하는 행위, 혹은 연공미를 받는 가신-역주) 목록에 "신멘 무니新免無二" "신멘 무니新目無二"(1602년의 목록은 신멘[新免]을 신멘[新目]이라고 쓴다)의 이름이 기재되어 있다. 또한 앞서 언급한 것처럼 무사시와 고지로와의 대결 이후 모지門司의 성주대리가 무사시를 "분고豊後에 있던 아버지 무니에게로 보냈다"는 기록(『누마타가기[沼田家記]』 1672)도 있다. 아울러 1613년(게이초[慶長] 18년)의 다이묘 일기 『기노시타 노부토시 일차기木下延俊日次記』에 "병법자 무니無二"가 등장한다. 여기에는 성을 빼고 이름만 적혀 있지만 기노시타 노부토시가 "미야모토 무니사이宮本無二斎"의 "면허 두루마리"를 가지고 있었다는 가로의 기록(『다이라성 스기하라씨 어계도부언[平姓杉原氏御系図附言]』)이 있기 때문에 이 병법자는 무사시의 양아버지인 신멘 무니를 가리킨다고 간주해도 무방할 것이다. 이런 자료들을 통해 무니는 게이초 시대(1596~1615) 말기까지 생존해 있었을 것으로 추정할 수 있다.

게다가 신멘이라는 성씨는 덴쇼 시대(1573~1592)에 미마사카의 다케야마성竹山城에서 위세를 떨치고 있었다는 점, 그리고 지쿠젠 아키즈키 지역의 경우 1601년(게이초[慶長] 6년) 이후 신멘 일족이 들어간 땅이라는 점을 고려해보면, 신멘 무니는 아키즈키에서 사망했을 가능성은 있지만 덴쇼 시대에 이미 죽었다는 용마루 표찰의 기록은 오류로 추정된다.

이오리는 무사시의 양자로 무사시와 가장 가까웠던 인물이다. 때문에 무사시 본인과 관련된 자료 이외에는 이오리 관련 자료에 의존하는 것이 가장 확실한 방법일 것이다. 하지만 이오리에게는 아카마쓰赤松 씨의 출신이라는 점은 강조하고 싶지만, 신멘 씨와의 관계에 대해서는 되도록 거론하고 싶지 않다는 의사가 있었던 것 같다.

용마루 표찰은 무사시의 양아버지에 대해 "사쿠슈(미마사카)의 유명한 씨족"이라고만 적혀 있다. 심지어 무사시는 훗날 자신의 성씨를 미야모토로 바꿨다고 한다. 비문에는 무사시가 양아버지 신멘 무니의 "짓테(십수[十手])를 개량해 니토二刀의 일가를 이루었다"라고 기록되어 있다. 하지만 그런 가업조차 이오리는 계승하지 않았다. 신멘 무니와의 연결고리가 거의 없는 것이다. 이오리는 무사시의 양아버지인 신멘 무니에 대해 실제로는 거의 알지 못했다. 때문에 무사시가 가업을 이었던 것은 신멘 무니가 세상을 떠났기 때문이었을 것이라고 착각하고, 앞에 나왔던 것과 같은 잘못된 기록을 남긴 것으로 추정된다.

"하늘 아래 다시없는(日下無双) 병법가"에 대해

애당초 『오륜서』에서 무사시가 미야모토가 아닌 신멘이라고 스스로를 칭하고 있다는 점을 통해서도 알 수 있듯이, 무사시 입장에서 양아버지 신멘 무니는 거대한 존재였다고 추정된다.

실은 고쿠라 비문에서도 요시오카 가문과의 대결에 대해 상세히 적은 후, 신멘 무니에 대한 이야기로 이어지고 있다. 이보다 앞서 무니가 무로마치의 마지막 쇼군인 아시카가 요시아키足利義昭에게 부름을 받아 "대대로 쇼군의 사범"으로 "일본 제일의 병법가"로 추앙되던 요시오카와 무예를 겨루어 세 판 중 두 판을 이겼기 때문에 아시카가 요시아키에게 "하늘 아래 다시없는日下無双 병법가"라는 명칭을 받았으며, 바로 그 연유로 인해 무사시는 상락해서 요시오카 가문과의 대결에 도전했다고 적혀 있다.

이것이 사실이라면 신멘 무니는 "하늘 아래 다시없는 병법가"라는 명칭을 쇼군에게 직접 하사받았을 정도로 일류 무예가였다는 말이 된다. 무사시는 양아버지 "하늘 아래 다시없는 병법가"를 항상 강렬히 의식했기 때문에 더더욱 스스로 "천하제일"이 되고자 요시오카 가문에 도전장을 내밀었던 것이 아닐까. 이미 명문가로 명성을 날리고 있던 가문의 당주가 목숨을 거는 승부에 응하는 경우는 일단 없겠지만, 요시오카 측은 무사시가 그런 악연이 있는 인물의 자식이었기 때문에 더욱 승부에 임하지 않을 수 없었던 것으로 보인다.

"미야모토 무니사이"에 대해

　기존에는 무사시의 아버지가 미야모토 무니사이宮本無二斎라는 전제 하에 여러 이야기가 전개되어왔는데, 실은 미야모토 무니사이에 대한 이야기는 18세기 이후 나온 것들이 대부분이기 때문에 이 인물에 대해서도 신중하게 자료를 재검토해볼 필요가 있다.

　무사시는 양아버지에 대해 전혀 기록을 남기지 않고 있다. 이오리의 경우, 고쿠라 비문에서는 "신멘 무니新免無二"라고 적고 있으며 용마루 표찰에서는 "미야모토"로 성을 바꾼 것은 무사시였다고 적고 있다. "미야모토 가계도"에는 "신멘 무니노스케 가즈마新免無二之助一真"라고 되어 있다. 이오리 계통의 기록에는 모두 신멘이라고 되어 있는 것이다. 하지만 앞서 언급한 것처럼 이오리가 신멘 무니에 대해 아는 바가 없어서 잘못된 기록을 남겼다고 파악한다면 미야모토 성이 무사시의 대에서 시작되었다는 기록도 전폭적으로 신뢰하기 어려워진다. 요컨대 무니 본인이 이미 미야모토라고 자칭했을지도 모른다는 이야기다.

"하늘 아래 다시없는 병법가"라는 명칭을 쇼군에게 받았을 정도의 무예가라면 당연히 본인의 유파를 확립해 면허장을 발급했겠지만 현재 신멘 무니라는 이름으로 발급된 면허장은 발견되지 않고 있다. 나중에 논하겠지만 『병도경兵道鏡』이 무사시의 젊은 시절의 저서라고 치면 "천하무쌍天下無雙〔双〕"이라는 수식어와 함께 "미야모토 무니사이 후지와라 가즈마宮本無二斎藤原一真"라는 서명이 있는, 연도가 1598년(게이초[慶長] 3년)으로 기록된 "도리류当理流 목록"이 주목된다. 무니가 "도리류"였다는 전승이 나고야나 구마모토의 무사시 유파에 존재했는데, 바로 이 "도리류 목록"에 있는 독특한 용어가 1605년(게이초 10년)의 『병도경』에도 다수 보인다. 이 목록의 서문과 완전히 동일한 글이 『병도경』과 함께 겐나元和 시대(1615~1624)에 무사시의 직계 제자였던 다다多田 가문에 전해지고 있다. 이 "도리류 목록"이 무사시의 양아버지 무니의 것이었다고 간주하면, 『병도경』과의 관련성을 고려해볼 때, 젊은 무사시가 양아버지의 병법을 이어받아 발전시켰다는 말이 될 것이다.

하지만 무니가 스스로 미야모토라는 성을 사용하고 있었는지는 확실치 않다. 특히 아오키 조에몬 가네이에靑木城右衛門金家(에도 시대 전기의 검술가로 미야모토 무사시의 문하인-역주)의

『엔메이짓테류 병법자 명단 및 계승円明実手流家譜併嗣系』처럼 "미야모토 무니노스케 가즈마宮本無二助一真"와 "미야모토 무사시노카미 마사카쓰宮本武蔵守正勝"라고 자칭하며, 명백하게 무니와 무사시를 사칭한 자도 있었던 것으로 추정되기 때문에, 자료를 신중하게 다뤄가며 판단해야 한다. 양아버지 무니에 대해서 현 시점에서는 명확한 자료가 존재한다고 말할 수 없는 것이다.

소년 시절의 무사시——미마사카의 자료에 관해

한편 이미 언급한 것처럼 무니가 덴쇼 시대(1573~1592)에 세상을 떠났다는 것이 이오리의 착각이었다고 한다면, 용마루 표찰에 나온 문장 "덴쇼天正 시대에 후사 없이"라는 문구는 "집안을 이었는데"로 이어진다(중간에 있는 "지쿠젠[筑前] 아키즈키성[秋月城]에서 세상을 떠나다"를 빼고 읽었을 경우다). 따라서 원래는 이 시기에 무사시가 양자가 되었다는 전승이었던 것으로 추정된다.

1591년(덴쇼 19년)에는 '신분 통제령'이 포고되어 무가 봉공인奉公人이 백성이나 조닌町人(에도 시대 상공인-역주)이 되는 것, 백성이 상인商人이나 직인職人이 되는 것, 그리고 도망간 봉공인을 다른 무사가 거두는 것이 금지되었다. 신분 통제가 강화되면서 9세 이하의 소년이었던 무사시는, 그대로 생가 다하라 가문에 머물다가는 영원히 농민 신분으로 고정되어 버리게 된다. 때문에 무사라는 신분을 갖추기 위해 양자로 보내졌던 것으로 추정된다.

용마루 표찰에서 밝히고 있는 것처럼 "사쿠슈(미마사카)의 유명한 씨족"의 집안을 이었다면 사쿠슈, 즉 미마사카의 땅에서 양아버지와 함께 살게 되었다고 생각하는 편이 자연스러울 것이다. 하리마의 요네다촌과 미마사카의 장원을 아카마쓰 가문 사람에게 수여한다는, 15세기 중반의 "교지"(쇼군이 내린 글)도 남아 있기 때문에 다른 지역의 땅이었음에도 불구하고 같은 가문 사람들에게 배분되었을 가능성이 있다.

그러나 미마사카의 무사시에 관한 전승을 수록한 자료로 가장 오래된 "미야모토촌 고사기록장宮本村古事帳" 필사본과 "히라오가문 비망록平尾家覚"에는, "미야모토 무니宮本無仁"가 미야모토촌의 대저택(기둥과 기둥 사이의 공간이 30개나 되는 규모에 가옥의 외관이 잘 갖춰진 집-역주)에 살았고 그 자식인 무사시도 "덴쇼 시대(1573~1592)부터 게이초 시대(1596~1615) 사이"까지 그곳에 있다가 "90년 전", 즉 세키가하라 전투가 시작되기 이전에 마을을 떠났다고 되어 있다. 단, 이 기록은 마을을 떠난 지 90년 이상 흐른 뒤 전해져 내려오던 이야기를 적어 둔 자료이기 때문에 확실한 증거라고는 할 수 없다. 무사시에 대해서도 두 가지 전승자료 사이에 약간의 차이점이 있기 때문에 자료로서 충분하다고 말할 수 없다. 무엇보다 이오리가 가리킨 "신멘 무니新免無二"가 "미야모토 무니宮本無仁"임을 보여주는 자료가 없기 때문에, 현 시점에서 확실한 것은 알 수 없는 것이다.

『무슈 겐신공 전래기』

아홉 살 경의 어린 무사시가 집에서 뛰쳐나와 버렸다는 유명한 이야기가 『무슈 겐신공 전래기武州玄信公伝来』에 실려 있다. 짓테(십수[十手])라는 무기를 잘 다루던 아버지를 하찮게 여긴 무사시가 이를 헐뜯자, 화가 난 아버지가 허리춤에 차고 있던 단도를 빼서 무사시 쪽으로 던져버렸기 때문이었다. 하지만 이 글은 후쿠오카번福岡藩의 니텐이치류二天一流를 5대째 계승하고 있던 다치바나 미네히라丹治(立花)峯均가 3대와 4대로부터 전해져 내려오던 이야기를 적어놓은 것이라고 한다. 결국 이 책은 무사시 사후 70년 이상 흐른 뒤, 생전의 무사시와 별다른 연고가 없던 지역에서 만들어진 전기라고 할 수 있다. 다른 책에서는 찾아볼 수 없는 상세한 이야기가 많으며, 명백히 사실과 다른 기록도 적지 않다. 에도 시대에는 전기문임에도 불구하고 불명확한 부분이 있으면 마치 사실인 것처럼 창작하는 "실록"이라는 형식이 있었다. 이 대목에도 부친의 심리까지 자세히 묘사한 서술이 보인다는 점에서 전형적인 실록계 전기문으로 볼 수 있다.

무사시는 『오륜서』에 있는 것처럼 "어린 시절부터 병법의 도에 뜻을 두고" 있었다. 가출한 것이 아니라 앞서 언급한 대로 덴쇼 시대에, 적어도 아홉 살이 되기 전에 양자로 들어가 무예의 가문의 대를 잇고자 단련에 단련을 거듭하고 있었다고 생각된다.

무예가로서의 단련

결국 소년 시절의 무사시에 대해 확실한 것은 『오륜서』에 있는 "13세에 처음으로 승부를 겨루었다. 그 상대인 신토류新当流의 아리마 기헤에有馬喜兵衛라는 병법가를 이겼고 16세에 다지마국但馬国의 아키야마秋山라는 강력한 병법가를 이겼다"라는 것뿐이다.

『무슈 겐신공 전래기武州玄信公伝来』는 13세 때의 승부에 대해서도 전후 사정을 소상히 적어놓고 있다. 아리마가 거리에 세워둔 게시판에 검술 초보자인 소년 무사시가 자기도 도전하겠노라고 이름을 적어 놓아 대결이 이루어졌다고 한다. 이 사건에 대해서도 지나칠 정도로 자세히 적혀 있는데, 싸움에 임하기 전까지 앳된 소년으로 묘사되던 무사시가 막상 대결 장면이 되자 아리마를 번쩍 들어 올려 내동댕이쳤다는 식이다. 앞뒤가 맞지 않는 묘사로 명백한 창작으로 보인다.

하지만 무사시는 13세라는 어린 나이에 명망 있는 신토류 무예가를 상대로 목숨을 건 승부에 임했고 결국 이겨냈던 것이다. 따라서 일찍이 검술에 비범한 자질을 보였고 본인도 나름대로 자신감을 가지고 있었음은 분명하다. 16세 때의 승부에 대해서도 자세한 사항은 확인할 수 없으나 상대방을 "강력"하다고 일부러 적어놓고 있기 때문에 실제로 강적을 쓰러뜨렸을 것이다.

13세 때의 승부에 대해 고쿠라 비문은 "하리마에 이르러"라고 적고 있다. 16세 때 승부한 상대는 다지마국但馬国(현재의 효고현[兵庫県] 북부)의 사람이었지만 하리마와 다지마 모두 미마사카와 인접한 지역이었다는 점을 고려하면 이 무렵 무사시는 미마사카에 있었을 가능성이 높다.

양아버지 신멘 무니와의 관계에 대해서 구체적인 것은 아무것도 알 수 없지만, 무사시가 "짓테(십수[十手]) 집안"의 계승자로 "하늘 아래 다시없는 병법자"로 칭해진 양아버지를 강하게 의식하면서 단련을 거듭해 13세, 16세라는 나이에 두 번에 걸친 어려운 승부를 이겨내고 무예가로서의 자신감을 심화시켰다는 점은 분명하다.

3. 세키가하라 전투와 천하 대결 무사수행 과정——실전 안에서 태어난 감각

규슈 구로다 가문 측으로 참전

  1600년(게이초[慶長] 5년) 9월, 세키가하라 전투가 시작되었다. 요시카와 에이지의 소설 『미야모토 무사시』는 무사시가 세키가하라 전투에서 서군으로 참가했다가 패배했다는 대목에서 시작하고 있다. 그러나 사실 무사시가 세키가하라에서 싸웠다는 확실한 자료가 있는 것은 아니다.

  달리 상세한 기록이 없는 가운데,『무슈 겐신공 전래기武州玄信公伝来』는 세키가하라 전투 당시 규슈에서도 전투가 있었으며 무사시는 아버지 무니와 함께 구로다 조스이 요시타카黒田如水孝高 휘하에서 싸웠다고 상세히 적혀 있다. 구로다 가문의 당주인 나가마사長政는 주력 부대를 이끌고 세키가하라 전투에 참가해서 활약했지만 아버지 조스이는 규슈에 남아 수하의 친위병과 낭인들을 모아 서군 측에 있던 오토모 요시무네大友義統를 분고豊後(오이타[大分])의 이시가키바루石垣原에서 무찔렀다. 이어 야스키성安岐城과 도미쿠성富来城을 함락시켰다. 이런 전투들에서 무사시가 활약했다는 이야기를 담고 있는 것이다.

『무슈 겐신공 전래기』는 앞서 언급한 대로 실록풍 기록이 많은데, 저자인 단지 호킨丹治峯均(다치바나 미네히라[立花峯均]-역주)은 구로다번의 가로 다치바나 시게타네立花重種의 넷째 아들이었기 때문에 구로다번에 대해서는 속속들이 알고 있었다. 게다가 구로다번의 1604년(게이초 9년) "게이초 연간 가신 신사 지행 목록慶長年中士中寺社知行書付" 안에, "오랜 후다이古御譜代 백석百石 신멘 무니 가즈마新免無二一真"라고 되어 있다. "오랜 후다이"란 구로다번이 분고 지역을 다스리던 시대부터의 가신이라는 칭호로, 세키가하라 전투 이후에 들어온 "신참"과는 차별성을 보여주고 있다. 따라서 무니는 세키가하라 전투 이전부터 구로다 가문에 속해 있었다는 말이 될 것이다. 『무슈 겐신공 전래기』의 이야기는 무니와 함께 무사시도 구로다 가문 가신으로 전투에 참가했다는 전승을 바탕에 두고 있다고 추정된다. 하지만 이 글에 수록된 일부 내용은 지나치게 실록 형식을 취하고 있어서 신빙성이 떨어진다. 예를 들어 자신이 얼마나 용기가 있는지 보여주기 위해 전투가 시작되기도 전에 적들이 잘라놓은 날카로운 조릿대 들판으로 무사시가 뛰어내렸고 발에 상처를 입었음에도 개의치 않았다는 이야기가 적혀 있다. 도미쿠 성을 공격했을 때는 성벽의 좁은 틈을 통해 적들에게 허벅지를 찔릴 때도 도리어 그것을 빼앗았는데, 나중에는 허벅지에 난 상처 부위에 태연히 말똥을 주워 발랐다는 이야기도 수록되어 있다.

어쨌든 1600년(게이초 5년), 19세의 무사시는 세키가하라에서가 아니라 규슈에서 동군 측으로 싸웠을 가능성이 농후하다. 훗날 오사카 여름 전투, 시마바라 전투에도 참가하게 되는데 이런 전투 체험을 통해 무사시는 검술가로 남겠다는 생각을 하게 된다.

세키가하라 전투 이후의 일본사회

동서의 주력부대가 정면에서 부딪힌 세키가하라 전투는 불과 하루 만에 서군 측의 참패로 끝났다. 이 전투 이후 서군 측에 가담한 다이묘 여든 여덟 가문이 제거되고, 모리毛利와 우에스기上杉 등 거대 다이묘는 소유지를 3분의 1로 감봉당했으며 도요토미 가문의 영지도 대폭 좁혀졌다. 도자마 다이묘外樣大名(후다이 다이묘와 달리 세키가하라 전투 전후로 새롭게 도쿠가와씨의 지배체계로 편입된 다이묘-역주)의 대부분은 서일본지역이나 규슈로 옮기게 되거나 그 지역 안에서 영지를 부여받는 데 그쳤으며, 에도에서 교토로 이어지는 전략적 요충지에는 도쿠가와 후다이 다이묘가 차지하게 되었다. 이런 전후 처리과정에는 2년이라는 세월이 필요했는데 이를 통해 도쿠가와의 패권이 확립된 것이다. 도쿠가와 이에야스가 정이대장군에 취임한 것은 1603년(게이초 8년)의 일이었다.

에도 막부가 성립된 이후에도 오사카에 있는 도요토미 히데요리豊臣秀頼와 다이묘들과의 주종관계는 해소되지 않고 있었다. 도요토미 가문은 특히 서일본지역에서 막강한 영향력을 유지하고 있었기 때문에 도쿠가와 막부와의 사이에 여전히 긴장 상태가 이어졌다. 그 때문에 막부는 후사가 없거나 영지가 불온하다는 이유로 다이묘를 제거해갔고, 특히 교토나 오사카 근방에서는 오사카 성을 에워싸는 형태로 후다이 다이묘나 하타모토旗本(도쿠가와 가문 직속 무사-역주)를 배치해간다. 도자마 다이묘가 많은 서일본 지역에서는 히메지姫路, 오카야마岡山, 하기萩, 구마모토熊本 등에서 잇달아 대규모 성들이 건설되고 있었기 때문에 "난세가 멀지 않음乱世遠からず"(『당대기[当代記, 아즈치모모야마 시대부터 에도 시대 초기까지의 각 지역의 정세를 기록한 서적-역주』)이라는 상황이었다.

그런 와중에 주군 가문이 멸문을 당하는 바람에 세상에 쏟아진 엄청난 숫자의 낭인들이 검술 실력만으로 주군을 찾기 위해 무예수행이라는 명목으로 각지를 떠돌며 승부에 임하거나 대결을 펼치고 있었다. 권력도 아직 불안정한 상태라 살벌한 분위기가 남아 있는 가운데, 강도가 출몰하거나 무사들이 검술을 단련하기 위해 밤길에 행인을 베는 일이 빈번히 일어났던 시대다. 전운이 감도는 위기 상황을 대비해 다이묘 측에서도 실력 있는 무예가들을 확보하고자 면전에서 자기 측 사람들과 겨루는 경우도 적지 않았다. 무사수행은 전국시대부터 행해지고 있었지만 이 시기가 가장 빈번하고 치열했다.

무사시의 상락——무사수행으로

무사시는 『오륜서』에서 "스물한 살에 교토로 올라와 천하의 병법자들을 만나 수차례 승부를 겨루었다"고 쓰고 있다. 세키가하라 전투가 끝난 이후, 드디어 본격적인 무사수행과 승부의 나날이 시작된 것이다.

무사시가 상락上洛한 해의 기록은 오래된 문헌에는 나와 있지 않다. 『무공전武公伝』은 "1604년(게이초 9년), 스물한 살의 나이로 교토에 올라왔다"고 쓰고 있는데 이것은 1584년

(덴쇼[天正] 12년)에 태어났다는 일반적인 통설을 바탕으로 계산해서 쓴 내용이라고 여겨진다. "미야모토 가계도"에 의거해 태어난 해를 1582년(덴쇼 10년)이라고 치면, 교토로 올라온 해는 1602년(게이초 7년)이었다는 말이 될 것이다.

무사시는 어째서 교토로 올라갔을까. 구로다 가문을 섬긴다는 것에 심적 갈등을 느꼈기 때문은 아니었을까.

구로다 가문은 원래 오미近江(시가[滋賀])의 명문 무사 집안이었지만 천하를 돌아다니다 하리마에 왔을 때는 고데라씨 小寺氏에 소속되었고, 1578년(덴쇼 6년) 오다 노부나가 측과의 전투가 시작될 때까지, 당시로서는 소규모 성에 불과했던 히메지성姫路城을 맡았던 존재감이 미미한 성주에 지나지 않았다. 이 전투에서 고데라씨는 벳쇼씨別所氏와 함께 오다 노부나가 측에서 모리 측으로 등을 돌리고 그를 따른 다하라 가문은 패배해 가까스로 토호로 남게 되었다. 이에 반해 섬기던 가문에서 벗어나 오다 노부나가 편에 남았던 구로다 가문은 하리마에서 승자 측이 되었다. 그 후에도 히데요시 휘하에서 규슈 원정에 참가해 활약을 떨쳐 부젠 지역 12만 석의 다이묘로 거듭나 있었다. 아울러 세키가하라 전투에서도 동군 쪽에서 활약한 구로다 가문은 영지가 급격히 늘어나 지쿠젠이나 후쿠오카로 옮겨갔고 52만 석에 이르는 거대 다이묘로 성장했다. 불과 20년 남짓한 세월 동안 두 집안의 위상이 하늘과 땅 차이로 벌어져 버렸기 때문에, 무사시가 다하라 가문 출신이라면 구로다 가문에 머무는 것은 심적으로 충분히 불편했을 것이다. 무사시는 이미 13세부터 두 차례에 걸쳐 어려운 승부에서 이겼고 크고 작은 전쟁이나 기습공격에도 참가하며 경험을 쌓아가고 있었다. 양아버지는 구로다 가문에서 자리를 얻었지만 젊은 무사시는 스스로의 검술로 입신하고자 교토로 올라갔던 것이다. 이것은 당시의 풍조를 고려해보면 충분히 있을 수 있는 선택지였을 것이다.

무사시는 전국의 여러 다이묘들을 없애거나 다른 지역으로 이동시키는 전후 처리가 일단락된 1602년(게이초 7년) 교토로 올라왔을 것으로 추정된다. 통설에 따르면 1604년(게이초 9년)에 상락한 것으로 되어 있지만 시간적 간격이 너무 크기 때문이다.

요시오카 가문과의 승부——"천하제일"을 칭하다

『오륜서』는 앞서 언급한 것처럼 "스물한 살에 교토로 올라와 천하의 병법자들을 만나 수 차례 승부를 겨루었지만 단 한 번도 패한 적이 없다"고 쓰고 있다. 무사시는 "천하의 병법자들"이 누구였는지에 대해서는 직접 언급하지 않았지만, 이오리의 고쿠라 비문(1654)에 의하면 쇼군 아시카가 가문의 검술 사범이었던 명문 요시오카 가문과의 싸움을 가리키고 있을 것이다. 비문은 요시오카 가문과는 양아버지 무니 때부터 악연이 있었다며 세 번의 승부에 대해 제법 상세히 서술하고 있다.

이 비문은 『본조무예소전本朝武芸小伝』(1716)에 전문이 게재되어 유명해졌으며 이 이후에 만들어진 이야기의 핵심이 된 것으로 추정된다. 『본조무예소전』은 시합 양상에 대해 서로 다른 두 가지 이야기를 담고 있으며, 『무슈 겐신공 전래기武州玄信公伝来』, 『고로다화古老茶話』(18세기 중기)는 또 다른 시합 양상에 대해 수록하고 있다. 하지만 오늘날 통설이 되어 소설이나 영화, 텔레비전 등에서 반드시 묘사되는 장면은 간류섬의 이야기와 마찬가지로 『오륜서』, 『무공전武公伝』에 있는 기록에 의한 것이다. 이에 대해서도 창작과 사실을 확실히 짚어봐야 한다.

대결이 이루어진 해는 고쿠라 비문에 나와 있지 않지만 일반적으로 1604년(게이초 9년)이라고 파악하고 있다. 그 이유는 "스물한 살에 교토로 올라와 천하의 병법자들을 만나 수차례 승부를 겨루었다"는 "천하의 병법자들"을 "요시오카 부자 3인"이라고 파악하고, 교토로 올라온 후 즉시 요시오카와 겨뤘다고 친 후, 통설의 출생 연도인 1584년(덴쇼 12년)

을 기점으로 계산하고 있기 때문이다.

하지만 비문에는 요시오카와의 대결 당시 무사시에게 이미 몇 사람인가의 제자가 있었다고 나와 있다. 그러므로 무사시가 상락 후 곧장 요시오카에게 도전장을 내밀었다기보다는 상당한 시간이 흐른 후라고 보는 편이 타당할 것이다. 무사시 문하에 제자들이 모이고 교토에서 이미 검술 실력에 대한 명망이 생겨났기 때문에 도전을 무시하지 못하고 승부에 응하게 되었다고 생각하는 편이 납득하기 쉽다. 요시오카와의 승부는 1602년(게이초 7년)의 상락 이후 어느 정도 세월이 흐른 이후의 일이라고 생각된다.

고쿠라 비문 내용

고쿠라 비문은 요시오카 가문과의 대결 양상에 대해 다음과 같이 쓰고 있다. 무사시는 우선 요시오카의 당주인 요시오카 세이주로吉岡清十郎와 교토 외곽의 렌다이이야蓮台野에서 승부를 겨뤘는데 "목검 일격"에 의해 쓰러뜨렸다. 일격에 의해 승부를 결정짓기로 미리 약속했기 때문에 더 이상 공격하지 않았다. 세이주로는 일단 숨이 멈췄지만 문하의 제자들이 들것에 실어 데리고 갔고 그 후 약과 탕치에 의해 조금씩 회복되기 시작했다. 그러나 결국 병술兵術을 버릴 수밖에 없는 몸이 되고 말았다.

이어 덴시치로伝七郎와 교토 외곽에서 승부를 겨뤘다. 덴시치로는 5척이 넘는 목검을 가지고 와서 싸웠지만 무사시가 기회를 틈타 그 목검을 빼앗아 내리쳤기 때문에 땅에 쓰러져 즉시 절명했다.

이에 따라 요시오카 문하 제자들은 몰래 의논을 한 끝에, 검술로 대적할 수 없다면 책략으로라도 무찔러야 한다며, 마타시치로又七郎를 앞장세워 "교토 외곽의 사가리마쓰下松 주변"에서 만나 "그 문하생 수백 명"이 "칼과 창, 활과 화살 등 온갖 무기를" 가지고 무사시를 치고자 했다. 그것을 사전에 감지한 무사시는 자신의 문하 사람들에게 "즉시 물러서라, 적이 무리를 이루어 대열을 만든다 해도 뜬구름과 매한가지"라는 말을 남긴 채 홀로 승부에 나섰다. 과연 혈혈단신 멋지게 실력을 발휘한 후 돌아왔기 때문에 교토 사람들은 입을 모아 감탄했다고 한다.

그리고 앞서 언급했던 것처럼 요시오카는 대대로 쇼군의 사범으로 "일본 제일의 병법가"라는 칭호를 갖고 있었는데, 무니는 쇼군 앞에서 벌인 승부에서 세 번 가운데 두 번 이겼기 때문에 쇼군 아시카가 요시아키足利義昭로부터 "하늘 아래 다시없는 병법가"라는 칭호를 받았다고 적고 있다. 이렇게 적고 있는 까닭은, 부모 대에서 그런 악연이 있던 요시오카를 무사시가 세 번이나 무찌른 상황이므로, "병법 천하제일"을 공인받은 것은 아니지만, 무사시가 그 정도의 실력을 갖추고 있었다는 사실을 보여주기 위해서일 것이다. 그런 의도가 있었기 때문에 더더욱 승부와 관련된 이 이야기에 대해 상세히 서술했던 것으로 판단된다.

이 비문은 무사시가 세상을 떠난 후 9년이 되던 해, 이오리가 고쿠라의 산 위에 건립한 거대한 비석에 적혀 있는 글이다. 이 기록은 사람들의 눈에 띄기 쉬워 이른 시기부터 널리 세상에 알려졌을 것이다. 이것에 대한 반론은 요시오카 측의 의뢰로 만들어졌다는 『요시오카전吉岡伝』(1684) 이외에는 발견되지 않는다. 『요시오카전』은 에치젠越前(현재의 후쿠이현[福井県]-역주)의 번주 마쓰다이라 다다나오松平忠直의 가신으로 무테키류無敵流의 무사시가 요시오카 겐보 나오쓰나吉岡憲法直綱와 겨뤄 패배했지만, 무승부라고 말하는 이가 있었기에 후일 나오시게直重와 승부하게 되었는데, 무사시가 두려워하며 도망쳤기 때문에 "나오시게는 앉아서 이겼노라"라는 평가를 받았다는 황당무계한 내용을 싣고 있다. 이어 나오시게는 서일본 아홉 지역에서 유명한 아사야마 산토쿠朝山三德와 규슈에서 이름을 떨치던 가시마 린사이鹿島林斎에게도 이겼다는 이야기다.

비문에 나온 표현인 "문하생 수백 명"을 상대로 홀로 싸웠다는 내용은 명백한 과장에 불과할 것이다. 또한 "마침내 요시오카 병법가문은 멸문했다"라고 하는데 요시오카의 병법이 끊어지게 된 것은 훗날 1614년(게이초 19년) 6월 궁중에서 노 공연을 관람할 때 "요시오카 겐포吉岡兼法"가 무례하다는 이유로 경비 관리를 베어버리는 행패를 부린 사건 때문으로 추정되고 있다(『스루가고사록[駿河故事録]』). 그러므로 이것 역시 과장된 표현이라고 봐야 할 것이다. 그러나 다소 과장이 섞여 있다 해도 어쨌든 세 번이나 승부에서 이겼고, 특히 마지막에는 한 가문의 다수를 상대로 이겼다는 이야기 자체는 사실이었다고 생각해도 무방할 것이다.

이후의 고찰에서 살펴보는 것처럼 이 승부 직후에 쓰였다고 보이는 『병도경』에는 "다적多敵의 위位"라고 하여, 많은 사람들과 싸우는 방식을 상세히 적고 있다. 『오륜서』에도 마찬가지로 "다적多敵의 위位"가 나온다. 무사시만큼 많은 수의 적과의 대결에 대해 자신 있게 말할 수 있는 사람도 드물 것이다. 실전경험이 바탕이 되었기 때문일 것이다.

『무공전』의 허구

비문에는 무사시가 겨룬 요시오카의 3인이 각각 어떤 친족 관계에 있었는지 나와 있지 않다. 그 점에 대해 쓰고 있는 서적은『무공전武公伝』과『니텐기二天記』뿐이다. 세이주로를 당주로 표현했고 덴시치로가 그 아우, 마타시치로는 그 아들이었고 아직 소년이었다고 되어 있다. 아울러 무사시가 두 번에 걸친 승부에서 약속 시간을 어겼지만 마지막에는 반대로 먼저 도착해 기다리고 있었다는 이야기, 그리고 아직 소년이었던 마타시치로를 베어버렸다는 두 이야기가 비문에는 없다는 점에도 주의를 요한다. 이런 전승은 백년 이상 이후에 성립된『무공전』,『니텐기』의 기록에 의거하고 있기 때문이다.

『무공전』은 만년의 구마모토 시절, 무사시가 직계 제자 도케 가쿠자에몬道家角左衛門에게 말해준 이야기로 다음과 같은 내용을 수록하고 있다.

세 번째로 요시오카 가문을 상대로 싸우게 되었을 때, 무사시는 앞선 두 번의 승부에서는 약속 시간에 늦게 가서 이겼지만, 이번에는 반대로 동이 트기 전에 홀로 교토를 나섰다. 가던 도중에 우연히 무인들의 수호신으로 간주되던 하치만八幡 신사 앞을 지나치게 되었다. 신사 추녀에는 소원을 빌기 위해 종을 칠 때 당기는 줄이 매달려 있었는데, 무사시는 문득 승리를 기원할까 하는 마음에 줄을 당기려 했다. 바로 그 순간이었다. 스스로가 평소에는 신앙심이 없다가 지금 느닷없이 이런 어려움에 처해서야 기도를 드리려

하고 있다는 사실을 깨닫게 되었다. "신이 이를 받아주겠는가, 아아, 어리석기도 해라"라고 생각하며 줄을 잡았던 손을 내려놓고 돌아섰다. "참회하는 마음에 흐르는 땀방울이 발꿈치에 이른다."

즉시 약속 장소인 사가리마쓰下松로 달려와 소나무 그늘 아래 멈춰 있었다. 잠시 뒤에 마타시치로와 문하의 제자들 수십 명이 함께 횃불을 들고 "무사시는 틀림없이 늦게 올 거야"라는 말들을 주고받으며 다가왔다. 무사시는 즉시 앞으로 나아가 "무사시는 이미 왔노라"라고 우렁차게 말했다. 깜짝 놀란 마타시치로가 달려들자 무사시가 먼저 그 위로 올라타 일격에 베어 버렸다. 요시오카 일문의 제자들도 즉시 다치太刀(큰칼)를 빼들고 달려들거나, 혹은 이쪽을 향해 칼을 겨누고 있었다. 그러나 겨우 화살 하나가 가까스로 무사시의 소맷자락에 꽂혔을 뿐이었다. 무사시가 쫓아가자 요시오카 측 무사들은 혼비백산하여 사방으로 흩어졌다. 이리하여 결국 모든 승부에서 이길 수 있었지만, "그 신사에서의 일을 돌이켜 생각해보면, 어떤 일에 임해 마음을 바꾸지 않는 것이란 참으로 어렵기 짝이 없는 일이다"라고 말했다는 것이다.

이 이야기를 잘 살펴보면 이야기 도중, 승부의 전말을 그대로 전하는 것에 몰입한 나머지 정경 묘사나 요시오카 문하의 사람들의 대사, 혹은 무사시의 대사까지 그대로 나와 있다. 도저히 본인이 제자에게 이야기해주었을 법한 내용이 아닌 것이다. 이 이야기는『무공전』안에서도 고지로의 이야기와 함께 매우 상세히 나와 있는 대목이다. 다른 이야기들이 몇 행에 그치고 있는 데 반해 이 이야기는 전달 방식이 매우 이질적이다. 고지로의 이야기가 창작이었다고 한다면, 이 이야기 역시 거의 창작이었지 않았을까.

저자의 아버지인 도요타 마사카타豊田正剛의 병법 사범인 도케 헤이조道家平蔵의 부친이 전해준 이야기라고 하는데, 이 역시 의구심이 든다. 미심쩍은 이야기를 억지로 믿게 하려는 의도가 엿보이기 때문이다. 아울러 이 이야기 뒤에 일부러 "무사시 공께서 스스로 맹세하신 글 중에, 신은 공경하되 의지하지 않는다고 나와 있다"라며, 무사시가 가장 만년에 쓴 글『독행도独行道』의 표현을 인용하고 있다. 이것도 신사에서 기원을 올리려고 하다가 그만두었다는 극적인 장면에 대한 발상을 어디서 구했는지를 나타내고 있는 것으로 생각된다.

이상과 같은 내용을 생각해보면 이 이야기도『무공전』의 창작이라고 생각해야 마땅할지도 모르겠다.『무공전』의 창작이었다고 친다면, 약속 시간에 늦게 나타났기 때문에 비겁하다거나, 소년을 칼로 베어버린 것은 잔혹하다거나, 등 등의 무사시에 대한 비판은 적절하지 않다는 말이 될 것이다. 고쿠라 비문에는 요시오카 문하의 수백 명의 무사를 상대로 홀로 싸워 "사냥개가 맹호를 쫓는 것과 비슷했다, 위세를 떨치며 돌아왔다", "기세와 지략, 홀로 만인을 상대하는 것은 실로 병법의 묘법이다"라고 나와 있을 뿐, 싸우는 방식에 대해서는 전혀 거론하지 않고 있다.

4. 『병도경』을 저술하다──엔메이류 확립

"천하제일"이라는 자각과 엔메이류 확립

무사시는 요시오카 가문과의 대결에서 이긴 후 "병법 천하제일"이라는 자부심을 가지고 스스로의 병법의 검술 이론을 적어 엔메이류라는 유파를 확립한 것으로 보인다.

1605년(게이초[慶長] 10년), "미야모토 무사시노카미 후지와라노 기케이宮本武蔵守 藤原義軽"(원본의 초서체는 "경[軽]"이라고 읽을 수 있는데, "경[経]" "항[恒]"이라고 적힌 필사본도 있다)가 발급한 『병도경兵道鏡』이라는 제목의 28개조의 비전서가 있다. 겐나元和 시대(1615~1624)에 무사시의 직계 제자였던 다다 요리스케多田頼祐의 집에서 관련 문헌 4권과 함께 전래되어온 서적이다. 발급자 이름은 무사시가 만년에 사용했던 "미야모토 무사시 겐신宮本武蔵玄信", "신멘 무사시노카미 후지와라노 겐신新免武蔵守藤原玄信"과 다르다. 따라서 정말로 무사시가 발급한 비전서인지가 문제다.

『병도경』은 2년 후 2개조가 보강되어 상하 2권으로 나뉜 (고치[高知] 현립도서관 소장 필사본) 것으로 보이는데, 상권만 있는 필사본까지 포함해 일곱 가지가 발견되고 있다. 그중에는 훗날 오사카 전투에서 무사시가 그 휘하에서 출전했던 다이묘인 미즈노 휴가노카미 가쓰나리水野日向守勝成에게 보낸 1608년(게이초 13년)의 필사본(오다와라[小田原] 시립도서관 소장)이 있다. 혹은 무사시가 『병도경』 이전에 썼던 『병법35개조』와 합본 형태의 필사본(국회도서관 소장 「검술권[劍術卷]」)도 있다. 아울러 다다 요리스케의 손자인 스케히사多田祐久는 「엔메이류 면허円明流免許」(1705)에서는 유파의 시조를 "미야모토 무사시노카미 후지와라노 기케이宮本武蔵守藤原義軽"라고 썼는데, 「엔메이류 계통지권円明流系統之卷」(1721)에서는 "미야모토 무사시 겐신宮本武蔵玄信"이라고 적고 있다. 무사시의 니텐이치류 전승을 기록한 니와 노부히데丹羽信英는 무사시가 젊은 시절 자칭 "기케이義経"라고 했다고 전하고 있다(『병법선사전기[兵法先師伝記]』, 1782). 실제로 『병도경』 필사본 중에는 "기케이"라는 이름이 보인다. 또한 양자 이오리 집안에서 전해져 내려왔다는 글(『미야모토 무사시 유묵집[宮本武蔵 遺墨集]』게재, 현재 불명)에 남긴 서명에는 "기케이"라고 되어 있다. 훗날 나올 무사시의 저서에는『병도경』의 내용을 연상시키는 대목이 종종 발견된다. 이상을 고려하면 바로 이 기케이가 젊은 시절의 무사시일 것이며, 따라서『병도경』은 무사시가 젊었을 때 저술한 글이라고 결론지을 수 있다.

『병도경』의 발문跋文에는 "1604년(게이초 9년) 초겨울 무렵", 어느 날 문득 마음을 먹고 "고금에 다시없는 병법"의 "전례 없는 탁월한 비사를 써두고자 한다"라는 내용이 보인다. 자신의 서명 앞에는 "엔메이류 천하제일"이라는 표현도 보인다.

"천하제일"이라고 칭한 것은 요시오카 가문과의 대결에서 세 번이나 이겨 매우 고양된 상태였기 때문으로 추정된다. "하늘 아래 다시없는" 양아버지를 뛰어넘었다는 자신감도 얻었을 것이다. 격정적인 심정에 사로잡혀 지극히 실전적인 지침서를 쓰고자 결심했던 것으로 추정된다(그렇다면 요시오카 가문과의 승부는 갑작스러운 집필 결심 직전인 1604년의 가을의 일이었다고 생각해볼 수 있다). 이 비전서의 발급은 "1605년(게이초 10년) 12월"이기 때문에 1년 이상 시간을 들여『병도경』을 완성시켰다는 말이 될 것이다. 발문에서 설령 자신이 직접 쓴 "면허 증빙"이 있다 해도, 비전의 두루마리『병도경』이 없다면 면허장이라고 할 수 없다고 선언하고 있다. 자신의 서명 위에 "엔메이류 천하제일"이라는 수식어를 달고 있기 때문에 엔메이류라는 자신의 유파를 수립할 의도에서 『병도경』을 작성한 것이 분명해 보인다.

1605년(게이초 10년) 12월이라면 무사시가 24세가 된 해의 연말에 해당된다. 앞서 무사시의 니텐이치류의 전승을 기록했다고 나왔던 니와 노부히데 작 『병법선사전기兵法先師伝記』(1782)에는 "스승님〔무사시〕이 25세 무렵부터 일파를 확립하시다"라는 내용이 보이는데, 이와도 연령적으로 들어맞는다(이 점을 통해서도 출생년도를 1582년[덴쇼 10년]으로 생각하는 편이 타당하다는 점을 확인할 수 있다).

『병도경』 내용——실전승부 방식

『병도경兵道鏡』은 28개조로 이루어졌으며 크게 네 부분으로 나눌 수 있다. 다치太刀(큰칼)를 들었을 때의 자세 등 기초적인 지침을 쓴 6개조, 엔메이류의 '형'을 설명하는 "태도지명太刀之名 표표表" 7개조, 다치(큰칼)를 다루는 사람의 지침을 쓴 "승미勝味의 위位" 7개조, 실전에 임할 때의 지침을 쓴 "오奧" 8개조로 구성되어 있으며 마지막에 발문을 두는 구성을 취하고 있다. 『병도경』에는 개개의 적에 대한 실전적인 공격 방법이 세밀하게 분석되고 있다.

가장 앞에 나온 "병법의 마음가짐"에 의하면, 적과 대적할 때 목소리가 크고 얼굴이 상기된 채 다치(큰칼)를 꼿꼿하게 들고 서 있는 사람은 실력 없는 하수이므로, 웃어 보인 후 적이 의아하게 생각할 때 단박에 쳐야 한다. 반대로 조용하고 눈매가 가늘며 다치를 허공에 띄우듯 들고 있는 상대는 고수라고 여기고 재빨리 쳐야 한다. 적의 자세만 보고도 적의 실력을 매섭게 간파한 후 그 실력에 따라 싸워야 한다는 것이다.

적의 공격 자세에 따라 발이 나와 있으면 발을 노리고, 손이 나와 있으면 손을 노려야 한다. 적의 자세 중 어디를 어떻게 노려야 할지를 경우에 따라 각각 세 개씩 들어 구체적으로 언급하고 있다.

적의 칼을 피하는 방법이나 자신의 빗나간 칼을 다시 들고 '상단上段'으로 다시 겨눔세(공격자세)를 취하는 방법을 적고 있으며, 이는 적과의 거리나 간격에 따라 다르다는 내용을 이치에 맞게 설명하고 있다. 각각의 공격자세가 적의 어떤 자세에 유리한지, 혹은 불리한지는 상황에 따라 다른 것이다. 적이 전혀 예상하지 못한 기습공격을 가해 갈피를 잡지 못하게 하면서 항상 싸움의 주도권을 잡아야 한다고도 말한다. 젊은 날의 무사시는 적의 다양한 자세나 변화에 따라 자신이 유리해지는 기술을 하나씩 연구하고 있었던 것이다.

아울러 "수리검"의 사용법도 적과의 거리가 얼마나 되는지에 따라 다르다고 적고 있다. "다적多敵의 위位"에서는 다수의 적과 싸울 때 몸을 똑바로 향하고 한 번에 모든 적들을 시야에 넣어 적들이 달려오는 쪽을 향해 이쪽에서 먼저 달려가서 쳐야 한다고 되어 있다. 다치(큰칼)를 마구 휘두르는 것은 금물이다. "선先을 잡는 것이 가장 중요하다"라고 지적한다. "적이 매우 능숙해서 도저히 승산이 없어 보일 때"는 처음에는 몸은 비스듬히 상대를 향하고 큰칼을 자신의 뒤로 비스듬히 내린 겨눔세(공격자세)를 취하다가 적이 달려올 때 빈틈을 포착해 재빨리 짧은 칼(와키자시[脇差])을 빼내 상대방을 받아들이면서 결국 큰칼로 벤다는, 이른바 "시극일도是極一刀"의 가르침도 적고 있다. "어찌할 방도가 없을 때, 이기기 위한 극의(비법)"라는 것이다.

마지막에 나오는 "직통直通의 위位"에서는 적과 마주했을 때 유리한 자세를 취하며 "타이밍을 가늠하고 정신을 집중해 마음속으로 생각하는 별(노리는 급소)을 한 치의 어긋남도 없이, 설령 대지大地는 빗나간다 해도 다치太刀(큰칼)는 절대 빗나가지 않도록, 두려운 마음을 버리고 여기야말로 직통直通으로 일격을 가할 곳이라고 생각되면 온 힘을 다해 내리쳐야 한다"라고 쓰고 있다. 혼신의 힘을 다해 내리쳐서 한 번에 끝내야 한다는 내용은 무사시의 실전 승부를 방불케 한다.

"전례 없는 탁월한 비사"라고 쓰고 있는데, 사실『병도경』의 내용은 분명 당시의 다른 비전서에 비해 매우 독특하다. 무엇보다 검술의 기초를 중시할 뿐만 아니라, 각 장면마다 어떤 공격 방식을 취해야 할지 분석해가면서 쓰고 있기 때문이다. 또한 전승된 이야기만으로는 좀처럼 이해하기 어려웠던 젊은 시절의 무사시, 무사수행 시절의 무사시의 병법의 검술 이론이『병도경』의 내용을 통해 명확해지고 있다.

무사시는 전국을 돌아다니며 무사수행을 행했던 시절에도 결코 자신의 재주만 믿는 거친 승부사가 아니었다. 적에 따라, 혹은 상황에 따라 어떻게 해야 이길 수 있는지 냉정히 분석하고 차근차근 궁구해갔던 것이다. 적이 강해서 승산이 보이지 않을 때의 궁여지책까지 생각하고 있으니, 지극히 실전적이라 할 수 있다. 이처럼 기교와 전술을 분석해왔기 때문에 무사수행 과정에서의 온갖 승부에서 이길 수 있었을 것이다. 또한 젊은 시절부터 자신의 검술 이론을 표현할 수 있는 능력이 있었기 때문에 훗날 보다 보편적인 도리 道理를 논한『오륜서』로 발전시킬 수 있었을 것이다.

다양한 승부에 관한 전승

『오륜서』는 교토에서 "천하의 병법자들"과의 "수차례 승부"에서 이긴 후, "천하를 돌아다니며 여러 유파의 병법자들을 만나 60여 차례 승부에서 단 한 번도 패한 적이 없다"라고 쓰고 있다. 이것이 "스물 여덟, 아홉 살까지의 일"이라고 한다.

"천하제일"을 칭하는 이상, 전국을 돌아다니며 온갖 유파의 병법자들과 대결해 그 실력을 입증해야만 한다. 실력만 있으면 병법 사범의 자리에도 오를 수 있었던 시대였고, 각지에는 무술로 이름을 떨치려는 수많은 무예가들이 존재했다. 무사시는 그들에게 도전장을 내밀거나 도전을 받으며 수많은 승부를 거쳤다. 무사수행이 왕성했던 시대라고는 하지만, 60여 차례나 되는 승부에 계속 도전한다는 것은 보통 일이 아니었을 것이다. 무사시는 관직에 오르기 위해서가 아니라, 혹은 무사로서의 명성을 떨치기 위해서만이 아니라, 궁극적으로는 오로지 검의 도劍の道를 끝까지 추구하려고 했던 것으로 추정된다. 목숨을 건 승부라면 이쪽이든 상대든, 수단과 방법을 가리지 않고 엄청난 힘을 발휘할 것이다. 이기기 위해서라면 모든 일에 필사적으로 임하며 육체적으로든 정신적으로든 완벽히 연마되어야 한다. 그런 혹독한 승부를 거치며 스스로를 더욱 강하게 단련시키고 검의 도를 끝까지 추구해야 한다.

『니텐기二天記』에는 1604년(게이초 9년)에 이루어진 나라奈良의 호조인 인에宝蔵院胤栄의 제자 오쿠조인奥蔵院과의 대결 장면도 나온다. 오쿠조인의 창에 대해 무사시는 짧은 목도로 두 번 대결을 펼쳤는데, 결국 그 창에 한 번도 찔리지 않았기 때문에 상대방이 감탄하며 향응을 베풀었다는 이야기다. 또한 이가伊賀(현재의 미에현[三重県] 일대-역주)에서 쇠사슬이 달린 무기를 다루는 시시도宍戸 아무개라는 자와 대결했을 때는, 상대방이 쇠사슬을 휘두르며 덮치려 할 때 단도를 내던져 가슴을 관통시켜 쓰러뜨렸고 그 문하의 제자들의 공격도 물리쳤다고 한다. 뿐만 아니라 에도에서는 야규柳生 가문의 오세토 하야토大瀬戸隼人, 쓰지카제辻風 아무개라는 강력한 무사들과 대결해서 각각의 적을 모두 쓰러뜨렸다고 한다.

모두 소설 등을 통해 알려진 매우 유명한 이야기다. 그러나 이런 이야기들은 『니텐기』에 나와 있을 뿐 정작 『니텐기』가 근간으로 삼았던 『무공전武公伝』에는 없던 내용이다. 무사시가 죽은 지 130년이나 흐른 뒤에야 느닷없이 좀 더 상세한 이야기가 새삼 나온다는 것도 부자연스럽기 때문에, 이런 세 가지 이야기 역시 『니텐기』의 창작이라고 여겨진다.

『병도경』 증보판에서의 전개

『병도경兵道鏡』은 2년 후인 1607년(게이초 12년) 11월이 되어 증보판이 나온다. 증보판은 문장을 조금 가다듬고 2개조를 더 넣고 있으며 상하 2권의 형태를 취하고 있다. 이렇게 『병도경』의 내용을 일부 고치는 동안에도 무사시의 이론은 진전을 보이고 있었다.

보강된 내용은 다치太刀(큰칼) 사용법에 대한 '형' 7가지를 설명하기 전에 배치된 "전팔前八의 위位"다. 사람에게는 백 가지 버릇이 있으므로 검법의 '형'을 배우기 전, 자세나 움직임의 버릇을 고치기 위해 보다 근본적으로 몸가짐에 대한 수련이 필요하다고 판단한 것으로 추정된다. 하반신이 어떻게 움직이든 상반신은 자세를 무너뜨리지 않고 똑바로 세워야 하며, 마치 "밧줄로 하늘에 매달려 있는 느낌이어야 한다"라고 말한다.

또한 "선先을 거는 위位"는 내용이 크게 바뀌었다. 1605년(게이초 10년) 판본에서는 적의 상단·중단·하단 등의 겨눔세(공격자세)에 대한 대처법을 쓰고 있었는데, 1607년(게이초 12년)판에서는 적이 치려고 할 때 재빨리 먼저 공격하는 "선先의 선先", 적의 공격을 받은 후 공격하는 "대待의 선先", 적이 한 발짝도 앞으로 나오지 못하는 사이에 먼저 다가가 찌르는 "보통 선先" 등, 적과 자신의 관계를 참조로 '세 가지 선

先’에 대해 쓰고 있다. 나중에 언급되는 “세 가지 선先”의 초기 형태가 여기에서 보인다. 아울러 증보판 『병도경』에 나오는 “공격하는 마음가짐에 대해”는 세 가지 공격 방식을 보여주고 있는데, 이것도 조금 표현을 바꿔 『오륜서』에 나오게 된다.

1607년(게이초 12년) 판본에는 지도방식이나 이론을 보다 진전시킨 대목이 보인다. 상하 2권으로 나누었고 목록 안쪽에 극의極意에 대한 내용을 안배하는 등, 유파의 비전서다운 형식을 정비하려고자 의식적으로 노력한 것으로도 보인다. 1608년(게이초 13년) 12월 미즈노 휴가노카미 가쓰나리水野日向守勝成에게 보낸 『병도경』에는 “태도지명太刀之名”에 “이裏 전육前六”이라는 ‘이裏’의 ‘형形’ 여섯 가지를 덧붙이고 있는데, 이 역시 ‘형’을 정비하겠다는 의식이 있었기 때문일 것이다.

간류 고지로와의 승부

전국을 돌며 무사수행을 하던 승부의 마지막으로 간주되는 것이 간류의 고지로와의 승부다. 이미 서장에서 널리 알려진 이야기의 문제점을 지적하며 승부의 진상에 대해 추측해보았지만, 『병도경兵道鏡』의 내용을 바탕으로 재검토해

보면 보다 상세한 추정도 가능해진다.

『병도경』에서는 "적의 의표를 찌르고 갈피를 잡지 못하게 한 후 선제공격을 해야 한다"라고 말하고 있다. 무사시는 장검을 쓰는 고지로의 기술을 고려해 그 길이를 능가하는 긴 목검을 만들었을 것이다. 그 목검의 길이를 상대방에게 간파당하지 않도록 "다치〔목검〕를 뒤로 비스듬히 겨누거나", 혹은 '상단 자세'라도, 목검을 어깨 위에서 옆으로 눕힌 형태로 겨누어 단번에 빼내려던 게 아닐까. 고지로는 그 목검이 얼마나 긴지 미처 파악하지 못한 채 먼저 공격했던 것인데, "대待의 선先"을 노리던 무사시는 고지로의 장검보다 더 긴 목검으로 공격해왔던 게 아닐까. "직통直通의 위位"에서 말하고 있듯, 무사시는 충분히 타이밍을 가늠해가면서 급소라고 생각되는 곳을 정확하게 "설령 대지大地는 빗나간다 해도 다치太刀〔큰칼〕는 절대 빗나가지 않도록" "온 힘을 다해 내리쳐", 결국 긴 목검의 일격으로 승부는 결정났다.

승부를 벌인 해와 그 의미

고지로와 겨룬 해에 대한 정보는 고쿠라 비문은 물론『누마타가기沼田家記』(1672)에도 적혀 있지 않다. 『무슈 겐신공 전래기武州玄信公伝来』(1727)는 무사시가 19세였을 때의 일이라고 전하고 있는데, 대결 후 철포를 가진 경호까지 붙여 분고에 있던 아버지 무니에게로 보내주었다고 『누마타가기』가 전할 정도로 엄중한 경계를 했던 것을 보면 좀 더 나중의 일로 생각된다. 무사시와 고지로 모두 명성을 지닌 인물이 되고 나서 벌인 승부였고, 그토록 경계를 한 것을 보면 번안에서의 통제에 엄격했던 막부를 의식했다고 추정된다. 그런 점을 고려해봐도 게이초 시대(1596~1615)의 후기에 속할 것이다.

무사시는 1602년(게이초 7년) 상락해서 무사수행을 시작했는데, 교토에서 에도로 향한 후 여러 지역을 돌다가 다시 규슈의 양아버지에게로 돌아왔기 때문에 고지로와의 승부가 마지막 승부였다고 생각된다. 실전 승부가 29세까지라는 『오륜서』의 기록에 의거하면 고지로와의 승부는 무사시가 29세 되던 해의 일로 "1582년(덴쇼 10년)생"이라고 생각하면 1610년(게이초 15년)이라는 말이 될 것이다.

이후 1611년(게이초 16년) 4월, 막부는 서일본지역의 여러 다이묘들에게 에도의 쇼군가의 법도를 반드시 지킬 것 등 3개 조항의 서약서를 바치도록 했다. 각 번의 정치를 감시하는 체제를 강화했던 것이다. 1612년(게이초 17년)에는 고쿠라에서 멀지 않은 히젠肥前(나가사키[長崎]·사가[佐賀]) 4만 석의 다이묘 아리마 하루노부有馬晴信가 막부 수뇌부를 가까이서 모시던 오카모토 다이하치岡本大八의 간계에 빠져 3월에 영지를 몰수당하고 5월에 참수되는 사건이 발생했다. 그런 시절이다 보니, 사적인 대결이었다고는 해도 자칫 번 안에서 소동을 일으킬 수 있는 승부를 치루는 것은 조심스러웠을 것이다. 무사시가 "1584년(덴쇼 12년)생"이라는 통설을 따르면 승부가 치러진 해는 1612년(게이초 17년)이 되는데, 이런 상황을 고려해보면 시대적으로 맞지 않다고 생각된다.

무사시로서는 고지로와의 대결에서 이겨 "천하제일"의 실력임을 입증한 것이다. 바야흐로 더이상 승부할 상대도 없었으며 정면으로 승부가 가능한 시대도 저물어가고 있었다.

고지로와의 대결 이후 오사카 여름 전투가 시작될 때까지의 5년간, 무사시가 어디서 어떻게 지냈는지는 자료가 전혀 남아 있지 않기 때문에 알 수 없다.

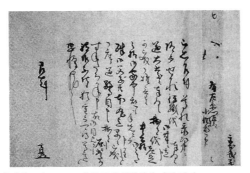

아리마 나오즈미(有馬直純)에게 보낸 무사시의 자필 편지(오메시 요시카와 에이지
기념관[靑梅市吉川英治記念館] 소장, 본문 125쪽 참조)

제2장
"심오한 도리(道理)"를 찾아
──막번체제 확립기 사회에서

1. '오사카 여름 전투'와 그 이후

"병법의 도를 만날 때"까지

　30세가 지난 어느 날, 무사시는 그때까지의 60여 차례의 승부를 되돌아보며 새삼 "(승부에서 이길 수 있었던 것은) 결코 병법이 최고 경지에 올랐기 때문이 아니다"라는 사실을 깨닫게 된다. 그리하여 "더더욱 심오한 도리道理"를 얻고자 "아침저녁으로" 연마를 거듭했다고 『오륜서』에는 적혀 있다. 검술만이 아니라 모든 예술 분야에서도 무사로서의 도를 궁극적으로 추구하여, 50세 무렵 "드디어 병법의 도를 만났다", 즉 "병법의 도를 터득했다"라는 것이다.

　무사시가 30대에서 50대가 될 당시는 시대적 배경으로 치자면 '오사카 여름 전투'에서 '시마바라의 난島原の乱'으로 이어지던 시절이다. 막번체제가 확립되어가던 이 시기를 무사시는 어떻게 살아냈는지, 그 실상을 명확히 하고 싶다.

오사카 여름 전투——후다이 다이묘 휘하에서의 참전

　1615년(게이초 20년)에 일어난 오사카 여름 전투에서, 34살이 된 무사시는 도쿠가와 후다이 다이묘 휘하에서 참전한 것으로 보인다.

오사카 여름 전투에서 도쿠가와 측의 야마토大和 방면 군사 총대장 '미카와三河 가리야刈谷 성주, 미즈노 휴가노카미 가쓰나리水野日向守勝成'의 출전 명부(『오사카어진지어공[大阪御陣之御供]』) 속에 "미야모토 무사시宮本武蔵"라는 이름이 있었다. 미즈노번의 가로였던 나카야마中山 가문의 문서 중에서 발견된 사실이다. 이것과 동일한 출전 명부의 필사본으로 추정되는 『오사카어진어인수부각大阪御陣御人数附覚』이, 역시 미즈노번의 가로였던 고바小場 가문의 문서 중에 있다는 사실도 판명되었다.

이런 문서들에 의하면 오사카 여름 전투의 미즈노 측의 진용은 기마 230기, 전체 인원 3200명이었는데, 기마무사 명부 끝자락에 "사쿠슈作州님 측" 열 명 중 네 번째에 "미야모토 무사시"의 이름이 적혀 있다. "사쿠슈님"이란 번주 가쓰나리의 장남인 가쓰시게勝重(훗날의 미즈노 가쓰토시[水野勝俊])를 말한다. 아울러 가쓰시게의 부대에만 "낭인牢人으로 출진出陣"이라는 주가 달린 사람이 두 명 있다. 무사시에게는 이런 주가 달려 있지 않지만, 낭인이면서도 출전을 요구받은 사람이 있었던 것이다.

미즈노 가쓰나리(1564~1651)는 예로부터 오와리尾張와 미카와三河 지역에 토착해 있던 지방호족의 가계에 속한 사람이었다. 가쓰나리는 도쿠가와 이에야스의 생모인 오다이於

大의 남동생인 미즈노 다다시게水野忠重의 아들이다. 그러나 젊은 시절 집안사람을 죽여 아버지의 노여움을 샀기 때문에 집을 나와, 이후 도요토미 히데요시 휘하에서 전투에 참가해 창으로 공명을 떨쳤다. 이로 인해 영지를 획득했지만 세키가하라 전투 이후 아버지가 남긴 영지인 가리야刈谷 3만 석을 물려받았다는 특이한 경력의 소유자다. 무예를 좋아했던 다이묘로 일컬어지고 있다. 1608년(게이초 13년) 12월 날짜로 "미즈노 휴가노카미님에게 보낸다"는 『병도경』의 필사본이 있기 때문에, 무사시는 이 무렵부터 이미 가쓰나리와 관련이 있었던 것으로 추정된다. 무사시가 오사카 여름 전투에서 가쓰나리의 장남이 이끄는 부대에 기마무사로 배치된 것은 호위무사라는 역할이 기대되었기 때문일 것이다.

오사카 여름 전투에서의 무사시의 동향에 대해서는, 오와리尾張 번사의 견문록을 정리한 『황구잡록黃耇雜録』(전10권)에 무사시가 "어느 다리 위에서 기다란 목검을 들고 잡병들을 다리의 좌우로 쓰러뜨리는 모습이 너무 멋지다고 사람들에게 칭찬을 받았다"라는 기록이 있다. 호레키宝暦 시대(1751~1764)에 성립된 책인데, 제1권의 '오사카 전투 견문' 중의 하나에 나온다. 미즈노 휘하에 있었다는 사실도 명시하고 있기 때문에 나름대로 신뢰할 수 있는 전승이라고 생각된다.

이 전투에서 미즈노 측은 5월 6일 아침, 가와치河内(현재의 오사카 동쪽지역-역주)에 있는 도묘사道明寺 방면에 포진해, 오사카 쪽의 고토 마타베에 모토쓰구後藤又兵衛基次의 세력을 격전 끝에 물리쳤다. 그러나 이때 이시강石川에 걸쳐 있는 작은 다리를 미즈노 측이 먼저 건넜고 이어 혼다 다다마사本多忠政가 진격했다. 앞서 나왔던 기록 중 다리에서의 이야기가 이 전투에서의 일이라고 친다면 상황적으로 부합된다. "기다란 목검"을 휘두르는 것은 거의 무용담에 가까운 양상을 보이지만 전쟁터였기 때문에 만약 창을 들었다면 충분히 이런 활약을 하고도 남았을 것이다.

다음 날인 5월 7일 사나다 유키무라真田幸村는 이에야스의 본진과 돌격했고 이에야스를 궁지에 몰았지만 결국 전사했다. 오사카성이 함락된 후 8일 도요토미 히데요리, 요도도노淀殿가 자결하면서 오사카 전투는 종결된다.

이 전투 이후 미즈노번은 가리야 3만 석에서 지행知行이 배로 증가해 야마토코리야마大和郡山 6만 석으로 옮겨갔다. 같은 부대 소속으로 낭인이라는 주가 달려 있던 2명은 미즈노번에서 관직을 얻게 되지만 무사시에게는 출사한 흔적이 보이지 않는다. 아마도 자칭 "병법 천하제일"로 이미 30대 중반에 이른 무사시에게는 이제 와 새삼 누군가의 가신이 될 의사가 없었던 모양이다. 하지만 오사카 여름 전투에서 후다이 다이묘의 번 소속으로 상당한 대우를 받으며 출전했다는 것은 이후 무사시가 사회적 지위를 쌓아올리는 데 많은 영향을 끼치게 되었다.

다이묘들의 "외교"

오사카 전투에서 도요토미 씨를 멸망시킨 막부는 전란의 시대를 종식시키자마자 일국일성령一国一城令을 내린다. 번주가 거주하는 본성을 제외하고 다른 모든 성들은 파괴하라는 명령이었다. 이것은 여러 다이묘들의 군사력을 제거하기 위한 조치였지만, 영내에 존속하고 있던 중세 이후의 유력 가신의 성이 파괴된 결과 오히려 각지에 있던 다이묘의 권력을 강화시키게 되었다. 이어 "무가제법도"를 공포하고 다이묘를 법적으로 규제하며 막부의 절대적 우위를 확정해간다. 동시에 "금중병공가제법도"와 "사원법도"를 공포해 조정이나 공가의 전통적 권위를 약화시키고 종교 세력도 통제하며 근세 사회의 질서를 형성해갔다.

막부가 권력 강화를 위해 다이묘의 영지를 몰수하거나 다른 지역으로 바꾸는 것이 빈번했던 시대였다. 막부에 대해 적대심이 없는 것처럼 보여야 했기에, 대부분의 다이묘들은 막부와의 관계에 상당히 배려해야 했다. 다이묘 입장에서 막부 고위직이나 다른 다이묘들, 하타모토旗本와의 교제는 이른바 "외교"라고 할 수 있었으며, 문무文武의 도를 익히고 신뢰를 얻는 동시에 정보를 확보하는 중요 업무이기도 했다.

이런 다이묘의 생활상을 전해주는 것이 『기노시타 노부토시 일차기木下延俊日次記』(게이초 18년)다.

기노시타 노부토시는 도요토미 히데요시의 정실인 고다이인高台院의 조카로 분고豊後(오이타[大分]) 히지日出 지역 3만 석의 번주였다. 위의 기록은 오사카 전투 직전인 1613년(게이초 18년), 1년 동안 번주가 취한 행동을 곁에 있던 부하가 날마다 차례대로 써둔 기록이다. 정월 인사를 위해 에도 성 행사에 참여하는 것을 시작으로 쇼군 히데타다秀忠의 다도 모임에 초대받아 막부 고위직이나 다른 지역 다이묘들과 교제를 거듭한 후, 2월에 도카이도東海道를 내려와 은퇴 중인 슨푸駿府의 오고쇼大御所, 즉 도쿠가와 이에야스에게 인사하고 2월 하순에 교토에 도착한다. 교토에 있는 번의 저택에서 4개월을 보냈으나 그동안 교토쇼시다이京都所司代(근세 교토에 설치된 행정기관, 혹은 행정기관의 장관 대리-역주)인 이타쿠라 가쓰시게板倉勝重나 숙모인 고다이인高台院, 간파쿠関白 고노에 노부타다近衛信尹도 만났다. 6월에는 오사카성에서 도요토미 히데요리에게 인사하고 영지가 있는 히지로 돌아왔다. 돌아온 후인 11월에는 인접한 번이자, 친척에 해당되는 호소카와 다다오키細川忠興의 고쿠라성에도 갔다. 일기에는 훗날 무사시를 '귀한 손님'으로 예우한 호소카와 다다토시細川忠利도 친숙하게 왕래하던 사이로 등장한다. 무사시의 양아버지로 보이는 "병법자 무니無二"가 교토에서 출사해 히지 지역까지 동행하며 가까이에서 모시고 있었다는 사실도 적혀 있다.

예술과 예능의 중요성

이런 "외교"를 원활히 수행하기 위해서라도 당시의 다이묘들은 문무文武의 도道에 조예를 가져 스스로 여러 예술과 예능을 익히거나 해당 방면의 유능한 인재들을 주위에 포진시키고자 했다. 탁월한 무술을 지닌 무예가는 그런 풍조 속에서 귀한 대접을 받고 있었던 것이다.

이 시대의 다이묘들에게는 아직 전국시대 무장으로서의 성격이 농후했기 때문에 직접 궁술이나 말타기, 검술 등을 수련했다. 노부토시 휘하에는 다양한 무예가들이 출입하고 있었는데 그중 한 사람이 "병법자 무니"였으며, 이후 궁술의 한 유파를 열게 되는 반 도세쓰伴道雪도 있었다. 반 도세쓰의 조카는 노부토시에게 출사하고 있었지만, 정작 도세쓰 본인은 '귀한 손님'으로 예우되던 신분이었다. 노련한 무사가 "오토기슈御伽衆(전국시대 이후 다이묘의 말상대를 하던 사람, 혹은 그런 직책-역주)"라는 역할을 맡아 전쟁 관련 무용담을 해주는 경우도 있었다.

다도가 행해지는 자리에 초대받거나 노가쿠能樂를 함께 관람하거나 회식을 할 기회도 빈번했다. 다이묘들에게 다도나 노가쿠에 대한 소양이 필요한 이유였다. 때문에 교토의 노부토시 휘하에는 다도의 센노 쇼안千少庵(센노 리큐[千利休]의 양자이자 사위-역주)이나 간제류観世流(간아미[観阿弥]가 창시하고 그 아들 제아미[世阿弥]에 의해 더욱 발전한 노가쿠 일파-역주)의 노가쿠시能樂師(노를 공연하는 배우-역주)가 찾아와 직접 개인지도를 해준다. 노부토시는 영지로 돌아온 후에도 노가쿠시 한 명을 영지로 불러들여 북이나 우타이謠를 배우고, 직접 다실 설계도 하고 있다. 병법자 무니는 번주 가까이에서 때때로 검술 지도를 했고 다도나 노가쿠시와의 회식 자리에도 참석했다. 번의 조직이 아직 정비되지 않은 가운데 다이묘 주변에는 여러 예술, 예능의 명인들이 서로 교류를 돈독히 하고 있었던 것이다.

『기노시타 노부토시 일차기木下延俊日次記』(게이초 18년)는 오사카 전투 이전에 성립된 기록이지만 이런 상황은 오사카 전투 이후에도 이어진 것으로 보인다. 오사카 전투 이후 이에야스가 오와리尾張(지금은 나고야 근처-역주)에 9남 도쿠가와 요시나오德川義直를 앉히고 그 교육을 위해 신카게류新陰流의 야규 효고노스케 도시토시柳生兵庫助利厳를 불러들였던 것처럼, 저명한 무예가라면 극진한 대접을 받았고 다이묘의 "귀한 손님"으로 예우되곤 했다.

한편으로 앞서 언급한 것처럼 막부의 엄한 단속은 문화적인 측면에서도 예외는 아니었다. 오사카 전투 직후 다도 분야에서 "천하의 종장宗匠"으로 추앙받던 후루타 오리베古田織部는 오사카 측과 내통한 혐의를 받고 할복 명령을 받았다. 한편 체제 내에서 그 분수를 지킨 혼아미 고에쓰本阿弥光悦는 다카가미네鷹が峰(현재의 교토시 북부 지역-역주)에 영지를 부여받았다. 이후 설령 예능인이라도 스스로 "천하제일"을 자칭하는 것에 망설임을 느끼게 되었다.

이런 시대 배경 속에서 무사시는 자신의 인생 후반을 보내게 되었다.

2. 히메지번 · 아카시번의 '귀한 손님'으로 예우되며——
"유우(遊寓)의 명사"

하리마의 두 개의 번

오사카 전투 이후, 무사시에 관한 전승이 보이는 것은 1617년(겐나[元和] 3년), 하리마로 진입한 후다이 다이묘의 두 개의 번에서였다.

세키가하라 전투 이후 도쿠가와 이에야스의 사위였던 이케다 데루마사池田輝政는 하리마 52만 석을 다스리며 히메지성을 현재의 형태로 대대적으로 개축했다. 서일본의 도자마 다이묘의 존재를 의식할 때, 히메지성은 전략적으로 매우 중요한 성이었다. 데루마사의 뒤를 이은 이케다 도시타카池田利隆가 1616년(겐나 2년) 세상을 떠나자 그 아들 미쓰마사光政는 아직 9살이었기 때문에 요충지를 수비하는 임무를 수행하기 어렵다는 이유로 이케다번은 다음해 3월에 돗토리鳥取로 옮겨졌다.

그 대신 이 해 7월 "도쿠가와 4천황"의 한 사람으로 칭해지는 혼다 다다가쓰本多忠勝가 구와나桑名(지금의 미에현[三重県] 부근-역주)로부터 히메지로 새롭게 진입해 15만 석에 봉해졌다. 그 외에 혼다 다다마사本多忠政의 장남 혼다 다다토키本多忠刻가 센히메千姫의 재혼 상대가 되었기 때문에 따로 신부의 지참금 10만 석이 부여되었다. 센히메는 쇼군 히데타다의 딸이자 도요토미 히데요리의 정실이었지만 오사카성 함락 때 구출되었다. 나아가 다다토키의 아우 혼다 마사토모本多政朝에게는 오사카 전투에서 전사한 숙부 혼다 다다토모本多忠朝의 대를 잇게 하는 형태로 다쓰노龍野 5만 석이 부여되었다. 또한 같은 달, 이에야스의 외손자 오가사와라 다다자네小笠原忠真(1596~1667)가 히메지의 옆에 있던 번인 아카시明石로 진입했다. 신슈信州(지금의 나가노[長野]의 옛 지명-역주) 마쓰모토松本로부터 아카시로 오게 된 오가사와라 다다자네는 아카시의 10만 석을 받게 되었다. 이것은 오사카 전투에서 아버지 히데마사秀政와 형 다다나가忠脩가 전사했고 다다자네 본인도 중상을 입으면서 분전한 공이 인정되었기 때문이다. 서일본 지역에 많이 있던 유력한 도자마 다이묘들에 대한 억지책으로, 하리마를 히메지와 아카시로 나누어 후다이 다이묘가 두 개의 번에 진입했던 것이다.

무사시는 하리마에 진입한 후다이 다이묘 관할의 두 개의 번(히메지번과 아카시번)과 이후 밀접한 관련을 가지게 된다.

미야케 군베에와의 대결

『노국인물지濃国人物誌』나 『미참보감尾参宝鑑』에 의하면 혼다 가문이 히메지로 진입했을 때, 히메지성을 중심으로 형성된 성곽도시에 "일본 제일의 검술의 달인 미야모토 무사시"라는 간판을 단 도장이 있었다. 이 소식을 들은 번주 다다마사는 그 기량을 가늠하고자 번 안에서 최고로 자타공인의 실력을 갖춘 도군류東軍流 미야케 군베에三宅軍兵衛(『미참보감[尾参宝鑑]』에는 미야케 군다유[三宅軍太夫]라고 되어 있다)에게 무사시의 도장에 가도록 명했다. 그 옛날 전쟁터를 누비던 역전의 용사 군베에는 훗날 자신의 생애를 되돌아보며 '무섭다'고 느꼈던 순간으로 무사시와의 대결을 꼽고 있다. 두 개의 칼(니토[二刀])을 늘어뜨린 무사시가 문을 열고 그 모습을 드러낸 순간, 오사카 전투에서 양쪽 군대가 창끝을 서로 겨누며 살기 충천한 가운데 쥐 죽은 듯 조용해졌던 바로 그 순간 이상의 두려움을 느꼈다는 것이다. 군베에는 무사시의 적수가 되지 못했다. 군베에는 무사시의 실력이 허언이 아니었음을 번주에게 보고했다. 이에 다다마사는 무사시를 자기 사람으로 거두고자 했으나 무사시에게는 누군가의 부하가 되어 누군가를 섬길 의지가 없었다. 할 수 없이 200석을 부여하고 번 소속 무사의 교관으로 위촉했다. 이에 의해 히메지번에서는 도군류 대신 무사시의 엔메이류 무예가 널리 퍼지게 되었다고 한다.

　미야케 군베에는 실존인물이지만 이 이야기를 어디까지

신뢰할 수 있을지 확인할 길이 없다. 그러나 번의 공인 하에 무사시 유파가 퍼져갔다는 것은 사실이다. 히메지에서 무사시의 검술을 배운 사람으로는 훗날 에도에서 무사시류를 가르쳤던 이시카와 사쿄石川左京나 아오키 요에몬 규신青木与右衛門休心 등이 있다. 또한 히메지 근교의 다쓰노(혼다 마사토모 영지)의 엔코사円光寺에도 도장이 있었으며 무사시는 다다 요리스케 이하의 지도도 맡았다. 앞 장에서 본 무사시의 『병도경兵道鏡』은 그 후손들에게 전해진 비전서다.

양자 미키노스케

무사시와 혼다번의 관계에서 확실한 점은, 무사시의 양자가 된 미야모토 미키노스케宮本三木之助가 어린 시절부터 번주 다다마사의 장남 다다토키를 보필하는 시종 직책으로 출사하고 있었다는 사실이다.

미키노스케는 묘지의 글에 "이세伊勢 태생"이라고 되어 있지만, 그 조카에 해당되는 미야모토 고헤에宮本小兵衛의 「[비젠[備前]]미야모토가문 유래서宮本家由緒書」(『기비온고비록[吉備温故秘録]』 수록)에 의하면, 미즈노 휴가노카미 가쓰나리 휘하의 무사였던 나카가와 시마노스케中川志摩之助의 삼남이었다. 시마노스케는 오사카 전투에서 장남, 차남 모두 출전시켰으며 맹장 우스다 가네스케薄田兼相를 무찌른 무훈도 세웠다고 한다.

　미키노스케가 언제부터 얼마만큼의 보수를 받으며 출사했는지에 대한 기록은 현재 남아 있지 않다. 혼다번은 히메지로 영지가 옮겨지기 전까지 이세구와나伊勢桑名가 영지였기 때문에, 이세伊勢 출신으로 창의 명수였던 나카가와 시마노스케는 이미 혼다 가문에 널리 알려져 있었다. 대폭적인 영지 확대를 보장받으며 히메지로 옮기게 되었을 때, 장남 다다토키를 보필하는 시종 직책으로 나카가와 시마노스케의 셋째 아들 미키노스케를 떠올렸을 수도 있다. 만약 그렇다면 당시 14세였던 미키노스케가 가족들과 헤어져 머나먼 히메지로 가는 것을 걱정한 시마노스케가, 오사카 여름 전투 이후 친하게 지냈으며 때마침 히메지에 와 있던 무사시에게 후견을 부탁하면서 양자로 보냈을지도 모른다. 혹은 혼다번에서 인정받게 된 무사시가 자신의 대리인으로 출사시키고자 오사카 여름 전투 즈음부터 알고 있던 미키노스케를 양자로 삼았을 수도 있다.

　어쨌든 무사시는 다이묘에게 직접 출사하지 않았다는 의미에서 낭인에 속했지만, 명망 있는 가문으로부터 양자를 취할 정도로 상당한 영향력을 가지고 있었다고 할 수 있다.

　혼다 가문의 이봉移封(영지 이전-역주)으로부터 9년 후인

1626년(간에이[寛永] 3년) 다다토키가 젊은 나이에 병으로 세상을 떠났을 때, 그를 모시던 미키노스케도 주군을 따라 할복했다. 당시 미키노스케는 23세에 불과한 젊은 나이였지만 7백석이라는 고액의 녹봉을 받고 있었다. 주군 가문의 문양도 사용이 허락되었다고 하니 주군의 신뢰도 두터웠을 것이다. 곁에서 돌보던 시종 직책에서 출세해 정치에 관여하는 요직을 맡고 있었을 것이다.

아카시에서의 '성곽도시 구획정비'에 대한 전승

1617년(겐나 3년) 11월 막부는 오가사와라 다다자네에게 아카시 축성을 명했다. 아카시는 세토내해瀬戸内海의 요충지라고 할 수 있다. 히메지성과 함께 서일본 다이묘들에 대한 억지책으로 검토된 후보지 세 곳 중, 최종적으로 막부가 택한 곳이 바로 아카시성이었기 때문이다. 막부는 후신부교普請奉行(건축, 토목 공사의 관리 업무를 담당하는 관리-역주)까지 파견했고, 다다자네의 장인에 해당되는 히메지의 혼다 다다마사에게도 축조 사업에 협력하도록 명했다.

아카시 지역의 축성은 1619년(겐나 5년) 8월에 완성될 대공사였는데, 당시 무사시는 성곽도시의 구획정비를 책임졌다고 전해지고 있다. 약 50년 후의 아카시의 마치토시요리町

年寄(주요 도시에서 시중의 공무를 처리하던 관리-역주)의 기록인『아카시시중기赤石市中記』에는 "1618년(겐나 4년) 오가사와라 우콘 다유小笠原右近大輔〔다다자네[忠真]〕님의 가신, 미야모토 무사시라는 자가 성곽도시의 구획정비를 행하다. 시가지, 총길이, 16간間(16간은 약 29미터라고 함-역주)"이라는 기록이 있다. 오가사와라의 가신이라는 표현에는 오류가 있지만 무사시가 성곽도시의 구획정비를 맡았던 것은 지리지인『아카시기明石記』나『하리마카가미播磨鑑』, 오가사와라번의 역사서『금파사양金波斜陽』에도 보이기 때문에, 어떤 식으로든 이 업무와 연관되어 있었던 것은 사실일 것이다.

성곽도시 구획정비 담당자는 군대에 대한 전략적 지식을 갖추고 있어야 할 뿐만 아니라 해당 지역의 지형, 지세, 지리지에도 밝아야 한다. 아울러 해당 지역의 유력자들과 교섭할 수 있는 역량도 필요하다. 그러나 혼다 가문과 오가사와라 가문은 양쪽 모두 이제 막 해당 지역으로 영지를 옮겨온 상태였다. 당시 30대 중반이었던 무사시는 본인의 출신지이기도 했던 이 지역의 지리에 밝았으며 무예가로 여러 곳들을 돌아다닌 덕분에 성곽도시에 대한 경험과 지식이 풍부했다. 아울러 본가인 다하라 집안과의 관계로 인해 지역 유력자들과도 연줄이 닿았을 것이다. 때문에 무사시는 미키성三木城을 부수고 새로운 성곽도시를 아카시에 본격적으로 조영하는 과정에서 중요한 역할을 맡았을 것으로 보인다. 번에는 이 분야의 공식적인 전담 관리가 있었겠지만, 실제로는 무사시가 많은 역할을 했기 때문에 앞에 나왔던 전승이 생겨난 것으로 추정된다.

'성곽도시 구획정비'에 관여한 것이 사실이라면 무사시는 일개 무예가에 머물지 않고 번의 중요 사항에 조력할 정도의 신임을 얻고 있었던 것이니, 그만큼의 실력도 겸비하고 있었다는 말이 될 것이다.

양자 이오리

앞서 언급했던 것처럼 1626년(간에이[寬永] 3년) 양자 미키노스케는 히메지에서 주군 혼다 다다토키를 따라 순사했다. 히메지의 미야모토 가문은 그 후 미키노스케의 친동생, 즉 나카가와 시마노스케의 사남인 구로다유九郎太夫가 잇고 있다.

같은 해인 1626년에는 무사시의 두 번째 양자 이오리가 혼다 가문의 친척이자 인접 번이었던 아카시의 오가사와라 다다자네에게 출사한다. 무사시는 이 시기에 이오리와 함께 아카시로 옮겨간 것으로 보인다. 무예가로 저명할 뿐만 아니라 성곽도시 구획정비의 경륜도 갖춘 무사시를 맞이하기 위해 오가사와라 가문에서 양자(이오리)의 출사를 요청했을지도 모른다.

이오리는 제1장의 첫 부분에서 살펴본 것처럼 다하라 히사미쓰의 차남으로 1612년(게이초 17년) 요네다촌에서 태어났으며 당시 15세였다. 무사시가 이오리를 양자로 삼았던 것은 본가인 다하라 집안이 하리마 전투에서 패한 이후 더 이상 무사 집안으로 존속할 수 없었기 때문이다. 양자로 삼으면 다하라 집안 출신을 무사로 남길 수 있었던 것이다. 이오리는 무사시의 양자가 되었기 때문에 번주를 가까이서 돌보는 시종 직책으로 출사할 수 있었을 것이다.

무사시는 이오리를 훌륭한 무사로 길러내기 위해 다양한 형태로 지원했을 것이 분명하지만, 이오리 직계 후손에게 전해져 내려오는 『미야모토가문 유래서宮本家由緒書』에 의하면 무사시는 "이오리에게 검을 전하지 않았다"라고 되어 있다. 무사시는 이오리에게 검술을 어느 정도까지는 가르쳤을 것으로 보이나 유파를 잇게 하지는 않았다. 이는 이오리의 자질을 보고 내린 판단이었을지도 모르지만, 어쩌면 간에이寬永 시대에 접어들면서 무예보다는 번의 조직 안에서 공문서를 쓸 수 있는 관리로서의 자질이 더더욱 중요해진 시대적 추이에 따른 판단이었을지도 모른다.

무소 곤노스케와의 대결

이런 사이에도 무사시는 병법의 도에 대해 "아침저녁으로 연마"를 거듭하고 있었을 것이다. 아카시 시절 무사시의 검술이 어느 정도였는지를 엿볼 수 있는 일화가 『가이쇼모노가타리海上物語』(1666년)에 있는 무소 곤노스케夢想権之助와의 대결이다.

이에 따르면 곤노스케는 관동지방 여러 지역에서 무사수행을 한 후 서일본으로 내려가던 도중 아카시에 있던 무사시를 찾아왔다고 한다. 보통 사람과 비교도 되지 않을 정도로 큰 체격의 사내였다. "병법 일본 최고, 일본 개산開山 무소 곤노스케無双権之助"라는 금색 글씨가 적힌 하오리羽織(겉에 걸치는 일본전통 예복 중 하나-역주)를 걸친 차림으로 제자 8명을 데리고 왔다는 것이다.

곤노스케가 "아버님이신 무니無二의 다치(큰칼)"를 본 적이 있는데 무사시 대에 와서 검법을 바꿨다고 들었으니 어떻게 바꿨는지 그 '형'을 보여주길 바란다고 청해왔다. 이에 무사시는 그때 깎고 있던 활을 쪼갠 2척 정도의 나무 조각을 들고 대결에 임했다.

곤노스케는 길게 철근을 박은 4척이 넘는 다치(큰칼)를 들고 덤볐으나 무사시는 나무 조각을 들고 "번번이 가볍게 피하며 공격을 차단시키고" 있었는데, 마침 무사시의 팔 아래

하오리의 소매 끝에 다치가 스쳤기 때문에 곤노스케는 "쳤다, 쳤다"라며 들뜬 목소리로 말했다. 그러자 무사시는 "겨우 이런 걸 가지고 쳤다고 할 수는 없다"라며 다시 맞섰다. 곤노스케는 필사적으로 달려들었지만 공격다운 공격을 하지 못하다가 무심코 칼을 내리자, 무사시는 순식간에 그를 구석으로 몰더니 강하게 미간을 내려쳤다. 그러자 곤노스케의 이마는 갑자기 붉게 부어올랐다고 한다. "병법 일본 최고"를 칭했던 곤노스케의 공격을 차단하고 오히려 그를 구석으로 몰더니 급기야 격이 다른 공격 방식으로 이겼던 것이다.

『가이쇼모노가타리』는 무사시 사후 21년이 지나 간행된 것으로 전승된 이야기들 중에서는 그나마 생존 시절과 가까운 시대의 작품이다. 무사시나 무니의 역사적 기록과도 부합되기 때문에 이야기의 세부사항까지는 아니더라도 대략적인 줄거리는 신뢰할 수 있을 것으로 추정된다. 『가이쇼모노가타리』의 이 대목이 사실이라면, 아카시 시절에 40대 중반이었던 무사시는 무기가 어떤 것이든 상관없이 상대가 공격을 시작하기 전에 그 기술을 누르며 상대방을 압도할 수 있는 경지에 올라 있었다는 말이 된다.

간에이 문화와 "유우(遊寓)의 명사"

무사시가 아카시에 머물던 시절은 간에이 시대의 전반기였다. 이 무렵 교토에서는 쇼군 히데타다의 딸인 가즈코和子와 고미즈노오後水尾 천황의 혼사가 이루어진 1620년(겐나 6년) 이후, 막부의 강력한 후원으로 왕조 문화의 부흥을 중심으로 한 움직임이 전개되고 있었다. 와카和歌나 한시문의 향연, 다도, 릿카立花(꽃꽂이 형식 중 하나-역주), 노가쿠能樂 등의 모임이 성대하게 개최되었고 천황, 귀족, 승려, 상급 무사, 마치슈町衆(도시의 부유한 상공업자-역주) 등 문화인들이 모여 일본식 살롱문화가 성황을 이루었다.

막부의 본거지이자 전국의 다이묘들이 참근교대(다이묘들이 주기적으로 에도와 자신의 영지를 번갈아가며 생활하던 제도-역주)로 근무하던 에도江戸(지금의 도쿄-역주)에서도 쇼군, 막부 고위직, 다이묘, 하타모토 등을 중심으로 별개의 살롱문화가 전개되고 있었다. 다이묘들의 교제가 한층 활발해졌던 것은 앞서 언급된 게이초 말기의 다이묘의 일상을 그대로 적어 놓은 기록(『기노시타 노부토시 일차기[木下延俊日次記]』)에서도 짐작해볼 수 있었다. 쇼군의 시강侍講 하야시 라잔林羅山 밑에는 영지를 몰수당한 다이묘를 포함해 다양한 사람들이 모여들고 있었다. 무사시도 언제부터인가 라잔과 교류하게 된다(후술).

이런 간에이 문화의 분위기 안에서 교토 부근 히메지와 아카시에서 다이묘의 '귀한 손님'으로 예우를 받던 무사시는 본격적으로 그림을 그리거나 정원을 조영하기 시작한 것으로 추정된다.

"겐신사세검인玄信四世剣人"이라고 자칭하는 스가와라 구니에다菅原国枝의 「간공도갑서菅公図匣書」(1716)에 "무사시는 그림에 능해서"라는 표현이 보인다. 히메지에 있는 이치노미야총사一宮惣社에 에마絵馬(신사나 절에 봉납하는 말 그림 액자-역주)가, 후도원不動院에 "무사시가 그리고 직접 찬贊을 쓴 달마 그림이나 여러 회화 작품이 세상에 많이 남아 있다"라고 적혀 있다. 오늘날 남아 있는 무사시의 그림은 만년인 구마모토 시절의 작품들이 대부분이며 달마나 포대布袋 스님의 그림이 많다. 선종의 분위기가 감도는 수묵화로 양해梁楷(중국 남송시대의 화가-역주)나 하세가와 도하쿠長谷川等伯, 가이호 유쇼海北友松(일본 아즈치 모모야마 시대의 병풍화가-역주) 등에게 사숙한 경향이 보인다. 아마도 히메지나 아카시 시절부터 교토의 유명 사찰에서 다수의 명화를 접했을 것이다.

또한 아카시 번의 역사서인 『금파사양金波斜陽』에는 무사시가 "1620년(겐나 6년) 경 히메지성 아래서 임시로 거처하며 사원의 조원造園 등에 참가한다"라는 기록이 있다. 아카시 우에노마루上の丸 지역에 있는 혼쇼사本松寺 등 세 곳에 무사시가 조영했다는 전승이 있는 정원이 남겨져 있다.

『오가사와라 다다자네공 소전小笠原忠真公小伝』에는 아카시성 안에 있는 세 번째 외성外城인 산노마루三の丸의 일각을 "우에키야시키植木屋敷(직역하면 정원수저택이라는 의미로, 인공적으로 만들어 놓은 산림-역주)"라는 명칭의 정원으로 조영했을 때, "연못, 석가산(감상을 위해 여러 개의 돌로 산의 형태를 재현한 것-역주), 정원수, 꽃밭, 차를 마시기 위한 휴게정자, 축국장 등의 구성 및 배치를 유우遊寓의 명사名士 미야모토 무사시에게 위촉하여 담당하게 했으며", 정원수 세 그루는 아카시의 두 군郡에 있던 산 중에서 골랐고, 돌은 아와阿波(현재의 도쿠시마현[徳島県]-역주)·사누키讃岐(현재의 가가와현[香川県]-역주)·쇼도섬小豆島(세토내해 동부의 섬-역주) 등에서 조달해 약 1년에 걸쳐 조영했다는 기록이 남아 있다. "유우의 명사"란 무사시가 "귀한 손님"이라는 예우를 받으며 다양한 예술을 만끽할 수 있는 여유로운 명사였다는 사실을 나타낸다.

3. "병법의 도를 만나다"──시마바라의 난 전후

50대의 무사시

이렇게 무사시는 30세 이후 후다이 다이묘의 '귀한 손님'으로 예우되며 자유롭게 지냈다. 『오륜서』에 의하면 무사시는 "더더욱 심오한 도리道理"를 얻고자 노력해 병법의 도와 모든 예술 분야의 도를 심화시켜가다가 50살 무렵 "드디어 도를 만났다", 즉 "이치를 터득했다"고 한다. 어떤 형태로든 새로운 전기를 맞이했던 것이다.

그 하나의 계기로 무사시가 마침 50세에 해당하는 1631년(간에이 8년), 양자 이오리가 오가사와라번의 "집정직執政職"(가로[家老])에 포함되었다는 사실이 주목된다. 이오리는 출사한 지 겨우 5년이 지난 신참으로 아직 20세의 젊은이였다. 이런 이례적 출세는 번주를 가까이에서 섬기며 그 재능을 인정받았다는 것만으로는 설명되지 않는다. 벼락출세의 배경에는 아카시 성곽도시 구획정비 이후 공적이 쌓였고 동시에 그 검술이 번의 자부심이 된 양아버지 무사시에 대한 높은 평가도 맞물려 있었던 것으로 생각된다.

오가사와라번의 고쿠라 이봉(移封)

다음 해인 1632년(간에이 9년) 오가사와라번은 아카시 10만 석에서 규슈 고쿠라 15만 석으로 규모가 커지면서 영지를 이동하게 되었다.

이 해 5월 도요토미 가문 계열의 다이묘 가토 기요마사加藤清正의 대를 이은 가토 다다히로加藤忠広의 구마모토熊本 54만 석을 몰수하면서, 이에 동반되어 연쇄적으로 이루어진 조치 중 하나였다. 부젠豊前(현재의 후쿠오카현[福岡県]과 오이타현[大分県] 일부 등-역주)과 분고豊後(현재의 오이타현의 대부분-역주)에 있던 호소카와 다다토시細川忠利를 구마모토 지역으로 이동시키면서, 부젠 고쿠라 지역에 후다이 다이묘 오가사와라 다다자네를 진입시켰기 때문이다. 이와 동시에 분고 기쓰키杵築 4만 석에 오가사와라 다다자네의 친동생 다다토모忠知를, 부젠 나카쓰中津 8만 석에 오가사와라 나가쓰구小笠原長次를 진입시켰다. 규슈에 쇼군 가문과 가까운 후다이 다이묘가 처음으로 진입하게 된 것이다. 특히 고쿠라는 규슈 지역에 있던 도자마 다이묘만이 아니라, 나가토長門에 있던 모리毛利 가문을 감시하는 요충지라는 이유로 특별히 도쿠가와 이에야스의 외손자인 오가사와라 다다자네를 그 일족과 함께 배치했다.

이오리는 당시 2500석을 하사받았다고 한다. 고쿠라 15

만 석 중에서는 같은 문중 사람을 제외하면 2000석이 최고였기 때문에 파격적인 대우였다고 할 수 있다.

가로家老의 주요 직무는 번의 가신단 통제와 영지인 지배였으며, 복수의 가로들이 합의 하에 이를 수행하고 있었다. 다이묘가 영지를 옮기면 옛 영지에서의 철수 조치, 새롭게 맡게 된 번에서의 인수인계, 새로운 영지의 실정조사와 가신 별 지행지知行地(가신에게 내리는 땅-역주) 결정, 가신단의 이주절차 수립, 번 교체에 따른 영지민의 혼란 억제와 불안 해소, 새로운 정책의 홍보 등 중요한 과제가 산적해 있다. 영지를 교체하게 되면 그야말로 과거 전국시대 무장들이 자신의 나라를 경영했던 것이나 마찬가지로 여러 가지 복잡한 행정처리가 요구된다.

새로운 영지를 다스리기 시작하며 분주해진 이오리를 후원하기 위해 무사시 본인도 함께 1632년(간에이 9년) 고쿠라에 온 것으로 추정된다. 가로 직책에 있던 이오리를 통해 군지휘관인 장수에 가까운 역할을 직접 볼 수 있었고, 이를 통해 무사시의 시야도 상당히 넓어졌을 것으로 생각된다.

나고야, 에도에서의 무사시

무사시는 1632년(간에이 9년)부터 한동안 고쿠라에 머물렀지만 잠시 뒤에 나고야나 에도 등으로 떠난 것으로 추정된다. 이런 지역에도 전승이 남아 있기 때문이다.

오와리尾張, 즉 오늘날의 나고야는 고산케御三家(도쿠가와 쇼군 계열 가문 중에서도 으뜸으로 여겨지던 세 가문-역주)의 필두 가문이다. 따라서 쇼군 가문 다음으로 격식을 뽐내고 있었다. 번주인 도쿠가와 요시나오德川義直는 야규 효고노스케柳生兵庫助에게 검술을 배우며 신카게류新陰流 제4대 종가를 이어받을 정도로 무예를 즐겼고 다수의 무예가들을 초빙했다. 무사시도 그중 한 사람이었을 것이다.

지카마쓰 시게노리近松茂矩의 『무카시바나시昔咄(옛이야기)』(1738년)에 의하면 다이묘 앞에서 오와리번의 무사와 시합을 벌였는데 "무사시는 두 개의 검을 든 상태에서 큰 검의 끝을 상대방의 코끝에 댄 채 도장 안을 한 바퀴 돈 후, 승부는 이와 같사옵니다, 라고 말했다"라고 한다. 번을 대표해서 대결에 임한 검술가로 하여금 조금도 공격에 나서지 못하게 하며 유유히 그를 추격했고, 이를 통해 다른 무예가와 얼마나 격이 다른지 보여주며 승리를 거두었다는 것이다. 나고야는 훗날 무사시의 제자인 다케무라 요에몬 요리즈미竹村与右衛門頼角의 활약에 의해 엔메이류가 뿌리내린 지역이다. 무사시가 한동안 나고야에 체재하며 문하의 제자들을 양성했다는 사실도 분명해 보인다.

무사시는 에도에서는 하야시 라잔과 친교가 있었다. 『라잔문집羅山文集』에 "무사시의 그림에 대한 찬贊"이라는 부분에서 "검객劍客 신멘 겐신新免玄信"은 "니토이치류二刀一流"를 칭하며 두 개의 칼을 마음먹은 대로 다루고 "치면 곧 꺾이고, 공격하면 즉 패한다"라고 평했다. 이런 화찬畵贊은 무사시가 에도를 떠날 때 무사시의 제자인 이시카와 사쿄石川左京가 하야시 라잔에게 부탁해 써 달라고 했다는 전승이 남아 있다. 라잔은 "신멘 겐신新免玄信"이라고 하고 있으며 "니토이치류二刀一流"라는 새로운 유파 명칭을 쓰고 있다. 때문에 무사시가 에도에 왔던 것은 나고야보다 나중의 일로,

그림 4 (상) 무사시 작. 하야시 라잔 찬 『주무숙도(周茂叔図)』 (오카야마현립미술관[岡山県立美術館] 소장).
(하) 무사시가 모델로 삼았다고 생각되는 『삼재도회(三才図会)』의 주염계(周濂溪)(무숙[茂叔]) 초상

뒤에서 살펴볼 『병법서부兵法書付』를 발급하는 1638년(간에이 15년)에 가까운 시기였다고 생각된다. 무사시가 초상화를 그리고 라잔이 찬贊을 넣은 그림도 있다(그림 4. 「주무숙도[周茂叔図]」라고 불리는데 라잔의 찬문[贊文]을 통해 동일인물이며 주염계[周濂溪]라고 부르는 편이 어울린다).

50대 중반의 무사시가 나고야나 에도에 간 것은 "자연스럽게 병법의 도를 만났다(병법의 이치를 터득했다)"라고 자각한 자신의 병법이 중앙에 뿌리내리기를 원했기 때문일지도 모른다.

하지만 간에이 시대도 이미 후반기에 접어들었고 막부는 물론 각 번 내부에서도 제법 조직다운 조직이 정비되고 있었다. 국정에 관여하는 중진이나 각 유파의 병법사범들도 각자의 위치에 정착해 고정화되기 시작하던 국면이었다. 심지어 무사시의 사고방식은 시대를 훨씬 초월해 있었기 때문에 쉽사리 이해되지도 않아서, 무사시가 설령 그것을 희망했다 한들 이루어질 수 없었을지도 모른다.

시마바라의 난──장수로서의 대우

1638년(간에이 15년) 2월 무사시는 이오리와 함께 시마바라의 난島原の乱에 출전했다.

전년인 1637년 10월, 시마바라번의 압정과 토착 기독교인에 대한 탄압에 항거해 시마바라에서 일어난 잇키一揆(일본의 중세 및 근세 사회에서 발생한 봉기나 집단 행동-역주)는, 아마쿠사 섬天草島의 주민들이나 낭인 계층도 가담해 순식간에 확대되었다. 우선 막부는 이타쿠라 시게마사板倉重昌를 파견해 인근에 있는 몇몇 번의 병력으로 진압하려고 했다. 그러나 잇키 세력은 하라原라는 고성에서 농성하며 완강히 저항했다. 하라성은 해변가 거대 구릉에 있던 군사적 요충지로 견고한 성이었지만 겐나 시대(1615~1624)에 내려진 일국일성령으로 이미 파괴되고 버려진 상태였다. 잇키 세력은 농민들이 대부분이었지만 아마쿠사 시로 도키사다天草四郎時貞를 수령으로 삼아 고니시 유키나가小西行長나 아리마 하루노부有馬晴信 등을 섬기던 옛 부하들이 모여 일사분란하게 통솔되었다. 결국 잇키 세력은 막부군의 총공격을 물리쳤고 막부군을 이끌던 이타쿠라 시게마사는 전사하기에 이른다. 사태의 심각성을 인지한 막부는 로주老中 마쓰다이라 이즈노카미 노부쓰나松平伊豆守信綱를 파견해 규슈의 유력 다이묘인 히고肥後의 호소카와 다다토시細川忠利, 지쿠젠의 구로다 다다유키黒田忠之, 히젠肥前의 나베시마 가쓰시게鍋島勝茂도 급거 에도에서 불러들여 이들 세력을 출전시키기로 했다. 이리하여 여자들을 포함해 도합 3만 7천명이 농성을 벌이던 하라성의 잇키 세력과 막부군 12만 4천명과의 공방이 시작된 것이다.

고쿠라의 오가사와라번은 후다이 다이묘라는 입장에서 규슈의 여러 다이묘들을 통솔하는 역할을 맡았다. 때문에 로주 마쓰다이라 노부쓰나를 맞이해 그 병사 1500명의 군량미도 조달했다. 1월 14일 다다자네에게도 동원령이 내려졌다. 총 8113명 규모로 2월 9일 시마바라에 도착했다.

이오리와 무사시의 출전

이오리는 당시 26세였으며 고쿠라 오가사와라번의 사무라이다이쇼侍大将(주로 대장군 아래서 일군을 지휘하는 자-역주)이자 소군부교惣軍奉行(군사 행정 간부직-역주)를 겸하고 있었다.

이때 무사시가 다다자네의 조카인 오가사와라 나가쓰구小笠原長次를 번주로 하는 나카쓰오가사와라中津小笠原 병력의 주력 기마무사로 출전했었다는 사실이 최근 발견된 오가사와라 가문의 역사서 『류계대성부록笠系大成附録』(1704)에 의해 판명되었다. 나카쓰 병력은 고쿠라 병력과 하나가 되어 움직이고 있었는데, 무사시는 전투에 처음으로 출전한 번주 나가쓰구의 곁에서 19명을 이끌고 호위하면서 고쿠라 병력과 연계하도록 움직였던 것으로 추정된다(그림 5).

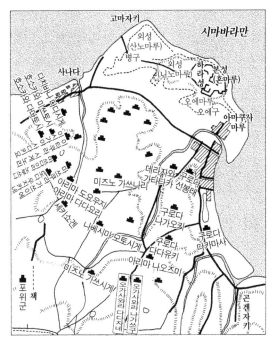

그림 5 시마바라의 난에서의 군대 배치도

또 다른 새로운 사실도 발견되었다. 시마바라의 전투가 한참 벌어지고 있던 와중에 구마모토 호소카와번의 필두가로 나가오카 사도노카미 오키나가가 무사시에게 사람을 보낸 적이 있다는 사실이 최근 발견된 무사시의 자필 서신을 통해 밝혀진 것이다.

잇키 병력이 농성 중이던 하라의 고성을 포위한 지 3개월 남짓, 성 안의 식량이 바닥이 났을 것을 가늠해 막부군은 총

공격 날짜를 2월 28일로 결정했다. 그런데 그 전날 나베시마鍋島 병력이 먼저 치고 들어가면서 공격에 나서자 나머지 번의 병력들도 서로 앞을 다퉈 성 안으로 돌입해 혼란은 극에 달했다. 당시 구로다 병력이나 호소카와 병력 등에 의해 세 방면에서 성의 방어선이 공격을 받았고, 결국 다음 날 성은 완전히 제압되었다.

전투가 끝난 후 지쿠젠 번주 구로다 다다유키가 오가사와라의 진영으로 찾아와 이오리를 불러 그 활약상에 대해 다음과 같이 칭찬했다고 한다. "성을 공격하던 날 그대의 부하 병사들이 하나가 되어 대열에 맞게 성문으로 달려 들어가는 것을 보고, 어린 나이에도 더할 나위 없이 기특하다고 감탄했노라. 그대의 됨됨이를 용케 알아보고 기용하신 다다자네공은 과연 명장이로다. 그대의 활약을 우리들이 틀림없이 확인했다는 증거로 이걸 주노라. 이렇게 말하며 차고 있던 비젠 무네요시備前宗吉의 작품인 일본도를 손수 이오리에게 하사하셨다"라고 한다(『미야모토씨 역대 연보[宮本氏歷代年譜]』).

이틀간의 전투로 막부 측은 총 사망자 1127명, 부상자 7008명이 발생했으나, 잇키 측은 그 이틀 뒤까지 남녀 합쳐 총 3만 7000명이 참살되었다. 이로써 시마바라의 난은 종결되었다.

아리마 나오즈미 앞으로 보낸 자필 서신

성이 함락된 직후 무사시가 노베오카延岡 번주 아리마 나오즈미有馬直純에게 보낸 자필 서신이 남아 있다(제2장 표제지). 이것은 아리마 나오즈미 부자가 중심부에 있는 본성에 빠르게 도달했기 때문에 놀랐다는 내용의 편지였다. 나오즈미의 무훈을 증명하기 위한 편지였다고 할 수 있다. 나오즈미의 부인은 다다자네의 부인의 여동생이었다. 오가사와라번의 입장에서도 시마바라의 땅에 남았던 아리마의 옛 신하들이 반란에 가담했다는 사실 때문에 곤혹스러운 입장에 있던 나오즈미를 도와주고 싶다는 속사정이 있었을 것이다. 무사시의 이 편지는 무공의 증거 중 하나로 아리마 가문에서 소중히 보관되어왔다고 한다. 전투 이후 나오즈미 부자는 무공을 인정받아 노베오카의 영지 5만 3천 석을 그대로 유지할 수 있게 되었다.

이 편지에 "저도 돌에 맞아 정강이에 부상을 입어 일어설 수 없을 정도이기 때문에 가까이에서 모실 수도 없습니다"라고 되어 있다.

잇키군의 돌에 맞았다는 말인데, 혼전 중 최전선에 나갔을 때의 일이었을 것이다. 중상을 입었다는 설도 있지만 나카쓰中津 번의 부상자 148명 중에 무사시의 이름은 거론되지 않고 있다. 편지 글은 찾아뵈러 갈 수 없는 것에 대한 이유를 언급하며 양해를 구한 부분인데 필체에도 전혀 흐트러짐이 없다. 무사시는 그 후 에도나 교토 지역으로 상락했기 때문에 대단한 부상은 아니었을 것이다.

군사지휘관인 다이묘 부자의 무공을 증명하는 편지를 쓰고 있다는 사실은 무사시가 그만큼 신뢰할 수 있는 인물이었음을 보여주고 있다.

시마바라의 난의 영향

시마바라의 난에서의 활약으로 인해 이오리는 오가사와라번에서의 지위가 한층 강화되었을 뿐만 아니라 다른 번이나 막부 고위직에게도 그 존재가 인지되었다. 1500석이 증가되어 총계 4000석이 되었고 후다이 다이묘 15만 석의 필두가로에 올랐으며, 그 지위는 이후 대대로 고쿠라 미야모토가에서 이어받게 되는 것이다.

무사시는 홀로 독야청청 고고한 검호였을 것이라는 이미지가 강하지만, 기실은 양자 두 명을 각각 높은 녹봉을 받는 고위직에 앉히고 있다. 특히 이오리는 후다이 다이묘인 고쿠라번의 필두가로가 되었다. 때문에 무사시는 이오리를 통해 번의 조직이나 그 정치의 실제 모습을 내부에서 나름대로 파악할 수 있었을 것이다. 시마바라의 난에 출전했을 때는 전투에서의 무장의 움직임을 가까이에서 볼 수 있기도 했다. 이런 다양한 경험들이 쌓였기 때문에 훗날 『오륜서』에서 "병법의 도"를 단순히 일대일로 행하는 검술로서만이 아니라 보다 거시적인 안목으로 조망할 수 있었던 것으로 추정된다.

새롭게 발견된 『병법서부』──50대의 검술 이론

시마바라의 난이 종결된 1638년(간에이 15년) 11월, 무사시가 14개조의 이론서를 문하생들에게 전수했다는 사실이 최근 판명되었다. "간에이 15년 11월 신멘 무사시 겐신新免武蔵玄信"이라는 오쿠가키奥書가 있는 영사본影写本(원본이 된 사본을 그대로 투사시켜 원본과 같게 만든 것)이 도쿄대학사료편찬소에 있다는 사실을 알았다. 이 내용과 문장을 조사해보니, 1759년(호레키[宝暦] 9년)에 하기와라 노부유키萩原信之가 필사한 「양도일류両刀一流」, 「가나목록仮名目録」이라는 발跋이 있는 무서명無署名의 필사본(『옥선집[玉選集]』에 수록됨)과 완전히 동일한 것이었다. 2년 반 후에 나오는 『병법35개조兵法三十五箇条』와 동일한 표현, 동일한 내용이 곳곳에 보여 그 전 단계의 것으로 생각된다.

이 비망록은 머리말에서 "문득 생각난 것만 생각나는 대로 적는다"라고 하고 있으며 발跋에서 "병법 수련의 도道는 이와 같음"이라고 나와 있다. 이처럼 이 시점까지의 이론이나 기술을 정리해 문하 제자들에게 수련 시 잊지 말도록 건넨 글일 것이다. 정식 서명은 없지만 발문에 나와 있는 표현을 통해 이하의 내용에서 『병법서부兵法書付』라고 부르기로 하겠다.

1638년(간에이 15년) 11월은 무사시가 구마모토로 가기 1년 전으로 50대 중반의 나이였다. 『오륜서』에서 "50살 무렵" "자연스럽게 병법의 도를 만났다", 즉 "병법의 이치를 터득했다"라고 썼던 만큼, 20대 중반에 쓴 『병도경兵道鏡』 이후 무사시의 검술 이론이 어떤 전개를 보이는지가 주목된다.

『병법서부』의 내용

첫 부분에 나오는 5개조는 기본적 지침을 보여준다. "몸가짐", "다치太刀(큰칼) 쥐는 법", "발 디디기"는 다소 표현이 변하긴 했지만 실질적인 내용은 『병도경』과 거의 동일하다. 그러나 "마음가짐"이나 "눈초리"의 내용은 상당히 변했다.

『병도경』의 "마음가짐"은 적의 실력에 따라 싸우는 방식을 바꾸어야 한다는 것이었는데, 『병법서부兵法書付』에서는 행주좌와行住坐臥, 항상 병법에 마음을 쏟으며 일상에서부터 끊임없이 지지 않도록 분별하고 "올곧은 마음"으로 만사가 귀착하는 바를 응시하라고 말한다. "몸가짐" 항목에서도 "항상 병법을 위한 몸가짐을 하라"라며 일상생활에서부터 조심할 것을 강조하고 있다. "눈초리"에서는 『병도경』이 "안개에 싸여 희미하게 보이는 저 멀리 섬에 있는 바위나 나무를 보는 것처럼"이라고 비유적으로 말하고 있는 반면, 『병법서부』에서는 "견見의 눈을 약하게 보고 관觀의 눈을 강하게 봐야 한다"라고 지적하고 있다. 이는 나중에 나올 『오륜서』에 가까운 표현이다(『오륜서』에서도 관은 깊이 꿰뚫어보는 것, 견은 살피는 것으로 나누어 설명하고 있음-역주).

『병법서부』의 제6조는 "다치(큰칼) 자세 다섯 가지"로 다섯 가지 '형'에 대해 설명하고 있다. 주목해야 할 점은 두 번째 이하 네 가지 모두 훗날 구마모토에서 전개된 니텐이치류二天一流의 상전서와 설명하는 문장이 완전히 동일하다는 점이다. 니텐이치류의 다섯 가지 '형'은 명칭만 바뀌었을 뿐, 『오륜서』의 다섯 가지의 '형'으로 거의 직결되고 있다. 이 점을 통해 『오륜서』에 수록된 '형'이 이 시점에서 거의 완성되어 있었음을 알 수 있다.

또한 제8조 이하 "손에 맞추는 것 여덟 가지가 있다", "발에 맞추는 것 여섯 가지가 있다"라며 맞추는 방식을 열거하고 있다. 이는 『병도경』에서 "발을 치는 위位", "손을 치는 위

位"가 세 가지 방식이었던 것을 적의 공격에 응하면서 이를 망라해가며 열거한 것이다. 그 외에 "세 가지 방어", "입신入身의 위位"로서 네 가지, "적을 치는 박자"로서 두 가지 박자와 네 가지 공격, "선을 거는 방식"으로 세 가지 선先, "목소리 내기"에서 세 가지 목소리에 대해 쓰고 있다. 『병법서부』는 다양한 적에 대한 대처 방식을 열거하여 언제든 통용될수 있는 "도리道理"에 접근하고자 했던 것으로 보인다.

이처럼 50대 후반에 저술된 『병법서부』에 의해 20대 중반에 작성된 『병도경』에서 『오륜서』로 발전되는 전개 과정이어느 정도 예상된다. 『병법서부』를 보면 이 시점에서 『오륜서』로 이어지는 검술 이론이 상당히 완성 단계에 가까워져있었음을 알 수 있다.

하지만 『병법서부』는 아직 이론 단계에 머물러 있었다. 그 다음 단계인 전쟁으로 이어지는 "대규모 전투의 병법"에대한 언급이나 무사로서의 마음가짐, "공(비어있음)" 등에 대한 언급은 아직 보이지 않는다. "수련의 도"를 보여준다는이 글의 성격에도 기인하겠지만 검의 이론을 초월한 본격적 병법론은 그 다음 시대인 구마모토 시절에 큰 보폭을 보이며 전개되어갔음을 알 수 있다.

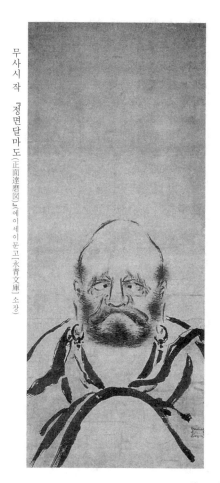

제3장
"병법의 올곧은 도"를 전하고자
——후세에 남긴 것

1. 니토이치류(二刀一流)의 전개──구마모토 호소카와번 에서

구마모토 호소카와번으로

1640년(간에이 17년) 8월, 무사시는 히고肥後 구마모토熊本에 있는 호소카와번細川藩의 '귀한 손님'으로 예우되게 되었다.

이미 59세라는 나이가 된 무사시는 인생을 마무리하겠다는 마음을 먹고 이 지역으로 온 것으로 여겨진다. 이후 세상을 떠날 때까지 5년간 구마모토에서 지냈으며 무사시에 대한 공적 기록이 나오는 것은 이 시기부터다. 오늘날 남아 있는 무사시의 저술이나 서화 등도 대부분 바로 이 구마모토 시절에 나온 것들이다. 전승이나 일화도 많지만 명백히 후세에 만들어진 이야기도 매우 많다. 무사시가 직접 쓴 편지나 저서, 서화, 혹은 당시를 전후로 한 시대의 명확한 자료에 근거해 무사시가 구마모토에 와서 살게 된 사정뿐만 아니라 『오륜서』를 쓰게 된 배경, 그리고 삶의 종언에 이르기까지 확실한 사실을 밝혀두고 싶다.

나가오카 오키나가에게 보낸 자필 서신

무사시는 1640년(간에이 17년) 8월 6일 호소카와번의 '귀한 손님'으로 예우되게 되었다. 공식문서인 「호소카와번봉서細川藩奉書」의 8월 12일 항목에 "하나, 미야모토 무사시에게 7인분의 후치扶持(일종의 녹봉-역주)와 고리키마이合力米(일종의 특별수당-역주) 18석을 보냄. 간에이 17년 8월 6일부터 오랫동안 함께할 자임"이라고 되어 있다. 그러나 "이상과 같은 다이묘의 인장"은 무사시에게 보이지 말라는 주의사항이 적혀 있다. 번주의 봉서를 덧붙인다는 내용과, 필두가로 나가오카 사도노카미 오키나가(1582~1662)로부터 지시가 있었다는 기록도 보인다. 과거로 거슬러 올라간 결정이며 본인에게 다이묘의 인장을 보일 수 없다는 조치는 극히 이례적이다. 이런 결정에 필두가로 오키나가가 깊이 관여되어 있음을 추정할 수 있다.

바로 이 오키나가에게 보낸 무사시의 자필 편지가 1994년에 발견되었다. 이 서신에서 무사시는 시마바라의 난이 일어났을 때 사람을 보내준 것에 대한 감사 인사를 한 후 "그 후 저는 에도와 교토 방면으로 갔습니다만, 지금은 다시 구마모토에 와 있습니다. 용건이 있기에 찾아뵙고 싶습니다"라는 요지의 편지였다.

이 편지를 쓴 날짜는 "7월 18일"이라고만 되어 있을 뿐

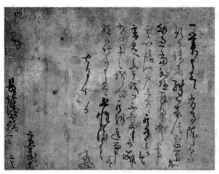

그림 6 나가오카 사도노카미 오키나가(長岡佐渡守興長)에게 보낸 무사시 자필 편지(야쓰시로시립박물관[八代市立博物館, Yatsushiro Municipal Museum] 소장)

연호가 적혀 있지 않다. 내용으로 봐서는 1638년(간에이 15년)에서 1640년(간에이 17년) 사이의 편지일 것이다. 그런데 1638년에는 시마바라 전투에서 철수하고 나서 4개월 반후, 전투에 참여한 규슈의 다이묘들을 모았던 고쿠라 회의로부터 3개월 후다. 무사시가 에도나 교토 방면으로 올라 갔다가 다시 구마모토로 내려오기에는 시간적으로 너무 짧다. 1639년(간에이 16년)이라면 관련된 것들이 아무것도 없다. 1640년(간에이 17년)이라면 앞서 언급했던 것처럼 채 한 달도 되지 않아 8월에 호소카와번에서 무사시를 '귀한 손님'으로 예우하기로 결정했다는 말이 된다. 이 편지가 1640년(간에이 17년) 7월의 것이라고 한다면 당시 다양한 사정과도 모두 부합한다. 번주 호소카와 다다토시는 같은 해 6월 12

일 구마모토로 돌아와 있었다. 무사시는 이것을 예상하고 구마모토로 내려가 7월 18일 이 편지로 오키나가를 면회했을 것이다. 오키나가는 무사시를 '귀한 손님'으로 예우할 것을 번주 다다토시에게 청해 그의 재가를 얻어 즉시 번에서의 대우가 결정된 것은 아닐까. 8월 6일로 거슬러 올라가 발급하고 그 통지를 무사시에게는 보이지 말도록 오키나가가 지시했다는 것은 갑작스러운 결정에 의한 전격적인 녹봉액이었기 때문일 것이다.

호소카와번에 진입한 이유

무사시가 구마모토에 온 이유는 번주 호소카와 다다토시의 초대로 보는 것이 일반적이었다. 무사시가 보낸 "구상서口上書"를 받은 호소카와 다다토시가 '귀한 손님'으로 예우하기로 결정했기 때문에 호소카와번으로 온 것이라는 이야기다. 이 "구상서"는 당시 무사시가 처해진 상황과 심경을 엿볼 수 있는 것으로 자주 인용되고 있다. 하지만 이 "구상서"는 "1640년(간에이 17년) 2월" 날짜로 측근무사 사카자키나이젠坂崎内膳(본명은 사카자키 시게마사[坂崎成政], 나이젠은 관직명-역주)에게 보낸 것으로 되어 있다. 그러나 실은 실물이 남아 있지 않고 『무공전武公伝』,『니텐기二天記』만이 게재하고 있는 사항이다. 이를 재검토해보면 날짜를 빼고 연호만 기재한다는 것은 편지 형식으로는 부자연스럽다. 무사시의 자필 편지 두 통과 비교해봐도 그 형식에 차이가 있다. 스스로에 대해 "늙은 몸"에 "병자"가 되었다고 설명하고 있는 것도 무사시답지 않은 표현이다. 심지어 새롭게 발견된 7월 18일자 편지(수취인은 오키나가)의 표현방식을 통해 살펴보면, 이 이전에 호소카와번과 접촉이 없었다는 사실을 엿볼 수 있다. 이상을 검토해보면 "구상서"는『무공전』,『니텐기』의 창작이라고 단정할 수 있을 것이다.

따라서 무사시가 구마모토 호소카와번의 '귀한 손님'이라는 예우를 받게 된 것은 다다토시가 초대했기 때문이 아니라 실은 무사시가 먼저 손을 써서 전격적으로 실현된 일이었다.

그렇다면 무사시는 어째서 이 시기에 자진해서 구마모토 호소카와번으로 들어가기로 했을까.

호소카와번과는 이전부터 인연이 있었다. 시마바라의 난이 일어났을 때 사람을 보내왔던 오키나가가 필두가로로 활약한 번이기도 했다. 번주 다다토시(1586~1641)는 조부 호소카와 후지타카細川藤孝(유사이[幽齋]), 부친 다다오키忠興(산사이[三齋])를 계승하는 명망 있는 문文의 가문의 당주인 동시에, 히고 지역 54만 석의 영주이기도 했다. 시마바라의 전투에서는 여러 다이묘 중에서도 가장 많은 2만 8천의 군대를 지휘했고 잇키 세력의 본성을 함락시켰으며 총대장 아마쿠사 시로 도키사다를 그 가신이 무찔렀다. 여러 군대들이 얽혀 혼란스러운 상황에서 호소카와번이 얼마나 탁월한 통솔력을 보였는지 무사시도 느꼈을 것이다. 게다가 다다토시는 검술에도 열정적인 인물로 주조류中条流 외에 야규 신카게류의 비법에 통달해 있었다. 1637년(간에이 14년) 5월 야규 무네노리柳生宗矩로부터 『병법가전서兵法家伝書』를 수여받기도 했다(다다토시 이외에 수여받은 사람은 야규 가문의 장자, 쇼군 이에미쓰[家光], 나베시마 모토시게[鍋島元茂]뿐이었다). 1639년(간에이 16년) 2월 다다토시는 쇼군과 함께 야규 무네노리를 방문해 야규 주베에 미쓰요시柳生十兵衛三厳와 함께 무예를 행했고 그 다음해 2월에도 검술 관람에 동행해 쇼군으로부터 매를 하사받았다.

아울러 다다토시는 무사시와 같은 세대의 인물이기도 했다. 이 정도의 역량을 갖춘 다다토시라면 본인의 검술도, 전쟁에서의 "대규모 전투의 병법"에 통하는 것을 지향하는 '병법의 도道'도, 혹은 비범한 재능을 보이는 그림 등 다양한 예술도, 정당하게 받아들여줄 그릇이라고 무사시가 판단했던 것으로 추정된다.

게다가 호소카와 가문은 고쿠라의 오가사와라번과 친척

지간(다다토시의 정실부인은 오가사와라 다다자네의 여동생)이었다. 그런 가문에 들어가는 것은 오가사와라번의 필두가로가 된 양자 이오리에게도 힘이 되어줄 수 있었다.

60세를 눈앞에 두고 스스로의 마지막을 의식하기 시작한 무사시는 이리하여 구마모토로 가기로 결정했을 것이다.

무사시가 받았던 대우

1640년(간에이 17년) 8월 "7인분의 후치扶持와 고리키마이 合力米 18석"은 오키나가의 판단에 따라 전격적으로 결정된 지급분이다. 4개월 후인 12월 5일, 쌀 300석을 보내는 다다토시의 로마자 인장이 새겨진 봉서가 내려졌다. 다다토시 사후인 1641년(간에이 18년) 9월과 1642년(간에이 19년) 11월에도 300석을 보내는 봉서가 내려지고 있다. 호소카와번에서의 무사시의 정식 처우는 300석이었던 것이다.

무사시에 대한 당시의 평가를 말할 경우 그 녹봉액이 적었다는 점이 종종 문제시된다. 본디 야마토大和의 토호土豪 출신으로 세키가하라 전투에서 무훈을 떨친 후 막부 관료로 오랫동안 활약한 끝에 승진을 거듭해 결국 1만 2500석의 다이묘가 된 야규 다지마노카미 무네노리柳生但馬守宗矩와는 애당초 급이 다르다 해도, 쇼군 가문의 병법 사범인 잇토류一刀流 오노 지로 우에몬 다다아키小野次郎右衛門忠明의 600석, 오와리 도쿠가와 가문의 병법 사범인 야규 효고노스케 도시토시柳生兵庫助利嚴의 600석과 비교해도 무사시의 녹봉은 훨씬 적은 편이다. 이를 근거로 무사시에 대한 당대의 평가가 그리 대단치 않았을 가능성이 있다고 평가하는 경우도 있다. 하지만 무사시의 경우 가신이 아니라 어디까지나 '귀한 손님'이라는 신분이었으며, 심지어 일족이 아니라 개인에게 내려진 녹봉이었다. 아울러 후지마이扶持米 300석은 실수령액이기 때문에 봉록을 지행知行으로 받는 가신들의 실수령액을 "오공五公·오민五民(수확량의 절반을 세금으로 바치는 에도 시대의 조세 징수법-역주)"으로 환산해보면 지행이었을 때 600석 상당이 된다.

뿐만 아니라 무사시는 그 녹봉액 이상으로 각별한 대우를 받았다. 『무공전武公伝』에 의하면 무사시는 상급 무사가 사는 구마모토성 바로 아래 치바성千葉城 성터가 있던 고지대의 저택을 하사받았다. '귀한 손님'이라는 신분상 가신단의 서열 안으로 들어가지 않은 채 "인지착좌人持着座의 격格", 즉 1500석 이상의 사람이 받는 대우인 "상착석上着座"의 격으로 우대받았다고 한다.

무사시는 번주 다다토시, 그 사후에는 뒤를 이은 미쓰나오光尚(1619~1649)를 비롯해 필두가로인 나가오카 오키나가,

그 양자로 와카도시요리若年寄(막부의 최고직 로주[老中]를 보좌하며 하타모토를 총괄 감독-역주) 직책에 있던 나가오카 시키부 요리유키長岡式部寄之(1617~1666), 가로 나가오카 겐모쓰 고레스에長岡監物是季, 중신 사와무라 다이가쿠 요시게沢村大学吉重와 그 아들로 와카도시요리였던 사와무라 우에몬 도모요시沢村宇右衛門友好 등의 후원을 받았다.

호소카와번에서의 각별한 대우의 배경에는 양자 이오리가 규슈 다이묘들의 감시자적 존재였던 후다이 다이묘 오가사와라번의 필두가로라는 사실도 고려의 대상이 되었을 것이다.

퍼져가는 니토이치류

무사시는 구마모토에 오기 이전부터 엔메이류라는 명칭을 변경해 "니토이치류二刀一流"라고 자칭하고 있었다. 세상을 떠나기 직전에 성립된 『오륜서』에서는 "니텐이치류二天一流"를 칭하게 되는데, 『오륜서』에서 몇몇 곳에서는 여전히 "니토이치류"라는 표현이 나오기 때문에 무사시는 구마모토 시절에도 거의 마지막까지 "니토이치류"를 칭했던 것으로 추정된다.

직계 제자인 데라오 구메노스케寺尾求馬助는, 다다토시공

은 야규류柳生流의 오의奧義에 통달해 자신감을 가지고 계셨지만 "스승님(무사시)과 칼을 겨루어보자 한 번도 이기지 못했다. 이에 비로소 놀라시며 그 병법을 스승님에게 물으셨다"(상전오쿠가키[相伝奧書]·1666)라고 쓰고 있다.

목검이나 죽도로 수련을 할 때라도 상대방의 역량은 단박에 알 수 있기 마련이다. 10월이 되어 다다자네가 야마가시山鹿 온천에서 지냈을 때 무사시를 불러들였던 이유는, 그 이론을 듣고 수련에 임하기 위해서였을 것이다.

『무공전武公伝』, 『니텐기二天記』에 의하면 다다토시는 무사시와 야규 무네노리의 직계 제자 우지이 야시로氏井弥四郎와의 대결을 간곡히 청했다고 한다. 이에 따라 칼을 든 사람 이외에 모든 사람들을 내보내고 승부에 대한 비평을 하지 않는다는 약조를 얻어낸 뒤 대결에 임했다. 하지만 세 번 모두 야시로는 전혀 공격을 시도하지 못했다. 이에 따라 본인도 대결에 임했으나 결국 한 번도 이길 수 없었기에 야규류를 내려놓고 니토이치류를 배웠다고 나와 있다.

우지이氏井는 정확하게 말하면 우지이雲林院(본서 이외에서는 우지인이라고 부르는 경우도 있음-역주)를 뜻한다. 우지이 야시로는 무네노리의 제자로 다다토시를 가까이서 모셨던 것은 사실이지만, 여기서 말하는 것처럼 다다토시가 무예가의 체면이 달린 대결을 굳이 강요한다는 것은 있을 수 없는 일이다. 무사시가 야규류보다 강했다는 점을 역설하기 위해 가공된 창작일 것이다. 또한 오랜 세월 수련을 거듭한 병법 양식을 바꾼다는 것도 불가능한 일이다. 다다토시는 야규의 신카게류를 수련하는 사람으로서 무사시의 탁월한 이론과 기술도 배우려 했을 뿐일 것이다.

『무공전』과 『니텐기』에는 다른 이야기도 나와 있다. 예를 들어 다다오키 시절부터 "도리데捕手〔유술[柔術]〕 사범"이었던 시오타 하마노스케塩田浜之助도 자진해 대결을 벌였으나 전혀 공격을 시도할 수 없었다고 쓰고 있다. 뿐만 아니라 무사시가 자신이 앉아 있는 6자 공간(가로 세로 약 1.82미터로 환산됨-역주) 안으로 발만 집어넣을 수 있어도 이긴 것으로 간주해주겠노라고 호언하자 발끈해졌다. 하지만 온갖 기술을 펼쳤으나 그마저 불가능했다고 한다. 때문에 하마노스케는 감탄해 마지않으며 결국 무사시의 문하로 들어와 제자가 되었다는 이야기다. 유명한 이야기이지만 『무공전』이나 『니텐기』에만 나오는 이야기다. 무사시보다 10세 가까이 연상으로 양아버지 무니의 제자였다고도 전해지는 하마노스케가 이런 행동을 취했다고는 도저히 믿겨지지 않는다. 무사시가 매우 강한 검호였음을 역설하기 위해 가공된 허구일 가능성이 높다.

어쨌든 무사시의 유파는 번주 다다토시까지 배운다는 평

판에 힘입어 다른 유파 사람들에게도 수용되며 단기간에 호소카와번에 널리 퍼진 것으로 추정된다.

조금 시대가 내려와서 구마모토 시절의 무사시 문하 제자는 "태수〔번주〕를 비롯해, 나가오카 시키부 요리유키長岡式部寄之, 사와무라 우에몬 도모요시, 그 외 가신단이나 측근 무사, 방계 무사 및 무사들의 신하, 낮은 신분의 무사까지 천여 명"(『무공전[武公伝]』 야마모토 겐스케[山本源介])이었다고 한다. 수적으로 다소 과장이 섞여 있다 해도, 친교가 있던 가신 휘하의 하급 무사들까지 무사시에게 배우게 되었기에 제법 광범위하게 유파가 퍼져갔다는 것은 확실해 보인다.

상전(相伝)의 제자 데라오 형제

구마모토 시절의 제자로 무사시와 "각별한 사이로" "일파를 상전"하게 된 것은 데라오 마고노조 가쓰노부寺尾孫之丞勝信, 데라오 구메노스케 노부유키寺尾求馬助信行 형제였다 (『무공전』).

그들의 아버지는 데라오 사스케 가쓰마사寺尾佐助勝正이다. 원래는 우키타 히데이에宇喜田秀家의 가신이었지만 세키가하라 전투 이후 나가오카 오키나가의 천거로 호소카와 가문에 들어와 있었다. 두 번에 걸쳐 녹봉이 증가해 간에이 5

년 이후에는 철포 50정을 맡았으며 1500석을 받고 있었다.

데라오 마고노조(1613~1672)는 차남이었지만 노다 잇케이
野田一溪의 『선사도통차제계도先師道統次第系図』(1782)에 의하
면 귀가 조금 불편했기 때문에 번에 출사하지 않았던 낭인
이다(에도 중기부터 낭인[牢人]에게 낭인[浪人]이라는 글자가 사용되게 된
다). 마고노조가 낭인이었다는 것은 『데라오가계도寺尾家系
図』 외 여러 책에도 기록되어 있다. 마고노조는 무사시가 구
마모토에 왔을 당시 28세의 나이였으며, 출사하지 않은 상
태였기 때문에 항상 무사시 가까이에서 열심히 수련에 임
했을 것이다. 마고노조는 훗날 무사시로부터 『오륜서』 초고
를 물려받게 된다.

한편 그 아우인 데라오 구메노스케(1621~1688)는 삼남으로
마고노조보다 8세 연하였지만 어린 시절부터 다다토키를
곁에서 보필하는 시종 직책을 맡아 성인식 후 200석을 받게
된다. 시마바라의 난에서 무훈을 세워 오모테즈가이역表遣
役 500석과 철포 30정을 맡게 되었다고 한다. 구메노스케는
훗날 번주의 명을 받아 임종 직전의 무사시를 직접 간호했
으며 임종 당시 『병법 39개조』(『병법35개조』의 증보판)를 물려받
았다고 한다(『무공전』).

무사시가 구마모토로 온 것은 만년에 접어든 후였으며
죽기 전 5년 동안이라는 짧은 기간 동안 이곳에 머물렀다.

제자가 된 사람들은 이미 각각 다른 유파의 검을 배우고 있었기 때문에, 기존에 배우던 유파의 수련과 병행하는 형태로 니토이치류를 배우는 경우가 많았던 것으로 보인다. 무사시도 유파에 연연하지 않고 다른 유파의 검에 이미 길들여진 새로운 제자들의 검법을 매우 실전적이고 효율적으로 고쳐주며 진정한 검의 전수를 과제로 삼았다고 여겨진다.

『병법35개조』를 바치다

1641년(간에이 18년) 2월 무사시는 『병법35개조兵法三十五箇条』를 번주 호소카와 다다토키에게 바쳤다. 전년 8월에 '귀한 손님'이라는 예우를 받게 되고 나서 다다토키에게 직접 검술을 몇 번 보여주거나 함께 수련할 기회가 있었을 것이다. 야규 신카게류의 검술에 탁월했던 다다토키는 검술에 대한 깊은 이해를 보여주었다. 또한 제법 핵심을 찌르는 질문도 했을 것으로 추정된다.

그러나 다다토키는 이 해 1월 18일, 아버지 다다오키가 있던 야쓰시로를 방문하다 돌아오던 길에 쓰러져 버렸다. 오른쪽 다리에 마비가 왔고 결국 말도 제대로 할 수 없는 몸이 되었다(호소카와번 역사서 『면고집록[綿考集録]』). 2월쯤 다다토키의 상태가 위급한 국면에서 벗어났기 때문에 무사시는 자신의 병법을 총괄적으로 정리해서 바쳤을 것이다.

『병법35개조』는 4년 전 이미 야규 무네노리로부터 『병법가전서兵法家伝書』를 수여받았던 다다토키에게 바쳐지는 것인 만큼, 자신의 검술 이론을 다시금 되돌아보며 그 도리道理를 명확히 하고자 혼신의 힘을 쏟아 완성시켰을 것이다. 작성 방식은 각각 하나씩 써내려간 36개조를 따로 구분하지 않고 쭉 나열하고 있다. 36개조임에도 불구하고 "이상과 같은 35개조"라는 표현이 보이는 이유는 마지막 "만리일공万理一空"의 1개조에서 그 내용이 서술되지 않았기 때문에 계산에 넣지 않았던 것으로 보인다. 아울러 후기에 "또한 확실치 않다고 생각하시는 부분은 직접 말로 설명 드리고자 한다"고 되어 있는 것처럼, 『병법35개조』는 나중에 실제로 기술(수)을 보여주며 보다 상세하고 구체적으로 설명할 것을 전제로 작성된 글이다.

두 칼의 연유, 대규모 전투의 병법

『병법35개조』는 제1조에서 자신이 어째서 두 칼(니토二刀)을 쓰는지에 대해 언급하고 있다. 칼을 하나만 사용하는 다른 유파를 이미 수련한 번주(호소카와 다다토키-역주)를 상대로 우선 자신의 입장을 명확히 하고 있다.

실제로 다치太刀(큰칼)는 양손으로 들 수 없는 경우가 많다. 말을 타고 달리거나 또 다른 손에 창을 들고 있거나 지면의 사정이 여의치 않아 장애물이 있을 경우, 피치 못하게 큰칼을 한 손으로 사용해야 한다. 때문에 한쪽 손으로 능숙하게 휘두를 수 있도록 미리 두 칼로 수련을 해두어야 한다는 이야기다. 두 칼을 써야 하는 이유를 제시하고 있는 동시에, 모름지기 검술이란 비단 도장에서의 수련만이 아니라 모든 실전에서 사용해야 한다는 주장이기도 하다.

제2조 "병법의 도"는 "무릇 대규모 전투든 일대일 싸움이든 병법의 도道란 모두 같은 뜻이어야 한다"라고 쓰고 있다. 상대방이 번주이기 때문에 무장(군사 지휘관)이 수행할 "대규모 전투의 병법"에 대해 언급한 부분일 것이다. 핵심은 "일대일 병법의 경우, 예를 들어 자신의 마음을 무장(군사 지휘관)에 비유하면, 손과 발을 부하 장수라고 생각하고 몸을 병졸로 간주하여, 전체를 다스리는 것처럼 자신의 몸을 단련시키는 것, 규모와 무관하게 병법의 도는 마찬가지다"라는 대목에 있다. 아직 추상적 비유 단계에 머물러 있다. 따라서 "대규모 전투의 병법"을 어떻게 전개해야 할지를 의식하기 시작한 것은 아마도 이 이후가 될 것이다.

기초로 삼는 검술 이론의 원리

검술이론의 기초는 제2조 후반에서 "병법 터득 요령"으로 "머리부터 발끝까지 똑같이 마음을 안배해" 어디에도 치우치지 않도록 몸을 단련하라고 말하고 있다. 이하 각 조에서도 기초적인 단련 방식을 상세히 언급하고 있다.

검술의 기초를 "다치太刀(큰칼) 쥐는 법", "몸의 자세", "발 디디기", "눈초리", "마음가짐"의 5조로 나누어 그 구체적인 사항에 대해 논하고 있다. 이는 젊은 시절에 저술한 『병도경兵道鏡』에서 『병법서부兵法書付』로 이어질 때까지, 혹은 훗날의 『오륜서』에까지 일관되게 유지되고 있는 흐름이다. 하지만 『병법35개조』는 구체적인 가르침의 기준을 "삶과 죽음"으로 명확히 드러내고 있다. 즉각적으로 어떻게든 움직일 수 있도록 "유연하게 움직이는" 것이 "살아 있는" 것이며 어딘가에 머물러(정체되어) 움직임이 멈추면 "죽은" 것이다.

또한 "병법 상·중·하의 위位를 아는 것"은 검술 기량에 세 단계가 있다는 내용이다. 다양한 공격 자세를 통해 강하고 빠르게 보이는 검술은 하위下位에 불과하다. 자잘한 기교에 능하고 박자가 잘 맞으며 겉으로 보기에도 훌륭해 보이는 검술이라도 아직은 중위中位라고 할 수 있다. 상위上位의 검술은 강하지도 약하지도 않으며, 날카롭지도 빠르지도 않다. 결코 화려해 보이지 않지만 그렇다고 볼품없지도 않다. 그저 매우 올곧으며 고요할 뿐이다. 이 3단계는『오류서』에도 적혀 있지 않지만 무사시가 검술을 어떻게 파악하고 있는지 잘 나타내고 있다.

니토이치류의 '형'은『병법35개조』에는 적혀 있지 않다. '형'은 실제로 연습을 하면서 가르치고 있었기 때문일 것이다. 그 대신 다치(큰칼)를 사용할 때는 상황에 따라 가장 휘두르기 쉬운 "검의 도"에 따라 사용해야 한다고 강조하고 있다. 검법의 원리를 명확히 자각하고 있었던 것이다.

"베개 누르기"의 기술

『병법35개조』에서는 적이 미처 그 기술을 보이기 전에 미리 기술을 꿰뚫어보고 이를 압도하여 적의 공격을 미연에 차단하는 기술이 논해지고 있다. 적이 치려고 하는 바로 그 순간, 그 기술의 머리를 눌러 기술을 펼칠 수 없도록 하기 때문에 "베개 누르기"라고 일컬어지고 있다. 또한 적의 칼을 자신의 칼이든, 몸이든, 마음이든, 그 무엇으로든 밟아 누르는 심정으로 적이 자유롭게 기술을 걸어올 수 없도록 하는 "검을 짓밟기"라는 가르침에 대해서도 쓰고 있다. 이런 것들이 가능하다면 상대방이 조금이라도 그 기술을 발휘할 수 없도록 미연에 기세를 꺾어 결국 이길 수 있게 된다. 앞서 『무카시바나시昔咄』에 보이는 오와리의 다이묘 앞에서의 대결에서도 그런 기술을 보여주고 있다.

적이 미처 그 기술을 발휘하기 전 미리 억눌러버릴 수 있게 된다면, 적의 공격 자세에 따라 각각에 대해 이쪽에서 어떻게 공세해 나가야 할지, 그 방법을 일일이 설명할 필요가 없어진다. 2년 반 전 『병법서부兵法書付』에서는 "손에 닿는 것 여덟 가지 있다", "발에 닿는 것 여섯 가지 있다" 등 개별적인 공격 방식을 썼지만, 『병법35개조』에서는 더 이상 이런 대목이 보이지 않게 되었다. 이는 검술이론이 좀 더 진전되었기 때문일 것이다.

또한 『병법35개조』에서는 마음을 두 개의 층으로 나누어 보다 미묘한 부분에 대해서도 쓰고 있다. "마음가짐"에서 "의意의 마음은 가볍게 심心의 마음은 무겁게"라고 표현한 이유는 적의 공세에 유연하게 대처할 수 있도록 의식을 가볍게 움직이더라도 마음 속 깊숙한 곳에서는 절대로 동요가 없어야 한다는 의미로 여겨진다. 상대방을 칠 때는 "평소에는 의意의 마음을 발하고 심心의 마음을 남기며", "적을 확실하게 칠 때는 심心의 마음을 발하고 의意의 마음을 남기라"(「잔심방심[残心方心]」)라고 한다. 칠 때도 한쪽 마음은 발하지만 동시에 적의 반격에 대비해 다른 쪽 마음은 스스로의 몸에 남겨두어야 하는 것이다. 신카게류의 오의奧義에 통달한 번주에게 보여주는 것이었기에 섬세하고 수준 높은 지침이었을 것이다.

완성된 검술이론

전투 방식에 대해서도 『병법35개조』에 이르면 전투의 전체상이 명확하게 파악되고 있다.

우선 적과의 전투 상황을 냉정하고 적확하게 포착한다. 도저히 적의 노림수를 읽지 못할 경우, 시험 삼아 휘둘러본(페인트) 후, 적이 어떤 식으로 나오는지 탐색한다. 적의 "사고가 넓게 미치는 곳"을 조심하고 "부족한 부분의 안쪽"을 그대로 찌른다. 적의 마음이 뭉쳐 머물러 있는 곳을 공격한다. 적과 강렬하게 대치하는 장면에서는 갑자기 물러나 상대방의 허를 찌른다. 또한 적이 공격해 오는 박자의 빈틈을 민첩히 파악해 역습을 시도한다. 또한 서로 치고 있을 때 적진 깊숙이 파고들어가는 요령이나 그때의 전투 방식에 대해서도 쓰고 있다.

마지막 부분에서 주의해야 할 점으로 "유구무구有構無構"를 말하고 있다. 검을 든 자세는 항상 적과 상황에 따라 달라야 하며, 처음부터 공격하려는 마음이 있어서는 안 된다. 이미 다른 유파의 다양한 공격 자세와 '형'을 수련한 바 있는 번주에게 특정 '형'에 휘둘려서는 안 된다는 점에 대해 주의를 준 것이라고 할 수 있다.

『병법35개조』의 마지막 부분은 "만리일공万理一空"라는 말로 마무리되고 있다. 그러나 "만리일공에 대해서는 글로 설명하기가 어렵고 스스로 연구해 병법의 도를 터득해나가야 할 것이다"라고 적혀 있을 뿐이다. "만리일공"은 다른 자료에서는 발견되지 않는 표현으로 모든 병법 이론은 공空으로 귀착된다는 말이다. 이런 표현에 의해 구체적인 검술이론 깊숙이에 더더욱 심오함이 있음을 보여주고 있다.

2년 정도 이전에 나온 『병법서부兵法書付』에서 무사시의 검술이론은 상당히 완성되어 있었다. 하지만 다른 유파의 면허개전免許皆伝(스승이 제자에게 모든 비법을 전수함-역주)을 경험한 번주에게 바치는 『병법35개조』의 단계에 이르자 자신의 검술이론을 본격적으로 재검토하는 한편, 보다 구체적으로 적과 대치한 상황에 대해 깊이 고심하게 된 것이다. 이와 동시에 가르침의 근본이 되는, 보다 보편적인 검술이론에 대해 한층 더 명확히 자각하게 된다. 그리고 적이 그 기술을 내보이기 전에 승리한다는, 더욱 발전된 지침을 전개하게 되었고 전투 방식에 대해서도 전면적으로 논하기 시작했다.

아직 "대규모 전투의 병법"이나 "공空" 등에 대해서는 본격적으로 전개되고 있지 않지만, 검술이론에 관해서는 『오류서』의 핵심적 지침이 거의 모두 적혀 있기 때문에, 무사시의 검술이론은 『병법35개조』 단계에서 완성되었다고 말할 수 있다.

2. 만년의 경지——수묵화와 『오방지태도도(五方之太刀道)』

다다토시의 죽음과 세대교체

병상에 누워 있던 다다토시가 『병법35개조』를 실제로 읽을 수 있었는지는 알 수 없다. 이것을 바친 다음 달인 3월이 되자 다다토시의 상태는 악화되어 3월 17일 결국 세상을 떠났다. 향년 54세였다. 애당초 무사시가 구마모토에 왔던 것도 문무에 관한 한 당대의 손꼽히는 다이묘였던 다다토시에게 자신의 병법을 전하고 싶었기 때문이다. 따라서 그 당사자인 번주의 갑작스러운 죽음은 상당한 충격이었을 것이다.

같은 해 5월 막부로부터 구마모토번의 상속을 인정받은 다다토시의 장남 미쓰나오光尚(당시 미쓰사다[光貞])는 부친에 이어 무사시를 각별히 우대했기 때문에 무사시는 계속 이 땅에 머무르게 되었다. 미쓰나오가 참근교대로 인해 에도로 출발한 9월, 다다토시 시대와 똑같이 고리키마이 300석의 봉서가 무사시에게 보내졌다.

다음 해인 1642년(간에이 19년) 6월 미쓰나오가 구마모토로 귀국한 후부터 번의 정치무대에서 급속한 세대교체가 진행되었다. 다다토시 시대 말기에 와카도시요리의 직책에 올라 정무를 관장하고 있던 나가오카 요리유키나 사와무라 도모요시 등이 드디어 권력을 장악하게 되었다. 그들 모두 무사시를 존경하고 후원하고 있었다. 무사시는 병법을 지도할 뿐만 아니라 요리유키의 저택에서 행해지는 렌가連歌 모임에도 때때로 초대되었고 도모요시의 연회에도 참석한 적이 있다고 한다.

만년의 나날들——선승 다이엔과의 관계

하지만 무사시는 이 무렵부터 공적인 자리에 모습을 드러내는 일이 드물어졌고 병법 지도도 거의 제자들에게 맡겼던 모양이다. 『무공전武公伝』은 무사시의 만년의 나날들에 대해 "무사시는 항상 조용히 보냈고 때때로 다이쇼사泰勝寺의 주지인 순잔春山 스님에게 참선을 하러 갔으며 렌가를 짓거나 그림을 그리거나 공예품을 만들며 세월을 보내고 있었다"라고 전한다.

다이쇼사(당시에는 다이쇼원[泰勝院])는 번의 시조인 호소카와 유사이의 위패를 모신 이른바 보리사였다. 원래는 고쿠라에 세워졌으나 1632년(간에이 9년) 영지가 바뀔 때 야쓰시로에 들어온 다다오키에 의해 이전되었다가, 미쓰나오로 세대가 교체됨에 따라 1642년(간에이 19년) 윤달 9월 구마모토 성 아래에 있던 다쓰다산龍田山으로 다시 이전하게 되면서 교토에서 다이엔 겐코大淵玄弘(1588~1653)를 맞이하여 다시 세워졌다. 때문에 이 전승은 1642년 이후의 무사시의 동정을 전하고 있다. 무사시는 이전까지 그림을 비롯한 여러 예능의 애호가였으나 이 무렵부터는 그저 한적한 생활에 전념했던 것으로 보인다.

또한 『무공전』은 "다이쇼사의 주지"를 "슌잔화상春山和尙"이라고 하고 있는데 이 부분에는 오류가 있다. 그 당시 주지는 다이엔 겐코大淵玄弘였으며 슌잔 겐테이春山玄貞는 그의 제자로 당시 25세에 불과한 수도승이었다. 무사시가 참선을 했다면 다이엔에게 했을 것이다. 다이엔은 훗날 무사시의 장례를 관장하게 된다.

다이엔은 조정에서 고승에게만 하사한다는 보라색 승복인 자의紫衣를 하사받았고 1636년(간에이 13년) 묘심사妙心寺의 주지가 되었다. 훗날 비젠備前(현재의 오카야마현[岡山県] 동남부-역주)의 고쿠세이사国清寺로 갔으며 번주 이케다 미쓰마사

池田光政가 매우 존경했던 인물이다. 한시를 잘 지어 센토고쇼仙洞御所(양위한 천황의 거처-역주)에 있던 고미즈노오상황後水尾上皇의 명으로 시를 지었다(『다이엔화승행장패[大淵和僧行状牌]』 1702). 구마모토 번주가 된 미쓰나오는 새로 세운 호소카와 가문 보리사의 개산시조開山始祖로 고승 다이엔을 삼고초려 끝에 맞이하게 되었던 것이다. 다이엔은 호소카와번에서 다쿠안 소호沢庵宗彭와 함께 숭앙되던 승려였으며 다다오키나 다다토시 등 번주의 초상화에 찬을 단 것들이 남아 있다.

다다토시가 세상을 떠난 후 만년의 무사시는 젊은 번주나 가로들의 각별한 대우를 받으며 다른 사람들과 교류하는 일은 점차 줄어들었다. 자신의 마음이 내키는 대로 한적하게 지냈던 것으로 추정된다.

무사시의 수묵화

이 무렵 무사시가 도달했던 경지를 오늘날까지 전해주는 것이 그 시절의 수묵화 작품이다. 무사시의 그림 중 오늘날까지 남아 있는 것은 몇 작품을 제외하면 모두 만년인 구마모토 시절에 그려진 작품들이다.

무사시의 그림이라고 알려진 것들 중에는 신뢰하기 어려운 것들도 많이 섞여 있기 때문에 전파 경위가 명확한 것을 기준작으로 삼아 낙관이나, 종이, 필치, 화풍 등을 바탕으로 엄밀한 감정을 거쳐야 한다.

　무사시의 작품이라고 거의 확실히 말할 수 있는 것은 20점 정도다. 모두 수묵화며 산수화는 발견되지 않았다. 달마도, 포대도(포대화상을 그린 그림-역주), 조도(새를 그린 그림-역주) 등이다. 달마나 포대화상을 중심에 놓고 양옆으로 새 그림을 배치하여 세 폭이 한 벌로 된 세트가 두 작품 존재한다. 여섯 폭으로 된 병풍 작품인 대작 「호안도芦雁図」 외에는 파손에 의해 판단이 불가능한 도사東寺(교토에 있는 세계유산 진언종 총본산-역주) 관치원観智院의 후스마에襖絵(미닫이문에 그린 그림-역주)를 빼면 모두 작은 크기의 작품으로 40×100센티미터 내외의 종이에 그린 그림이다(졸저『미야모토 무사시-일본인의 도[宮本武蔵-日本人の道]』자료편 참조).

　병풍은 양해梁楷나 하세가와 도하쿠長谷川等伯, 가이호 유쇼海北友松 등에게 사숙한 경향이 보이며, 히메지 시절부터 본격적으로 시작했을 것이라는 점에 대해서는 이미 언급한 바 있다. 달마도나 포대도가 인물 그림 위에 커다란 공백을 두고 있는 것은 찬을 넣기 위해서일 것이다. 「도해천신도渡海天神図」에는 다이엔 겐코, 「주무숙도周茂叔図」에는 하야시 라잔, 「유압도遊鴨図」에는 가라스마 미쓰히로烏丸光広의 찬이 들어가 있어서 무사시의 교우관계를 짐작해볼 수 있다.

실제로 작품을 보면 알 수 있듯이 상당히 능숙한 필치를 보여준다. 대상의 본질을 파악한 후 간결한 선으로 단숨에 그리는 감필법減筆法의 극치를 유감없이 보여준다. 매우 독자적인 분위기가 감돈다. 몇몇 곳에 진한 먹물을 사용해 초점을 만들어내 화면 전체에 긴장감을 더해준다. 한번 붓을 댄 곳은 다시 고치지 않고 딱 한 번씩만 스치듯 그린 것으로 추정된다. 충분한 기를 담아 쓸데없는 움직임 없이 고도의 완성도를 보이는 경지가 잘 드러나 있다. 때문에 무사시의 작품은 보는 사람의 마음을 사로잡고 깨어 있게 한다. 팽팽한 긴장감과 승부의 박진감을 그림에 투영시켰다고 표현할 수 있을지도 모르겠다. 무사시의 마음을 직접 오늘날의 우리에게 전해주는 것은 바로 이런 그림들이다.

다양한 작품들

　「고목명격도枯木鳴鵙図」(그림 7)의 때까치는 그림 상단의 높은 부분에서 멀리 주위를 내려다 보며 조금의 빈틈도 없다. 날카로운 눈매는 마른 가지 위를 기어오르는 벌레를 포착하고 있을 뿐만 아니라 주위를 압도하고 있다. 필치는 고목의 경우 밑에서 단번에 위를 향해 뻗어가고 있으며 이어 오른쪽으로 치켜 올라가고 있다. 위로부터 가느다란 줄기가 그려진다. 오른쪽 아래 공간에는 줄기와 잎사귀가 옅게 바깥쪽으로 그려져 있다. 상하좌우의 탁월한 화면 구성으로 무사시의 훌륭한 공간 감각을 엿볼 수 있다.

「제도鵜図」는 가마우지가 깎아지른 절벽에 살짝 내려앉은 모습이다. 다리는 진한 먹물로 붓끝을 힘차게 튕긴 것 같지만, 결코 그 자리에 머물러 있는 느낌이 아니다. 눈빛은 하염없이 먼 곳, 영원을 응시하고 있는 분위기다.

「호안도芦雁図」는 여섯 폭으로 된 병풍 대작이다. 여백에 금니金泥(아교에 갠 금박 가루-역주)로 장식을 하고 오른쪽 세 폭에는 눈

그림 7 무사시 작『고목명격도(枯木鳴鵙図)』(이즈미시구보소기념미술관[和泉市久保惣記念美術館] 소장)

이 쌓인 버드나무에 일곱 마리의 쇠기러기, 왼쪽 세 폭에는 검은 소나무에 열두 마리의 흰기러기가 그려져 있다. 탁월한 대비를 보여주는 그림이다. 쇠기러기를 그리는 방식이나 진한 먹물로 악센트를 넣는 방식은 「제도」 등에도 공통적으로 보인다. 특히 오른쪽 세 폭은 엄동설한의 차갑고 맑은 공기 속에서 땅으로 내려앉는 기러기가 땅 위의 다른 기러기들과 날카롭게 서로 짖어대고 있다. 왼쪽 하단에서 기러기가 새끼를 돌보는 듯한 그윽한 분위기도 흥미롭다.

「마도馬図」는 산뜻한 필치임에도 불구하고 약동감이 넘친다. 이와 한 쌍을 이루는 「고삐 풀린 망아지화放れ駒図」(『미야모토 무사시 유묵집[宮本武蔵遺墨集]』 수록)는 현재 어디에 존재하는지 확인되고 있지 않지만 날아오를 것처럼 질주하는 모습으로 한층 더 강한 움직임을 보인 작품으로 추정된다.

「정면달마도正面達磨図」(제3장 표제지)의 달마는 입을 꾹 다물고 이쪽을 노려보는 표정이다. 마치 뱃속 깊숙한 곳에서 힘이 넘쳐 나오는 느낌이다. 진한 먹물로 채운 눈동자는 스스로의 내면을 깊이 관찰하는 것 같지만 그와 동시에 보는 사람의 마음 깊숙이까지 꿰뚫어보는 듯하다. 세 폭 족자 형식의 「노엽달마도蘆葉達磨図」나 「운룡도雲龍図」의 시선 역시, 모두 이쪽을 뚫어지게 바라보고 있다. 「포대도布袋図」도 다수인데 소탈하고 거리낌 없는 모습이라기보다는 근엄함이 느껴지는 필치다. 아마 무사시 본인이 그런 인물이었을 것이다. 그런 가운데 「포대관투계도布袋観闘鶏図」에서는 포대가 두 마리의 닭이 싸우는 것을 온화한 눈으로 보고 있다.

무사시의 그림은 달마도나 새 그림을 포함해 "한 사람의 개인"을 강하게 느끼게 한다. 아득히 먼 무한한 어떤 곳을 응시하며 거대한 하늘 한가운데 홀로 서 있는 "한 사람의 개인"이다.

달마도와 병법

『가이쇼모노가타리海上物語』(1666)에 무사시의 달마도에 관해 다음과 같은 일화가 수록되어 있다.

언젠가 주군으로부터 달마를 그려보라는 말씀이 있었기에 무사시는 혼신의 힘을 쏟아 그리려고 했다. 그러나 좀처럼 붓이 잘 움직이지 않았다. 평소보다 완성도가 떨어졌고 결국 그날은 도저히 그릴 수가 없었다. 일단 자리에 누웠으나 한밤중에 벌떡 일어나 말하길, "내가 마음껏 병법을 발휘하지 못했기에 그림이 잘 그려지지 않았다"라고 하더니, 제자에게 불을 밝히게 하고 그림을 그리기 시작했다. 그러자 다시없이 멋진 그림이 완성되었던 것이다. 훗날 제자들이 어떻게 그런 그림이 나왔는지를 묻자, 무사시는 다음과 같이 말했다고 한다. "내가 병법을 발휘하지 못했다고 말한 것은, 칼을 잡을 때는 무아지경으로 해야 하는 법, 천지가 무너져 내리는데, 높은 지위나 비천함이 무슨 말이야. 이렇게 생각하고 그리자 비로소 그릴 수 있었다." 제자들도 크게 감탄했다고 한다.

앞뒤가 너무 정확히 맞아 떨어져 지어낸 이야기라는 느낌이 들 정도지만, 『가이쇼모노가타리』는 무사시가 세상을 떠난 후 21년 만에 간행된 책으로 비교적 무사시와 근접한 시대의 작품이다. 적어도 무사시의 검이 뿜어내는 기운과 그림과의 연관성을 당시 사람들이 어떻게 바라보고 있었는지 짐작케 해주는 일화다.

어쨌든 무사시의 수묵화는 모두 극도로 정제된 강력한 긴장감을 전해준다. 상상하건대 무사시는 그림을 그리기 전 한동안 명상에 잠겨 있다가 내면에 힘과 심상이 끓어오르면 즉시 붓을 잡아들고, 진검승부를 펼치는 기백으로 몸 전체를 사용해 단숨에 그림을 완성시켰을 것이다. 선이 굵고 골격이 탄탄하며 일말의 주저도 느껴지지 않는 필치다. 그림에는 그 사람의 심경이 표현되기 마련이다. 무사시에게 그림이란 스스로의 마음을 맑게 하고 풍요롭게 해주는 것이었음에 틀림없다. 병법만이 아니라 농밀한 그림의 세계를 추구했던 것도 무사시를 광활하고 깊은 경지로 이끌어주지 않았을까. "만리일공万理一空"이라는 것도 이런 과정을 거쳐 비로소 도달할 수 있었던 경지로 여겨진다.

무사시 자필의 한문──『오방지태도도(五方之太刀道)』

무사시는 이처럼 그림도 그렸으나, 물론 중심은 어디까지나 "병법의 도"였다. 『오륜서』를 쓰기 시작한 것은 1643년(간에이[寛永] 20년) 10월 10일인데, 무사시는 그 이전부터 필생의 과업으로 병법서를 쓰기로 마음먹은 모양이다.

"무사시가 직접 쓴 글"이라고 전해지는 한문 1권이 남아 있다. 서명은 없지만 종이의 질이나 묵을 사용하는 방식이에도 초기의 것이었다. 필적도 무사시 자필로 확정된 문자와 비교해보니 30자 이상이 거의 완전히 일치했다. 때문에 무사시의 자필로 직접 작성된 증거가 인정된다고 할 수 있다(그림 9 참조).

이 글의 필사본은 직계 제자인 데라오 구메노스케가 "스승님에게서 전수받은 글"이라며 『병법39개조』와 함께 전하고 있다. 고어를 사용하고 있으며 고사도 인용한 한문이기 때문에 주해서도 만들어졌다. 구메노스케의 아들 신멘 벤스케 노부모리新免弁助信盛의 『오법도구五法刀構』(1700)나 도요타 마사카타豊田正剛의 『니텐이치류병법서서초二天一流兵

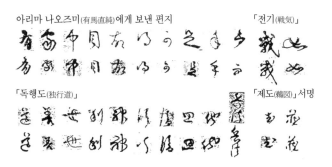

그림 8 미야모토 무사시 작 『오방지태도도(五方之太刀道)』(에도시대 전기, 구마모토
현립미술관[熊本県立美術館] 소장)

아리마 나오즈미(有馬直純)에게 보낸 편지　　　　　　　　　　「전기(戦気)」

「독행도(独行道)」　　　　　　　　　　　　　　　　　　　「제도(鵜図)」 서명

그림 9 무사시의 필적과의 비교

(상단은 무사시의 각 문서에서, 하단은 『오방지태도도[五方之太刀道]』에서 같은 문자의 발췌)

法書序鈔』등이 현재 남아 있다. 원문은 본문으로부터 한 행을 비운 후 말미에 "오방지태도도"라고 적혀 있기 때문에 이하에서 이 글을 『오방지태도도』라고 부르기로 하겠다.

『오방지태도도』의 성립사정에 대해서는 도요타 마사카타가 『니텐이치류병법서서초』의 자서自序 안에서 "내가 전에 은밀히 들었던 적이 있다"라며 다음과 같은 주목할 만한 이야기를 적어두고 있다.

"스승님〔무사시〕, 히요肥陽〔구마모토[熊本]〕에 오시고 나서 다이쇼사泰勝寺의 스님 슌잔春山의 지도 아래 참선하다. 그리고 직접 이 서문〔『오방지태도도』〕를 작성해 영부郢斧〔첨삭〕를 청하다. 슌잔, 이에 부착斧鑿〔시문 등에 지나치게 기교를 부려 꾸미는 것〕을 가한 시는 오히려 그 본래의 의미를 잃어버릴 것을 우려하다. 나아가 문체의 금기를 어긴 것에는 상관하지 않고 그저 문자가 잘못된 곳만을 바꿔 다시 쓰다. 동시에 의미가 비슷한 고어를 인용해 이를 윤색하다."

이 이야기에서는 "다이쇼사의 승"을 "슌잔"이라고 하고 있으나 앞서 언급한 바와 같이 다이엔大淵의 오류다. 무사시는 우선 이 서문〔『오방지태도도』〕을 썼으나 다이엔에게 첨삭을 부탁했다는 것이다. 하지만 다이엔은 무사시의 본래의 의도가 바뀌어 버릴 것을 염려해 그저 한자의 잘못된 부분을 고치고, 의미가 가까운 고어를 인용해 윤색하는 데 그쳤다는 것이다.

이 글은 고어를 구사한 본격적인 한문이기 때문에, 당대를 대표하는 한시의 대가로 알려진 다이엔의 첨삭을 부탁하는 것은 충분히 있을 수 있는 일로 생각된다. 또한 본문의 내용은 나중에 살펴볼 것처럼 무사시 자신의 문체나 사상으로 보이기 때문에 이 글의 내용대로 다이엔의 첨삭은 꼭 필요한 선에 머물렀을 것으로 생각된다.

다이엔에게 첨삭을 구한 것이 사실이라면 『오방지태도도』의 성립 시기는 다이엔이 구마모토로 온 1642년(간에이[寬永] 19년) 윤달 9월 이후다. 그리고 현행의 『오륜서』를 쓰기 시작한 것이 1643년(간에이 20년) 10월 10일로 이후 임종에 이를 때까지 완성에 몰두했기 때문에 『오방지태도도』는 『오륜서』를 쓰기 이전에 이미 완성되어 있었을 것이다. 따라서 『오방지태도도』는 1642년(간에이 19년) 말부터 그 다음 해 전반기에 걸쳐 성립되었다고 볼 수 있다.

『오방지태도도』의 내용

『오방지태도도五方之太刀道』의 원문은 한 곳만 단락이 나뉘고 나머지는 모든 문장이 계속해서 이어지고 있지만, 내용적으로는 다섯 가지 단락으로 나뉜다.

첫 번째 단락은 병법이 "도"라는 사실을 강조한다.

병법은 "도道"이기 때문에 적을 만나 겨루는 검술 이론은 "삼군지장三軍之場"(대군[大軍]에 의한 전쟁의 장)에도 적용이 가능하다. 승패는 실제로 싸워서 가리는 것이 아니라 싸우기 이전의 노력에 의해 이미 결정되어 있다. "병법의 도리道理"는 반드시 이를 따라야 하며 결코 이에서 벗어나서는 안 된다. 그 규범은 반드시 지켜야 하지만 이를 고수하고만 있어서도 안 된다. 숨긴다고 감춰지지도 않으며 때로는 끝난 후에야 명확해진다. 어려운 부분은 나중으로 미뤄도 좋으니 지금 가능한 것부터라도 단련을 거듭해 한 걸음씩 심화시켜가야 병법의 도리道理에 도달할 수 있다.

두 번째 단락은 세상의 병법의 양상을 비판하고 있다.

일본에는 예로부터 수십 개가 넘는 유파가 있지만 강한 것만 믿고 난폭해지거나 부드러움을 지키려다 너무 선이 가늘어지는 경우도 있다. 혹은 칼이 얼마나 길 수 있는지에 집착하거나 짧은 칼을 선호하기도 한다. 몇 종류나 되는 겨눔세(공격자세)를 억지로 만들어내고 '표表'와 '이裏'라는 명칭으로 부른다. 하지만 모름지기 "도"는 보편적인 올바른 도리道理를 말하는 것으로 오로지 단 하나라고 할 수 있다. 세상의 여러 유파가 제각각 다른 말을 하고 있는 것은 그릇된 도나 현란한 술수로 세상 사람들을 현혹하고 있는 것일 뿐이다. "도라고 말하기에 족하지 않다. 단 하나도 취할 바가 없다"라고 준엄하게 비판한다.

세 번째 단락은 "도"에 밀착된 자신의 유파의 이론을 전개한다.

자신은 내면 깊숙이 성찰하고 예민한 심성으로 오랜 세월 수련을 거듭해 비로소 이 "도"에 통달할 수 있었다.

무사는 항상 허리에 두 개의 칼을 차고 있다. 때문에 이를 활용하기 위해 니토류二刀流라고 한다. 두 개의 칼을, 일월의 "이요二曜"가 하늘에 있는 것처럼 윤색하고 있다. 무사시가 "니토이치류二刀一流"를 훗날 "니텐이치류二天一流"로 변경한 것도 '니토二刀'가 하늘에 있는 해와 달의 '니텐二天'에 준한다는 의식에 의거했던 것으로 추정된다.

겨눔세는 요컨대 다섯가지(오법[五法])로 집약된다. 바로 뒤에 나올 『오륜서』에서 보이는 상단위·중단위·하단위·좌협위·우협위의 "다섯 가지 겨눔세"를 말한다. 특정한 상황에 따라 효과적인 공격자세가 있는 것이지 처음부터 '표表'나 '오奧'가 정해져 있는 것은 아니다. 길고 짧은 두 칼(니토[二刀])로 싸우지만 긴 칼 없으면 짧은 칼로, 짧은 칼조차 없다면 맨손으로라도 싸운다. 상황에 따라 다치太刀(큰칼)로도 족하지 않은 경우가 있는가 하면 짧은 칼조차 변변히 다룰 수 없는 경우도 있다. 어떤 것에도 치우치지 않고 때에 따라 마음먹은 대로 상황에 맞출 수 있는 것이 "중中"이다. 자신이 말하는 병법의 도는 "천하지정도天下之正道"로서의 "중中"에 따른 보편적인 것이라고 말하고 있다.

네 번째 단락은『사기史記』에 있는 고사를 인용하면서 논한다.

우선 병법의 도의 "유지무지有智無智의 상相"을 보여주기 위해, 실전경험이 없이 병법이론에만 밝아 대군大軍을 이끌면서도 진나라에 패해 나라를 멸망시킨 조괄趙括과, 한나라 건국에 큰 공이 있던 유후留侯 장량長良을 예로 들고 있다. 이어 항우가 소년시절 검을 배웠으나 이를 이루지 못해 그 아버지에게 질책당했을 때 "검은 한 사람을 대적할 뿐이기에 굳이 배울 필요가 없으며, 만인을 대적하는 법을 배우려 한다"(권7 항우본기[項羽本紀])라고 말했다는 고사를 인용하면서 이것을 좁은 소견이라고 부정한다. 검의 도에 통달해 병법을 돌이켜보면 만인의 진영을 상대로 한 승부도, 성을 공격해 함락시키는 것도 똑같은 이치라는 것은 손바닥 안을 들여다보는 것이나 매한가지다. 검은 결코 "한 사람의 적"만의 "작은小" 것이 아니라 만인과의 전쟁과도 일맥상통하는 "커다란大" 것임을 말하고 있다.

백세(百世)에 통하는 "올곧은 도"

마지막인 다섯 번째 단락에서는 도를 가르치는 방식을 보여주면서 동시에 자신이 말하는 도야말로 백세에 통하는 "올곧은 도直道"임을 강한 어조로 말하고 있다.

배우는 자에게 맞춰 정성껏 지도하면 누구든 틀림없이 도달할 수 있을 것이다. "곡曲"(잘못된 것)을 버리고 '정正'으로 나아가며 "날마다 연마하고 달마다 단련하는" 것이라고, 스스로를 격려하면서 공덕을 쌓아간다. 평상시의 몸가짐도 도에 따라 행하고 잘 모르는 일에 대해서도 잘못됨이 없으며 후회할 일도 없다. 이런 상태가 되어야만 비로소 도에 도달한 것이다.

설령 손기술이 탁월한 자라도 기교만으로 다른 사람에게 전달하는 것은 도저히 불가능하다.

나의 도道는 도리道理에 따른 것이기 때문에 진심으로 이해할 수 있으며 몸으로 기술을 쓸 수 있기 때문에 반드시 "백세百世의 스승"이 될 수 있을 것이다. 앞으로 아무리 많은 사람들이 병법의 도에 대해 말하더라도 반드시 나의 도를 따르게 될 것이다. 도가 하나이거늘 어찌 그 방식에 여러 가지가 있겠는가. 설령 여기에서 말한 내용이 옛 것이라고 기피하며 새로운 유파를 열었다고 해도, 그것은 평탄한 길("이로[夷路]")를 버리고 일부러 먼 길을 돌아가는 것이나 마찬가지다.

그러나 이는 결코 스스로를 과시하고자 함이 아니다. 하늘을 우러러 말하건대 "도"는 본래 이런 것이기 때문이다. "그저 성심誠心과 올곧은 도가 있을 뿐이다. 따라서 이를 위한 서문으로 삼는다"라며 마무리하고 있다.

『오륜서』의 서문이었을까

『오방지태도도五方之太刀道』의 내용은 네 번째 단락을 빼면 『오륜서』의 의식과 내용적으로 직결된다. 『오방지태도도』는 마지막에 "서문으로 삼는다"라고 되어 있으면서도 더 이상 다른 내용이 없이 전해지고 있다는 점, 성립 시기가 『오륜서』 집필 직전으로 생각되고 내용적으로도 『오륜서』와 직결되고 있다는 점 등을 고려하면 애당초 『오륜서』의 서문이었을 가능성이 있다.

에도 시대까지는 본문이 일본어 문장이라도 서문이나 발문은 한문체로 다는 것이 정식 형태로 간주되고 있었다. 『병도경兵道鏡』은 한문 발문을 달아놓고 있으며 『병법35개조』의 서문도 한문체 형식을 취하고 있다. 그러나 현행 『오륜서』의 서문에 해당되는 도입부는 일본어 문장이다. 무사시 입장에서 도입부에 한문으로 된 서문을 수록하고 싶었을 거라고 생각했다고 해도 이상할 것이 없다. 필생의 역작에 달 서문인 만큼 『삼략三略』이나 『문선文選』 등에 보이는 고어를 구사하고 『사기』의 고사를 인용해 격조 높은 한문으로 작성한 후 고승인 다이엔에게 첨삭을 청했을 가능성도 배제할 수 없다. 이 글은 당초에는 『오륜서』의 서문으로 초안을 잡아 놓은 것을 정리해 다시 써놓은 것이기도 했지만, 현재의 『오륜서』 서문 자리에 바꿔 집어넣기 위해 한문 서문만이 따로 전해진 것으로 추정된다.

참고로 도요타 마사카타豊田正剛도 이 『오방지태도도』를 『오륜서』의 서문으로 해석해 『니텐이치류병법서서초二天一流兵法書序鈔』를 한문으로 바꾼 글을 『오륜서훈해五輪書訓解』라고 하고 있다. 이 영향으로 마사카타의 아들인 도요타 마사나가豊田正脩는 『무공전武公伝』에서, 『오륜서』 내용 중에서 "서문은"이라며 『니텐이치류병법서서초』의 순잔(실은 다이엔이 올바름)의 첨삭 기록을, 문장까지 똑같이 그대로 인용해 썼다. 이로 인해 현행 『오륜서』의 서문에 해당되는 도입부는 스님이 한 번 손을 봐준 것이라는 오해를 낳게 되었던 것이다.

어쨌든 『오방지태도도』는 원래 『오륜서』의 서문으로 작성된 만큼 그 사상을 응축해서 표현해내고 있다. 특히 마지막 단락에서는 도를 철저히 하면 동일한 곳에 도달하기 때문에 스스로가 말하는 길은 "백세"에 통하는 보편적인 것이라고, 한문 특유의 강하고 높은 어조로 마무리하고 있다.

3. 『오륜서』 성립——"천도(天道)와 관세음보살을 거울삼아"

새로운 책을 저술하다

무사시는 구마모토 성곽도시에 있던 저택을 나와 교외의 이와토산岩戸山의 레이간도靈巖洞라는 동굴에 틀어박혀 1643년(간에이 20년) 10월 10일 『오륜서』를 집필하기 시작했다.

『오륜서』는 그 첫머리에서 "이 책을 쓰면서도 불교와 유교 등 그 어떤 가르침에도 의존하지 않고, 병법에 관한 고사도 굳이 인용하지 않으며", 그저 "천도天道와 관세음보살을 거울삼아" 쓴다고 선언하고 있다.

바야흐로 성현의 가르침이나 고사를 인용해 권위를 덧붙이는 것도, 한문 서문을 다는 것도 기성의 형식에 얽매인 무의미한 장식에 지나지 않는다는 의식이 확연해진 것으로 보인다.

『오방지태도도五方之太刀道』에서도 마지막에서는 "천감天

鑑"——하늘을 우러러, 그저 "성심誠心"으로 오로지 "올곧은 도"만을 쓴다고 강조했다. 누구든 철저함을 관철하면 결국 동일한 보편적 진리에 귀착한다고 한다면, 서문으로서는 오히려 자신이 어떻게 이런 진리에 도달하게 되었는지 자신의 도정을 쓰는 편이 보다 "올곧은 도"에 적합할 것이다. 무사시는 생각나는 대로 쓴 초안을 정리해 다시 써두기까지 한『오방지태도도』를 버리고, 스스로 "하리마 출신의 무사"라고 칭하며 자신이 궁극적 병법의 올곧은 도에 도달하게 된 과정을 서문으로 쓰기 시작했던 것으로 보인다.

『오륜서』의 내용에 대해서는 제4장에서 상세히 논할 것이므로 여기서는 무사시가 이 책을 쓴 시대 배경과『병법35개조』를 통해『오륜서』가 성립되는 과정을 고찰하는 선에서 그치겠다.

무사시의 위기의식

『오륜서』의 기저에 흐르고 있는 것은 "그러나 지금 진정한 병법의 도를 깨달은 무사를 찾아보기란 쉽지 않다"라는 위기의식이다.

전쟁이 끝나고 상당한 세월이 흘렀다. 막번체제 안에서 무사에게는 장수건 졸병이건 싸우는 자로서의 자각이 희박

해졌으며, "실전"에 대한 각오도 잃어가고 있었다. 바로 수년 전에 일어난 시마바라의 난에서 무사시는 난생 처음 참여한 실전에 당황하며 어떻게 싸워야 할지 갈피를 잡지 못하는 수많은 젊은 무사들을 목격했을 것이다.

때는 마침 간에이 시대의 후기였고 국내외에서 위기감이 고양되고 있었다.

1640년(간에이 17년) 이후 매년에 걸쳐 서일본 일대의 가뭄과 병충해, 동일본 지역의 냉해가 연이어 발생했다. 전국적인 대흉작이 이어져 전국에서 아사자가 10만 명이었다고 일컬어지는 '간에이의 대기근'에 의한 피해도 입었다. 농민의 부담도 한계에 달해 언제 잇키가 일어난다고 해도 하등 이상할 것이 없는 상태였다. 번에 대한 3대 쇼군의 가차없는 조치들로 대량의 낭인들이 속출한 상태였다. 시마바라의 난에서 농민들을 군사적으로 조직했던 것은 바로 이런 낭인들이었다.

대외관계에서도 1640년(간에이 17년)에는 해안 경비를 강화해야 할 상황에 있었다. 쇄국의 금지령을 어기고 나가사키에 도래한 포르투갈 선박에 불을 질러 승무원 61명을 참수함으로써 남만선의 보복이 예상되었기 때문이다. 뿐만 아니라 중국대륙에서는 만주에서 발흥한 청나라가 남하해 중국 본토를 침입하려 하고 있었다. 청나라는 1644년(간에이

21년)에는 화북 일대를 제압해 명나라를 무너뜨리고 북경(베이징)으로 천도하여 중국 전체를 지배하는 제국을 건설한다. 일본은 이미 여러 차례의 금령禁令으로 쇄국 체제에 들어갔지만, 대륙에 가까운 규슈에서는 동란에 휩싸인 대륙 정세가 단편적이라도 전해져 왔을 것이다.

이런 상황에서 무사시는 언제 또다시 전투가 일어날지 모른다고 느꼈을 것이다. 대규모 전쟁까지는 아니더라도 무사로서 싸워야 할 사건이라면 언제든지 일어날 수 있었다. 실제로 이 해 2월에는 구마모토 성곽도시 내에서 번주 다다토시를 따라 죽은 순사자 처우에 불만을 갖고 아베阿部 일족一族이 농성을 시작했다가 번의 사수에게 토벌당하는 사건도 일어났다.

무사시는 세키가하라 전투 시에는 분고豊後에서의 전투와 성에 대한 공격에 참가했고, 오사카 전투, 그리고 시마바라의 난 등을 통해 전쟁을 경험했다. 무사시로서는 무장으로서의 젊은 번주나 가로, 상급 무사들에 대해 불안감을 금할 수 없었을 것이다. 태어날 때부터 이미 번주였던 그에게서 무장으로서의 강렬한 자각을 느낄 수 없었기 때문이다. 또한 그 즈음 성행하던 도장 검술에서는 "온갖 기술을 보여주기에 급급해", 전반적으로 실전에서는 통용되지 않는 화려한 기술이 위주가 되고 있었다. "서툰 병법을 사용하면 오히려 몸에 큰 화를 당한다(어설픈 병법, 큰 허물의 원인)"이라며 쓸쓸하게 바라보고 있었다. 이런 시대였기 때문에 더더욱 무사시는 그 검술 이론을 핵심으로 하여 전투 이론으로까지 확장되는 병법의 올곧은 도를 무사의 지침(마음가짐)으로 남기려고 했던 것이다.

읽을 사람으로 직접 염두에 둔 사람들은 『무공전武公伝』에서 문하 제자로 이름이 올라와 있는 나가오카 요리유키長岡寄之나 사와무라 도모요시沢村友好 등 번의 가로, 데라오 마고노조 외 직계 제자였겠지만, 나아가 후세의 무사들에게 병법의 올곧은 도가 무엇인지를 전하려 했던 것으로 보인다.

『병법35개조』에서 『오륜서』로

하지만 실제 검술의 이론서와 무사의 지침을 설명하는 병법론 사이에는 상당한 거리가 있다. 『병법35개조』에서는 "이 길, 대규모 전투의 병법에서 일대일 병법에 이르기까지 모두 같은 의미일 것이다"라고 비유적으로밖에는 말할 수 없었다. 무사시가 『오륜서』를 구상했을 때 검술 이론이 전쟁에서의 전술 이론과 통한다는 것을 어떻게 설득력 있게 제시할 수 있을지가 커다란 과제였을 것으로 생각된다.

『병법35개조』와 『오륜서』의 내용을 비교해보면 무사시의 사상이 전개되는 과정을 어느 정도 추측할 수 있다. 이하 기존의 저작들과 더불어 『오륜서』의 성립과정을 추측해보기로 하겠다.

'물의 장'과 '불의 장'의 성립

『병법35개조』 가운데, 16개조가 '물의 장', 10개조가 '불의 장'에 배치되고 있다. 그 외에는 '땅의 장'과 '공(비어있음)의 장'에 1개조씩 있을 뿐이다. 아마도 무사시는 우선 『병법35개조』의 내용을 검술의 "일대일 병법"에만 적용되는 내용인지, 아니면 전쟁에서의 "대규모 전투의 병법"에도 통용될 수 있는 내용인지에 따라 크게 두 가지로 나누는 것에서 출발했다고 생각된다. 전자는 몸의 사용법이나 검법 등이며, 최종적으로는 '물의 장'의 16개조가 된다. 후자는 전투 방식이나 전투의 마음가짐으로 '불의 장'의 10개조가 되는 것들이다.

무사시는 그때까지 논해진 것들을 수합해서 우선 '물의 장'이 될 검술론을 완성시키려고 했을 것이다.

검술론으로서는 우선 몸의 겨눔세(공격자세) 등 검술의 기초를 배치했다. 또한 『병법35개조』에는 없었던 유파의 다섯 가지 '형'도 수련법으로 보여줄 필요가 있었다. 반대로 『병법35개조』에 있는, 마음을 두 개의 층으로 나누는 등 고도의 기술은, 읽는 것만으로는 이해할 수 없기 때문에 생략했을 것이다. 그리고 특히 전쟁에 통용된다는 점을 보여주기 위해서 다수의 적들과의 전투 방식도 써둘 필요가 있기 때문에 『병도경兵道鏡』에서 쓰고 있던 "다적多敵의 위位"를 재검토해 쓴 것으로 추정된다. 이렇게 우선 '물의 장'에 들어갈 내용이 정리된 것으로 추정된다.

이어 『병법35개조』 가운데 전쟁에서도 그대로 통용될 수 있을 것 같은 조항들을 대규모 전투의 병법이라면 어떻게 전개시킬 수 있을지 작성한 것으로 추정된다. '불의 장'의 중핵에는 『병법35개조』의 5개조가, 대규모 전투의 병법과 일대일 병법을 병행해서 설명해가며 배치되어 있다. 전투 방식에서는 심리 작전도 필요하기 때문에 『오륜서』에서 보강하기로 하겠으나, 그것도 마찬가지로 대규모 전투의 병법과 일대일 병법을 병행하여 서술하고 있다. 그러나 전투 방식 중에서도 적과 자신과의 공세 관계를 논하는 "세 가지 선先"이나 상대가 기술을 꺼내려고 생각한 순간 먼저 억눌러 버리는 "베개 누르기" 등은 전투 방식을 보여주는 것으로서 중요하다. 그러나 다수의 사람들이 전쟁을 하는 장면에서는 복잡해지기 때문에 검술 장면에서만 논하면서 맨 처음에 두었을 것이다. 또한 싸울 때의 마음가짐은 특히 구분해서 논하지 않아도 당연히 통용될 것이기 때문에 뒷부분에 배치했다.

이렇게 '불의 장'의 내용이 완성됨에 따라 검술 이론이 전쟁에서의 이론에도 통용된다는 사실이 명확히 제시될 수 있었다.

"오륜"이라는 발상

다른 유파의 오류에 대한 지적은 『병법35개조』에는 없다. 하지만 『오방지태도도五方之太刀道』의 두 번째 단락에서 간결하게 표현되어 있기 때문에 이 시점에서 이미 '바람의 장'의 내용은 명확해져 있었을 것으로 보인다. 그러나 두 번째 단락에 나와 있는 대목을 보면 '물의 장'과 '불의 장'의 뒤에 놓는 『오륜서』의 위치 설정과는 다르다고 생각된다. 나중에 둔 까닭은 "땅·물·불·바람·공(비어있음)"의 5권으로 하겠다는 생각이 떠올랐기 때문은 아니었을까.

무사시는 『병법35개조』의 단계에서 이미 "마음을 물로 하여"라며 "물"의 이미지를 중시하고 있었다. 또한 "공"에 대해서도 쓰고 있었다. 그리고 다른 유파는 "○○풍"이라고 부르는 대목부터 "땅·물·불·바람·공(비어있음)"의 오륜에 대해 생각이 떠올랐을지도 모른다. "땅"에서는 우선 기반이 되는 것을 논해두면 된다. "불"은 전투의 격렬함의 형용이 될 수도 있다. 오륜은 본래 만물을 구성하는 다섯 가지 요소로 기개가 넘치니 이 글의 내용과도 부합한다. 다섯 가지로 나누면 내용적으로 비약해서 거대한 논리로 전개할 수 있게 된다. 이리하여 5권 구성이 굳어진 것은 아니었을까.

'땅의 장'과 '공(비어있음)의 장'의 구상

『오륜서』가 검술의 "일대일 병법"이 전쟁의 "대규모 전투의 병법"에도 통한다는 사실을 쓰려고 한 것이라면 다시금 양자를 포함해 "병법"의 파악방식을 보여줄 필요가 있다. 그래서 다시금 "병법"을 무사의 지침으로 전개하여 '땅의 장'이 집필되었을 것이다.

마지막으로 '공(비어있음)의 장'을 쓰기 시작했다고 생각된다. 『병법35개조』의 "만리일공万理一空"은 "글로 설명하기가 어렵기 때문에 각자 스스로 연구해서 병법의 도를 터득해 나아가야 할 것이다"라고 쓰고 있다. "공"은 스스로 깨우칠 수밖에 없는 것이기 때문에 이 장을 쓰는 것은 무사시 자신이 말하는 것처럼 곤란한 일이었을 것이다.

『오륜서』의 5권은 이렇게 완성된 것으로 보인다. 각 권의 내용 및 조목을 어떻게 나열할지 몇 번이나 고민하면서 차즘 현재와 같은 형태로 완성되었을 것이라고 추정된다.

　무사시는 이대로라면 "병법의 올곧은 도, 세상에서 헛되게 되고 도가 쇠하는 원인"이 된다는 위기감을 느끼며 그 생애의 마지막 날들을 집필에 집중시켰다. 스스로가 도달한 병법의 도리道理를 후세까지 남기고자 마지막까지 글을 다듬어가는 손길을 거두지 않으며 조금씩 자신의 목숨을 갉아먹고 있었던 것이다.

4. 『독행도』와 무사시의 종언

병상에서

　이와토산에 틀어박혀 『오륜서』를 쓰기 시작한 지 약 1년 후 무사시는 병마에 휩싸인다. 병명은 확실치 않지만 "일격噎膈"(『무슈 겐신공 전래기[武州玄信公伝来]』)이라고 적혀 있다. 음식물이 목에 걸려 토하는, 아마도 위암 같은 증상이었던 것으로 보인다.

　1644년(간에이 21년) 11월 18일 날짜로 가로 나가오카 요리유키가 고쿠라에 있는 양자 이오리에게 보낸 편지 초안에 의하면, 무사시는 얼마 전부터 병에 걸려 요리유키나 번주

미쓰나오光尙가 보낸 의사가 진찰했음에도 불구하고 회복하지 못했다. 요리유키와 그 양아버지인 사도노카미 오키나가가 치료에 전념하기 위해 성 근처로 돌아오도록 설득했다. 무사시는 좀처럼 수용하지 않았지만 번주의 명령에 의해 결국 11월 16일 성 근처로 돌아왔다고 한다. 이때 "기색이 변함도 없이"라고 적혀 있기 때문에 병중이긴 했어도 소강상태였을 것으로 추정된다. 요리유키는 더더욱 잘 돌보겠으니 안심하라는 내용을 이오리에게 쓰고 있다.

이후 무사시는 치바성 성터에 있던 자택에서 요리유키가 보내준 의사나 가신들의 각별한 간호를 받게 되었다. 요리유키는 가신 나카니시 마고노조中西孫之丞로 하여금 무사시를 가까이에서 돌보게 했으며 번주도 데라오 구메노스케를 보냈다.

무사시는 이 시기에도 요리유키의 장남으로 당시 7세였던 나오유키直之에게 검술 지도를 했고 크고 작은 두 자루의 수련용 목도를 직접 만들어 주기도 했다(서장 그림 1).

그러나 다음 해인 1645년(쇼호[正保] 2년) 봄 병은 더더욱 깊어졌다. 『니텐기二天記』에는 "단 하루라도 산거山居"하면서 죽음을 맞이하고 싶다는 무사시의 편지가 수록되어 있다. 받는 사람의 이름에는 요리유키 외 세 명의 가로들의 이름이 적혀 있었다. 4월 13일 날짜로 보내진 무사시의 편지였다. 그러나 이 편지는 실물은 남아 있지 않고『무공전武公伝』이나 다른 문서에도 발견되지 않는다. 받는 사람으로 적혀 있는 세 명의 가로들은 당시 맡고 있던 직책과 다른 직책명이 적혀 있다. 때문에 이 부분은『니텐기』의 창작으로 보인다.

5월 12일 무사시는 소지하고 있던 여러 물건들을 지인이나 제자들에게 나눠주었다.『무공전』에 의하면 세 폭짜리「노엽달마도蘆葉達磨図」외 서화 여러 점과 자신이 직접 만든 안장은 가장 열렬한 후원자였던 나가오카 요리유키에게, 소지하고 있던 다치(큰칼)는 가로인 사와무라 도모요시에게 보내졌다고 한다.

『오륜서』는 데라오 마고노조가 물려받았다.『오륜서』의 오래된 형태를 보여주는 필사본에는 "쇼호 2년 5월 12일" 날짜로 무사시의 서명과 데라오 마고노조에게 보낸다는 의미에서 그 이름이 각 권말에 넣어져 있다.『오륜서』는 초고본 그대로 전달되었다고 하는데(『무슈 겐신공 전래기武州玄信公伝来』), 이 날 무사시는 드디어 붓을 내려놓고 그대로 마고노조에게 주었다는 것이다.『무공전』은『병법35개조』를 데라오 구메노스케에게 물려주었다고 전하고 있다. 아울러『니텐기』에는 "무사시 후다이 사람武蔵譜代の者"이었던 마스다 소베에增田惣兵衛와 오카베 구자에몬岡部九左衛門을 거둬 달라고 무사시가 요리유키에게 부탁했다고 한다. 실은 마스다 이치노조增田市之丞가 맞지만 두 이름 모두 나가오카 가문의『어급인선조부御給人先祖附』에 보이기 때문에 무사시의 부탁이 받아들여진 것으로 보인다.

무사시는 이날 소지한 물건들 일체를 처분했고 처리해야 할 일들도 마무리했다.

『독행도』

같은 해인 1645년(쇼호[正保] 2년) 5월 12일 "스스로 맹세하는 글을 적다"라고『무공전武公伝』은 쓰고 있다. 이것은 글머리에 "독행도独行道"라는 글자가 적혀 있는 글로 무사시 자필본이 오늘날 전해지고 있다. 21개의 단문을 개조식으로 쓴 것이다. 비백飛白 부분은 있지만 글씨체에 흐트러짐은 없다(권말의 연도 기록·서명·받는 사람명은 본문과는 필적이 다름).

"하나, 사람의 도를 거스르지 않는다

하나, 자신의 즐거움을 추구하지 않는다

하나, 어떤 것에도 의지하는 마음을 갖지 않는다

하나, 내 한 몸을 가볍게 여기고 세상을 중히 여긴다

하나, 평생 동안 욕심을 갖지 않는다

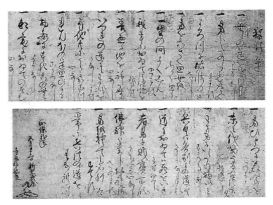

그림 10 미야모토 무사시 작『독행도(独行道)』(에도시대 초기, 스즈키 다케시 기증, 구마모토현립미술관[熊本県立美術館] 소장)

하나, 내가 한 일은 후회하지 않는다

하나, 타인의 선악에 대해 시샘하지 않는다

하나, 어떠한 이별에도 슬퍼하지 않는다

하나, 자타 누구에게도 불만을 말하거나 한탄하지 않는다

하나, 연정을 품지 않는다

하나, 어떤 일에도 좋고 싫음을 말하지 않는다

하나, 거처할 집에 대해 욕심 부리지 않는다

하나, 몸에 좋은 음식을 탐하지 않는다

하나, 대대로 전할 골동품을 소유하지 않는다

하나, 흉한 징조에도 몸을 사리지 않는다

하나, 무기 이외의 다른 도구에 마음을 허비하지 않는다

하나, 도를 관철하기 위해서는 죽음도 두려워하지 않는다

하나, 훗날을 대비해 재물을 모으지 않는다

하나, 부처님을 받들되 의존하지 않는다

하나, 목숨은 버릴지언정 명예는 잃지 않는다

하나, 항상 병법의 도에서 벗어나지 않는다"

"독행도"라는 단어는 무사시의 삶을 무엇보다 단적으로 나타낸 표현이다. 무사시는 자신이 아닌 다른 사람에 기대지 않았고 결코 남에게 속박되지 않았으며 스스로 독립 정신을 관철시켰다. 죽는 순간까지 궁극적인 병법의 도를 끝까지 추구하며 "만사에 있어 더 이상 스승이 없었다"고 단언했다. 『독행도独行道』는 죽음을 눈앞에 둔 무사시가 격동의 시대를 살아온 자신의 생애를 돌아보며 적어놓은 글이다. 자신의 삶의 방식과 신조를 간결하고 담담히 나타낸 것으로 오히려 함축적인 가르침이 되고 있다.

무사시는 권력이 계속 교체되던 격동기의 사회 속에서 누군가의 부하가 되어 그에 따르는 것을 거부했다. 오히려 스스로의 높은 기개로 홀로 우뚝 선 채, 그 생애를 병법의 도를 추구하는 데 관철시키고 후세에 올곧은 도를 전하려고 했다. 『독행도』에 의해 무사시는 64년에 걸친 스스로의 삶을 멋지게 마무리한 것이다.

무사시의 마지막 순간

『무슈 겐신공 전래기武州玄信公伝来』에는 다음과 같은 이
야기가 실려 있다.

무사시가 죽기 이틀 전, 노장 사와무라 다이가쿠沢村大学
가 병상에 문안을 왔다. 다이가쿠는 과거 번주였던 호소카
와 다다오키細川忠興 시절부터 무공의 명성이 자자해 소나
에가시라備頭라는 직책에 올라 4000석을 받았던 무장이다.
당시 나이 86세로 이미 생전에 스스로의 불사를 치루는 역
수逆修(살아 있는 동안에 미리 불사를 닦는 일-역주)의 비碑를 1639년
(간에이 16년)에 레이간도 안에 새겨둔 인물이다. 무사시에게
레이간도 동굴을 소개했다고 일컬어지는 인물이기도 하다.
양자인 도모요시에게 무사시가 소지하던 다치(큰칼)를 보냈
다는 이야기를 들었다면 다이가쿠가 문병을 온다는 것도
충분히 가능한 이야기였을 것이다.

무사시는 다이가쿠에게 "이번 생에서 하직인사를 고합니
다"라고 말했다. 그러자 다이가쿠는 "병이 그다지 깊어 보
이지 않습니다. 치료를 잘 받으시면 머지않아 쾌차하실 것
입니다"라고 말하고 돌아갔다. 그 후 무사시는 자신을 따르
던 여러 사람들에게 "이 가문[호소카와번]에서 다이가쿠는 무
공이든 인품이든 사람들이 본받고자 했던 인물이다. 무사
시가 죽을 것을 알고 하직인사를 올리는데 치료를 받으면

좋아질 것이라는 인사를 하다니, 다이가쿠에게는 어울리지 않는 일이다"라고 말했다고 한다. 이틀 후 무사시는 세상을 떠났다.『무슈 겐신공 전래기』는 "죽음을 아는 것, 이것인즉 도를 깨우친 자다"라고 평하고 있다.

이 글은 무사시의 임종의 자리를 지키고『오륜서』를 물려받은 데라오 마고노조 계통의 5대째에서 내려온 전승이다. 이 글은 무사시의 인생 전반부에는 실록적 기록이 많지만, 무사시의 마지막 순간의 전승이나『오륜서』에 대한 전승은 이 계통의 전승의 핵심 부분이다. 때문에 이런 내용들에 대해서는 나름대로 신뢰성이 확보된다고 생각된다.

"1645년(쇼호[正保] 2년) 을유乙酉 5월 19일, 평일과 마찬가지로 정념正念하며 숨을 거두다"라고 이 책은 전하고 있다.

무사시현창비

호소카와번은 무사시의 묘지로 다쓰다정竜田町 유게弓削에 무사시의 장지를 마련해주었다. 살짝 높은 언덕 위에 토대를 높게 하여 만들어진 2미터 정도의 비석에 "병법천하제일 신멘 무사시거사 석탑兵法天下一 新免武蔵居士石塔"이라고 새겨졌으며, 이는 지금까지도 남아 있다. 무사시는 생전 번주와 중신들로부터 '귀한 손님'이라며 각별한 대우를 받고 있었는데 세상을 떠난 후에도 구마모토 사람들에게 깊은 존경을 받으며 전해져 내려오게 된 것이다.

여러 번 언급되었던 것처럼 양자 이오리는 무사시 사후 9년 후인 1654년(조오[承応] 3년) 4월 19일, 간몬해협이 내려다보이는 고쿠라번의 다무케산에 무사시현창비를 세웠다. "병법천하무쌍 하리마 아카마쓰 후예 신멘 무사시 겐신 니텐거사 비兵法天下無双 播州赤松末流 新免武蔵玄信二天居士碑"라고 새겨져 있다. 높이 4.5미터에 이르는 거대한 자연석 비석은 지금도 그 자리에 세워져 있다(서장 표제지).

1111자로 무사시의 사적을 현창한 이 고쿠라 비문은『본조무예소전本朝武芸小伝』에 그 전문이 필사되어 간행된 후 무사시의 다양한 일화나 전승의 바탕이 되었고 전기의 핵심이 되기도 했다.

비문의 머리 부분에 특히 큰 글씨로 무사시 본인에 의한 다음과 같은 구가 새겨져 있다. "천앙실상원만병법서거부멸天仰実相円満兵法逝去不滅"――하늘을 우러러보면 있는 그대로의 진실이 가득 차 있다. 병법은 그것을 만든 자가 죽을지언정 결코 끝나지 않는 것이다――. 세상을 떠나기 직전, 무사시는 이 글을 직접 쓰고 "유상遺像(죽은 사람의 모습을 남긴 그림이나 조각-역주)으로 삼으라"라고 말했다고 한다. 비문은 그렇게 전하고 있다.

상:『오륜서』호소카와 가문본, 중: '땅의 장' 도입부, 하: "공(비어있음)의 장"
말미 (에이세이문고[永青文庫] 소장)

제4장
『오륜서』의 사상

5권의 구성

무사시가 후세에 남기려고 했던 병법의 도리道理라는 것은 어떤 것이었을까. 이번 장에서는『오륜서』의 내용을 전체적으로 꼼꼼히 읽어가면서 무사시의 사상을 파악해가기로 하겠다.

『오륜서』는 "땅·물·불·바람·공(비어있음)"의 5권으로 구성되어 있다.

맨 처음에 나오는 '땅의 장'에서 무사시는 각각의 의미와 전체의 구성에 대해 미리 정리해서 쓰고 있다. 기존에 써왔던 검술서의 틀을 뛰어넘어 무사의 삶과 존재방식을 포함한 병법론으로 전개되었기 때문에 다섯 권 모두를 관통하는 무언가를 확실히 보여줄 필요를 느꼈을 것이다. "땅·물·불·바람·공(비어있음)"은 불교에서 말하는 "오륜"인데『오륜서』에서는 이와는 다른 의미로 5권의 내용에 걸맞게 무사시의 독자적인 의미로 사용되고 있다.

"땅의 장"은 "올곧은 도"의 기반을 다지는 권이다. 모름지기 병법이란 비단 검술만이 아니라 무사가 따라야 할 모든 규범들과 관련된 것임을 말하고 있다.

"물의 장"은 넣는 그릇에 따라 한 방울이 되기도 하고 큰 바다가 되기도 하는 물의 이미지에 의거한다. 동시에 병법의 도의 핵심이자 다양하게 응용될 수 있는 내용으로 "검술의 전반적인 이론"을 설명하는 부분이다.

"불의 장"은 작은 불이라도 순식간에 크게 번지며 타오르는 불의 이미지에 의한다. 한 사람과의 승부처럼 보이는 검술 이론이 만인에 의한 대규모 전쟁 장면에도 그대로 통용된다는 사실을 보여준다.

"바람의 장"은 "각 유파들의 모습"이다. 세상에 있는 다른 유파의 잘못된 점에 대해 쓴다.

"공(비어있음)의 장"은 궁극적으로는 "도리道理를 터득해도 그 도리에 얽매이지 않는다", "자연스럽게 진정한 도에 이르는 것을 공(비어있음)의 장에 적어 둔다"라고 마무리 짓고 있다.

『오륜서』는 이상의 5권으로 이루어졌으며 검술 이론을 중심으로 무사의 존재방식 전체에 걸친 "병법의 도"를 나타내고자 한 것이다.

불·바람·공(비어있음)의 세 장에서는 무사시의 유파의 명칭이 옛 이름인 "니토이치류二刀一流" 그대로이지만 땅과 물의 장에서는 "니텐이치류二天一流"라는 새로운 명칭으로 변한 것, '땅의 장'과 '물의 장'은 더욱 잘 정리되어 있다는 점을 통해 살펴볼 때, 일단 5권 전체를 쓰고 나서 '땅의 장'과 '물의 장'에 손을 댄 것으로 생각된다. '땅의 장' 중 특히 5권의 내용을 예고한 부분은 5권을 전체적으로 대략 쓴 후 전체를 다시 살펴보면서 작성한 내용일 것이다.

근대 이전의 저작물 중에는 이처럼 첫 부분에서 전체의 구성을 명확히 쓰는 경우는 드물다. 이런 점에서도 무사시의 사상이 가지고 있는 체계성과 독창성이 드러나 있다고 할 수 있다.

1. 땅의 장——검술에만 치중해 병법을 익히면 진정한 병법의 도를 터득하기 어렵다

"병법의 도"란

무사시는 땅의 장 본론을 "무릇 병법이란 무사가 지켜야 할 규범이다"라는 말로 시작하고 있다. 병법은 "무가의 규범" 전반에 걸친 것임을 우선 선언하고 있는 것이다. 무사들을 이끄는 무장이라면 특히 이를 행해야 하고 병졸들 역시 이 길을 알아야 한다고 말한다. "그러나 지금 진정한 병법의 도를 깨달은 무사를 찾아보기란 쉽지 않다." 이미 언급한 것처럼 더 이상 실제 전투를 알지 못하는 무사들의 현실에 우려하면서 무사시는 모름지기 무사가 지켜야 할 규범이 무엇인지 논하려고 하고 있다.

또한 "도道"는 무사시 입장에서 전문적으로 몰두해야 할 도이지만, 동시에 "진정한 도", 진실한 삶의 방식으로 이어지는 도라는 의미도 포함하고 있다. 무사시는 "병법의 도"를 그런 "도道"로 확립시키려고 했다.

무사시의 표현을 빌리자면 세상에서 "도"라고 인정되는 것은 불교, 유교 등의 사상이며, 혹은 의사의 도처럼 전문가의 삶의 방식이다. 그 외에 가도歌道나 다도 등 여러 예술이나 예능에서의 도가 있다. 이런 도에서는 "저마다의 방식으로 단련하고 궁극의 도를 추구하는" 양상이다. 그런데 "병법의 도에 몰두하는 사람은 드물다"라고 담담히 말한다. 그러나 무사는 "문무 양도"라는 표현이 있듯이 무의 도만이 아니라 문의 도 또한 겸비해야만 한다. 그 길이 어렵더라도 무사라는 신분인 이상, 병법을 위해 노력해야 마땅하다는 것이다. 자신에게 부여된 역할을 받아들이고 끝까지 완수할 수밖에 없기 때문이다.

"사농공상" 각각의 도

나아가 무사시는 병법의 도를 세상에서 하나의 "도"로 인정받을 수 있도록, 시야를 넓혀 사회 안에서 평가하려고 하고 있다. 무사시는 세상을 거시적으로 조망하며 "사농공상이라는 네 가지 길이 있고 저마다의 도가 있다"라고 말한다. 무사들의 병법의 도만을 특별시하고 있지 않은 것이다.

"농민의 도"는 사계절의 뚜렷한 변화에 대처하여 부지런히 농사일에 전념하며 1년을 보낸다. "상인의 도"란 제각각의 수입, 그 이익에 의해 세상을 살아간다. "무사의 도"는 목적에 따라 다양한 무기를 만들고 무기의 특성을 잘 터득해 적재적소에 사용해야 한다. "장인의 도"란 예를 들어 목수는 다양한 도구를 효율적으로 만들고 사용하며 끊임없이 그 기술을 활용해 세상을 살아가는 것이라고 설명한다.

사농공상이라는 순서가 아니라 우선은 압도적으로 인구가 많은 농민부터 시작하고 있기 때문에 농·상·사·공의 순서로 논하고 있다. 이런 것들은 각각에 종사하는 사람들이 마음을 쏟아 매일같이 노력하고 있는 업무이기 때문에 네 가지 도라는 말이다. 사농공상을 각각 세상에서의 역할을 담당하고 있는 직분으로 파악하여 결코 사土를 위에 두지 않고 모든 신분을 동등하게 바라보고 있다. 따라서 무사를 특별시하는 신분관은 보이지 않는다. 상인은 다른 사람을 속여 이득을 취하는 자라는 차별관도 전혀 엿볼 수 없다.

모든 사람들이 자신들의 직분을 파악하고 만약 무사라면 전투하는 자로서의 도에 정진해야 한다. 막번체제가 공고해지고 있는 가운데 무사에게는 행정을 담당하는 공무원으로서의 성격이 강해지고 있었지만 설령 세상을 다스리는 일이라 해도 항상 전란에 대비해 무사로서 병법의 도를 닦아야 한다는 것이 무사시가 하고자 했던 말이다.

"죽음의 각오"란

이 당시의 무사들에 대해 무사시가 품고 있던 위기감은 상당한 것이었다.

오늘날의 대부분의 무사는 "무사란 그저 죽음을 두려워하지 않는 사람쯤으로 여긴다", 즉 그저 죽음을 각오하는 것이 무사라고 생각할 뿐이다. 현실 속에서 직접 전쟁을 경험한 적이 없는 젊은 무사들에게서 이런 경향이 보였기 때문이었다. 실전 경험이 없으면 전쟁을 관념적으로 파악하여 죽음을 각오해야 한다는 사실을 강조하게 된다.

하지만 무사시는 죽음을 각오하는 것이 비단 무사만은 아니라고 지적한다. "승려나 여자나 백성 모두 의리를 알고 부끄러움이 무엇인지를 알며 죽음을 각오하는 것은 매한가지"라고 말한다. 무사시는 승려나 여성, 농민들까지도 동등하게 보고 있는 것이다. 어쩌면 시마바라의 난에서 죽어가는 "여성"이나 "농민"들을 자신의 눈으로 지켜봤기 때문일지도 모른다. 죽음의 각오를 무사만의 것으로 여기며 특별시하지는 않았다.

전쟁에 수 차례나 참가했고 60여 차례의 실전 승부를 거쳐 왔던 무사시에게 "죽음의 각오"란 너무도 당연해서 굳이 말로 표현할 필요조차 없었을지도 모른다. 패배하면 죽음이 기다릴 뿐인 상황에서 어떻게 싸울 것인지, 그 어떤 순간에도 반드시 이길 수 있는 실력을 갖출 방법이 무엇인지가 더 중요했던 것이다.

무사의 정신

무사시는 무사가 병법을 행하는 도는 "어떤 일에서든 남보다 나아야 함을 기본으로 삼는다. 일대일 전투나 여러 명과의 대결에서 승리하고 주군을 위해서나 스스로를 위해서 이름을 떨치고 입신하려고 생각하는 것"이라고 말한다. 전투에서 승리하여 명성을 떨치고 입신출세를 하려던 전국시대의 무사 정신이 잘 드러나 있다. 말로는 "주군을 위해"라고 하면서도 바로 뒤에 "스스로"가 이어지고 있다. 자신의 실력을 통해 입신출세하려는, 한 사람의 무사의 입장에서 말한 표현이다.

무사시가 말하는 "병법의 도"는 현실적인 전투에 대한 대비를 근본으로 한다. 병법의 도를 배워도 실제 전투에서는 그다지 쓸모가 없다는 생각이 들지도 모르지만 "언제라도 도움이 되도록 단련하고 모든 일에 있어서 유용하게 하는 것, 이것이야말로 병법의 진정한 도이다"라고 말하고 있는 것이다.

무장과 병졸——"대규모 전투의 병법"과 "일대일 병법"

"무사"라고 한 마디로 말해도 무장과 병졸은 하늘과 땅 차이다. 그래서 도편수(우두머리 목수-역주)와 일반 목수를 비유하며 각각에 대해 언급하고 있다. 당시에는 대규모 성곽도시가 여기저기에 건설되던 시대였기 때문에 각지에 목수들의 기술자 집단이 있었다. 아카시의 성곽도시 건설에 관여한 무사시는 여러 직책 중에서도 특히, 실력에 따라 그 결과에 현저한 차이가 드러나는 목수에게서 이와 비슷한 것을 느끼고 있었던 것으로 추정된다.

우선 무장에 대해 무사시는 다음과 같이 말한다. 도편수가 "그림쇠"(규구[規矩]·규범)을 잘 활용하여 여러 목수들과 함께 집을 짓는 것처럼, 모름지기 무장은 천하의 규범을 헤아려 자신이 다스리는 곳의 근본을 바로잡고 그 집안을 다스려야 한다. 우두머리 목수인 도편수는 우선 어떤 나무를 어떻게 사용해야 할지 판단해 다양한 재목을 적재적소에 배치해야 한다. 나무에 따라 눈에 먼저 보이는 건물 앞쪽 기둥이나 눈에 잘 띄지 않는 안쪽 기둥에 쓰거나, 혹은 문지방이나 미닫이틀이나 병풍의 틀에 쓰는 등 각각의 성질에 따라 "적합한 쓰임새"를 찾아야 한다. 또한 도편수는 각각의 목수가 지닌 역량을 잘 파악하여 그 솜씨를 발휘할 수 있는 일을 할당해가면서 궁전이나 누각 등을 건설하는 사업이 전체적으로 잘 진척될 수 있도록 통솔해야 한다. 이런 적재적소의 비유에 의해 무장이 가신단을 통솔하고 전쟁을 치루거나 자신의 영지를 다스리는 방식을 나타내고 있다. 무장이 이렇게 행하는 것이 "대규모 전투의 병법"인 것이다.

이에 비해 병졸은 일반 목수에 비유된다. 일반 목수는 도편수의 지시에 따라 자신의 도구를 사용해 다양한 작업을 한다. 평소부터 틈틈이 연장을 갈고 닦으며 연마를 거듭해, 결정적인 순간에 그 어떤 것이든 솜씨 좋고 신속하게 만들 수 있어야 한다. 이런 비유에 의해 병졸은 평소부터 다치(큰칼)를 비롯해 각종 무기를 잘 다루도록 훈련을 거듭해두어야 한다는 것을 암시하고 있다. 개개의 무사가 행하는 것이 "일대일 병법"이다.

그리고 "목수의 기술, 연마를 거듭하고 그림쇠를 잘 다룰 줄 알면 훗날 도편수의 자리에 오를 수 있다"라고 말한다. 일반 목수가 그 기술을 연마하고 치수를 정확히 재면서 건물을 짓는 데 쓰이는 이치를 잘 파악해두면 언젠가는 도편수가 될 수 있다는 말이다. 이는 비록 지금은 이름 없는 병졸에 지나지 않더라도 병법을 연마하고 이길 수 있는 이치를 헤아릴 수 있게 된다면 언젠가는 무장의 자리에 오를 수 있다는 주장이라고 파악할 수 있다. 이 당시에는 하극상의 기풍을 철저히 억누르려는 막부와 번의 삼엄한 경계 속에 있었다. 개개의 무사가 실력을 키워 무장으로 올라서려고 했던 전국시대 무사의 기개를 공공연히 발언하는 것이 조심스러워진 시대가 된 것이다. 그러므로 무사시는 병졸을 목수에 비유해 이에 대해 언급하고 있다고 말할 수 있다.

목수의 비유에 의해 "대규모 전투의 병법"과 "일대일 병법"의 가치평가도 명확해진다. 개개의 목수의 기술은 도편수 아래서 건물을 짓는 데 활용되는 것처럼 개개의 무사의 "일대일 병법"은 "대규모 전투의 병법" 안에서 활용되어야 한다.

두 칼(니토[二刀])을 쓰는 이유

그렇다면 "병법의 도"란 구체적으로 어떤 것을 말할까. 병법의 도는 무사의 규범 전체와 관련있지만 특히 검술을 핵으로 한다는 것이 무사시의 생각이다. 그래서 다시금 자신의 검술의 유파를 "니텐이치류"라고 명명하는 이유에 대해 먼저 논하고 있다.

우선 무사는 무장이든 병졸이든 항상 두 자루의 검을 허리에 차고 다닌다. "초심자에게는 다치(큰칼)와 와키자시를 양손에 하나씩 나눠주고 수련하도록 가르친다". 목숨을 건 싸움이라면 지니고 있던 도구를 모조리 활용하고 싶어지기 마련이다. 모처럼 몸에 지니고 있던 도구를 꺼내보지도 못하고 허리춤에 넣어둔 채 죽는다는 것은 안타까운 일일 것이다. 사용할 수 있는 것은 모조리 사용해야 한다는 철저히 합리적인 사고다. 무사시다운 면모가 엿보이는 대목이다.

애당초 다치(큰칼)나 와키자시는 한쪽 손으로 사용하는 도구라고 무사시는 말하고 있다. 실전에서는 다치를 양손으로 들 수 없는 경우가 많다. 말을 타고 달릴 때, 혹은 늪이나 진흙구덩이, 돌밭길이나 험한 비탈길, 사람들이 많은 곳에서 싸울 때, 혹은 왼손에 활이나 창을 든 경우도 있을 수 있다. 모두 한쪽 손으로 다치를 써야만 하는 상황이다. 그렇다면 양손으로 다치를 드는 것은 진정한 도가 아닌 것이다. 한쪽 손으로 적을 벨 수 없을 경우에 한해 양손으로 베도 되는 것이다. 때문에 한쪽 손으로 다치를 휘두르는 것에 익숙해지기 위해 두 개의 칼을 각각 들고 한쪽 손으로 휘두를 수 있도록 연습해야 한다. 한쪽 손으로 다치를 휘두르는 것은 처음에는 무거워서 쉽지 않지만 익숙해지면 능숙하게 휘두를 수 있게 되기 마련이다.

뿐만 아니라 다치(큰칼)는 원래 넓은 곳에서 휘두르고 와키자시는 좁은 곳에서 쓰는 것이 보통이다. 하지만 니텐이치류에서는 무기의 길이와 무관하게 싸움에서 이기는 병법을 연마하므로 다치의 길이에는 연연하지 않는다. "니텐이치류"라고 해도 꼭 칼을 두 개 써야 한다는 원칙은 없다. 두 개의 칼을 쓰는 것이 좋은 경우는 다수의 적들과 싸울 때나 좁은 곳에 들어가 몸을 숨기고 있는 적을 공격할 경우인데, 이에 대해서는 굳이 상세히 설명할 필요가 없을 것이다. "하나를 보고 스스로 깨우쳐 만 가지를 헤아려야 한다"라고도 말하고 있다.

이처럼 무사시가 두 개의 칼을 쓴 이유는 실전 경험에 바탕을 둔 것이었다. 이런 무사시의 입장에서 이 당시 성행했던 도장에서의 검술 따위는 보여주기에 급급해 본연의 모습이 아니라며 "서툰 병법을 사용하면 오히려 몸에 큰 화를 당한다(어설픈 병법, 큰 허물의 원인)"라고 통렬히 비판하고 있다. 애당초 "검술 하나에서 얻은 이로움만 생각한다면 결국 검술 그 자체의 진리조차 알지 못할 것이다. 하물며 병법 전체에는 도저히 이르지 못할 것이다"라고 단언하고 있다.

다양한 "무기의 이(利)"

애당초 "병법"이라고 표현되는 만큼 검술만으로 끝이 나지 않는다. 모름지기 무사라면 다양한 무기에 대해 그 이점을 확실히 파악함은 물론, 각각 어떤 경우에 써야 할지 명확히 알아두어야만 하기 때문이다.

앞서 사농공상에 대한 이야기를 하던 중, 무사의 지침으로 목적에 따라 다양한 무기를 만들고 무기의 특성을 잘 터득해 적재적소에 사용해야 한다고 강조한 바 있다. 무사라면 검만이 아니라 모든 무기류에 대해 밝아야 한다. "무기의 이(利)(효용)을 안다"라는 항목에서는 와키자시, 다치(큰칼), 나기나타(장도), 창, 활, 총 등 각각의 장점과 결점, 그리고 사용해야 하는 상황을 간결하게 논하고 있다.

와카자시는 장소가 협소하거나 상대와 밀착해 있을 때 유리하다. 다치(큰칼)는 대체로 상황이나 장소에 구애받지 않고 어디서든 사용할 수 있다는 장점이 있다.

창과 나기나타(장도)는 "전쟁터에서의 무기"로 전투 상황에서 매우 요긴하다. 하지만 협소한 장소에서는 길이가 너무 긴 탓에 사용하기 불편하다.

활은 전쟁터에서 적들과 바로 대치했을 때도 사용할 수 있다. 창을 다루는 부대의 옆에 활 부대를 배치한다. 평지에서의 전투 시 다양한 상황에서 활용할 수 있기 때문에 유용하다. 그러나 성을 공격할 때나 적과의 거리가 20간間(36미터)이 넘어가는 곳에서는 적당하지 않다.

총은 성곽 안에서 공격할 때 더할 나위 없이 훌륭한 무기다. 그러나 일단 전투가 본격적으로 시작되면 효용성이 떨어진다. 당시의 화승총은 정확하게 겨눌 수 있는 거리가 100미터 정도여서 시야에 담는 데 시간이 걸렸기 때문이다.

말은 고삐에 민감하게 반응하고 다루기 쉬운 말이 좋다. 칼과 같은 도구를 능숙하게 다루는 사람도 있지만 전반적으로 어떤 무기든 효율적으로 사용하면 된다. 특정 도구만 선호하는 것은 바람직하지 않다. 다른 사람을 따라하지 말고 자신의 몸에 맞는 것이 중요하다고 말하고 있다.

어째서 검술인가

"병법의 도"는 이런 모든 무기들과 관련이 있지만 그중에서도 특히 검을 병법의 핵심으로 삼는 데는 까닭이 있다.

세간에서는 활, 총, 창, 나기나타를 잘 다루는 사람을 궁수, 사수, 창술가, 나기나타잡이(칼잡이) 등 각각에 따라 그 명칭을 달리 하고 있다. 그러나 다치(큰칼)를 잘 다루는 자만을 "병법자"라고 말한다. 이는 "다치의 덕으로써 세상을 다스리고 스스로를 수양하기에 다치는 병법이 일어나는 곳"

이기 때문이라는 것이다. 다치는 예로부터 무사의 가장 기본적인 무기이자 세상을 다스리는 무력의 상징인 동시에 항상 몸에 지니는 무사의 징표였다.

심지어 무사시는 다치(큰칼)를 잘 다루면 "혼자서도 열 명을 능히 이길 수 있다. 혼자서 열 명을 이긴다면, 백 명이 천 명을 이기고 천명이 만 명을 이길 수 있다"라고 말한다. 자신의 유파에서는 한 사람을 상대하든 만 명을 상대하든 병법의 이치는 모두 동일한 것을 추구하고 있기 때문에 검술이면서도 병법일 수 있으며, 따라서 "무사의 규범을 모두 병법이라고 부를 수 있다"는 이야기다.

그러나 여기서 지적해두고 싶은 것은 무사시가 말하는 내용은 어디까지나 개개의 무기의 유용성이다. 집단적인 사용 상황에 대해서는 고려하고 있지 않은 것이다. "무사의 취향"으로 간주된 기본적인 무기에 대해서만 언급하고 있을 뿐, 오사카 전투에서 유효했던 대포 등의 무기에 대해서도 거론하지 않고 있다.

아울러 혼자서 열 명을 이기는 병법은 훗날 물의 장에서 "다적多敵의 위位"로서 언급하는 것처럼, 설령 가능하다고 해도, 거기에서 백 명, 천 명, 만 명으로 그대로 확대하는 것은 하나의 유추類推에 지나지 않는다. 실제로 군사학에서 중요시 되는 군세의 진형陣形이나, 집단이기 때문에 가능한 다양한 전술, 군대 통솔법 등에 대한 내용은 없다. 물론 무사시는 무장으로 전투에 참가했던 경험이 없었기 때문에 추상적으로 대규모 전투의 병법에 대해 언급했던 것이라고 말할 수 있다. 이것은 한편으로는 당시의 시대배경에 의한 측면도 있었다. 이 무렵에는 막부의 엄격한 감시 속에서 군대를 움직이는 집단 연습 따위는 이미 불가능해져 있었다. 무기도 기본적으로 앞서 열거한 것들로 거의 국한되었다. 무사시의 병법론은 긴 창이나 총을 든 아시가루군단足輕軍団(평시에는 잡역에 종사하다가 전시가 되면 최하급 병졸이 되는 무사ー역주)을 중심으로 한 전술이 전개된 천하통일 시기보다도 군사적으로 후퇴한 상태에 있었다. 기본적으로 무사 개개인의 무술 차원으로 환원된 에도 시대의 사회적 현실에 의한 것이라고 할 수 있을 것이다.

다양한 "도"

무사시는 "병법의 도"를 다른 여러 도에서도 배우면서 찾아가야 한다고 말한다.

유학자나 불교도, 다도나 노가쿠를 하는 사람들의 도는 무사의 도가 아닐 것이다. 그러나 다른 도라 해도 "도"를 폭넓게 알면 "모든 것들이 서로 만나는 경우가 있다", 즉 통하는 부분이 있다. 무사시는 유학자인 하야시 라잔이나 선승인 다이엔, 기타 여러 예술의 명인들과 교류했다. 각각의 전문분야는 다르지만 일류가 된 인물들에게는 공통점이 있었던 것이다.

"인간으로서 여러 가지 도를 잘 닦아두는 것이 중요하다." 무사시는 세상을 거시적인 안목으로 바라보며 도를 추구하는 모든 사람들에게 경의를 표하는 동시에, 같은 "인간"이라는 의식을 가지고 있다. 맡고 있는 직책이 어떤 것이든 각자가 자신의 도를 잘 갈고 닦는 것이 반드시 필요하다고 말한다.

하지만 병법의 도에는 여러 예술이나 예능의 다양한 도와 전혀 이질적인 측면도 있다. 『오륜서』에서는 "박자", "속도", "눈초리" 등에 대해 병법의 도를 다른 도와 비교하고 있다. 그중에서도 박자에 대해서는 다른 것과 이질적인 측면이 많다. 여러 예술이나 예능에서 박자는 주변과 맞추는 것을 기본으로 한다. 그러나 병법에서는 "호흡이 맞는 박자"를 아는 동시에 "맞지 않는 박자" 역시 알아야 한다. 박자의 속도나 크기를 분별해 "적절한 박자"를 찾아내야 하며 "순간에 딱 맞는 박자"나 "어긋나는 박자" 역시 판별해내야 한다. 각각의 적들에 따라 그 박자를 이해하고 상대방이 미처 예상조차 하지 못했던 순간을 공격해야 이기는 것이다. 그

것만으로도 병법은 보다 복잡해진다. 충분한 지혜를 짜내
서 이기는 박자를 발견해내야 한다고 말하고 있다.

"도를 행하는 병법"

  땅의 장 말미에는 "니텐이치류의 병법을 배우고 싶어 하
는 사람이라면 도를 행함에 있어서 지켜야 할 규범이 있다"
라며 다음과 같은 아홉 가지 법칙을 들고 있다.

  "첫째, 바른 마음을 가질 것
  둘째, 병법의 도를 단련할 것
  셋째, 무예만이 아니라 다양한 예술과 예능을 접할 것
  넷째, 자신의 직종만이 아니라 여러 직종의 도를 깨우칠 것
  다섯째, 세상일의 이해득실을 판단할 것
  여섯째, 매사에 옳고 그름을 분별할 것
  일곱째, 눈에 보이지 않는 것까지 꿰뚫어볼 것
  여덟째, 사소한 일에도 주의를 기울일 것
  아홉째, 쓸모없는 일에 관여하지 말 것"

  우선 그릇된 생각을 하지 않은 상태에서 자신이 추구하
는 도를 연마하는 것이 중요하다. 그리고 여러 예술의 도를

접하고 다양한 직종의 도를 깨우치며 폭넓게 세상 전반의 일들을 알아가는 것은 전문적인 도를 추구하는 데 도움이 된다. 그러나 단순한 호기심이 아니라 자신에게 실제로 도움이 되는지를 따져가며 다양한 일들을 "분별"하여 진가를 가릴 줄 알아야 한다. 눈에 보이지 않는 바를 깨닫고 사소한 것도 놓치지 않으며 쓸데없는 일은 하지 않아야 한다.

여기에 제시된 가르침은 병법만이 아니라 일본의 예술가나 장인들에 이르기까지 모든 도에 통용될 수 있다. 무사시 자신의 경험에 바탕을 둔 표현이라고 할 수 있다. "병법의 이치(병법의 실제적으로 유효한 이론-역주)를 모든 예술 분야에 적용하자 만사에 있어 더 이상 스승이 없었다"고 단언할 수 있을 정도의 자신감을 얻었기 때문에, 무사시는 모든 도를 관통하는 도의 추구 방식을 이처럼 명확하게 나타낼 수 있었던 것이다.

병법의 도를 추구하려는 기상

땅의 장의 마지막에서 무사시는 "병법의 도"를 추구하는 자의 기상, 의기에 대해 다음과 같이 말하고 있다.

병법에 온 마음을 쏟으며 바른 길을 가고자 노력해가면 "기술로 상대방을 제압하고 사물을 꿰뚫어보는 눈으로 상대방을 이길 수 있고", 연마를 거듭해 온몸을 마음먹은 대로 움직일 수 있게 되기 때문에 "몸으로도 상대방을 이길 수 있으며", 나아가 병법의 도에 도달한 마음이기 때문에 "마음으로도 다른 사람을 이길 수 있다." 기술로 다른 사람을 이길 뿐 아니라 식견, 신체적 능력, 심적 상태에 이르기까지 모든 것에서 다른 사람을 뛰어넘을 수 있다. 이런 경지에 이른다면 어찌 패배에 이르겠는가.

나아가 무장의 "넓은 의미의 병법"에서는 "좋은 사람을 가진 것에서 이기고, 사람을 다스림에서 이겨야 한다", 즉 뛰어난 인재를 등용하거나 가신들을 적재적소에 배치하여 활용하는 데서 이긴다. 그리고 "몸을 바르게 행하고 나라를 다스리며 백성을 돌보고 세상의 모든 예법을 행하며 모든 도에 있어서도 남에게 뒤지지 않는 경지에 도달해 자신감이 생기고 명예를 드높이는 것이 바로 병법의 도이다"라고 말한다.

무사시 입장에서 "무사의 정신"이란 죽음을 각오하는 태도에 머무르지 않고, 어디까지나 "모든 방면에서 이기는 것"이었다. 무사시의 내면에서 "도를 행하는 병법"에서 거론된 도의 사상과 이 부분에서 나온 무사의 정신이 "병법의 도"로서 독특한 형태로 이어지고 있다고 할 수 있다.

2. 물의 장——몸도 마음도 마음먹은 대로 다스릴 수 있다

"본다고 생각하지 말고 배운다고도 생각하지 말고 완전히 자기 것으로 만들어"

물의 장은 "병법의 도"의 핵심에 해당되는 검술 이론을 논하고 있다. 우선 5개조에서 검술의 기초를 논한 후 8개조에서 검법의 이치를 설명한 후, 이하 23개조로 적과 대결하는 실전적인 지침을 정리해 기술하고 있다. 『병법35개조』까지의 검술론을 정리하고 체계화시키고 있는 것이다. 여기서는 『오륜서』의 표현의 배후에 있는 것을 정확하게 이해하기 위해 『병법35개조』 등의 해당 부분도 참고하며 논하기로 하겠다.

무사시는 물의 장 도입부에서 "병법의 도를 세세하게 구분하여 그 하나하나에 대해 마음껏 쓰기가 쉽지 않다"라고 적어두고 있다. 오랜 세월 동안 단련을 거듭해 연마해온 검술을 언어로 표현해내기란 실로 어려웠을 것이다. 하지만 그것을 적는 이상, 최대한 적절한 표현을 찾아내어 써내려간다. 따라서 이 책을 읽는 자도 "이 책에 기록해 놓은 것을 한 글자 한 글자 깊이 새겨가며 그 뜻을 깊이 헤아려야 한다." 대충 읽고 적당히 넘어가면 그 도를 제대로 터득할 수 없다. 이 글에 적어둔 내용을 자신의 것으로 만들어, "본다고 생각하지 말고, 배운다고 생각하지도 말고", 흉내를 내지도 않으면서, 자신이 직접 자신의 마음으로 터득한 이치라고 생각하며 "늘 몸에 익히고 궁구해야 한다"라고 말한다. 읽는 사람은 스스로 직접 해보고 그 기술과 그 순간의 몸의 감각을 탐구해 무사시가 표현하려고 한 것을 직접 포착해야 한다는 말일 것이다.

첫째, 검술의 기초가 되는 5개조

물의 장은 우선 검법을 말하기 이전에, 검술의 기초가 되는 사항에 대해 "병법의 마음가짐", "몸가짐", "눈초리", "다치(큰칼) 드는 법", "발동작" 등 5개조로 나누어 상세히 논하고 있다.

다른 유파의 상전서가 다수의 검술 방식을 하나하나 기술하는 데 중점을 두고 이런 기초적인 내용에 대해서는 간단히 언급하는 데 그치는 데 반해, 무사시는 기초를 매우 중요시하고 있다. 기초에 관해 『병도경兵道鏡』이후 몸의 구체적인 움직임에 대해 반복적으로 상세히 기술하고 있기 때문이다. 실전의 장에서는 조금이라도 틈이 있으면 필시 적에게 공격을 당할 터이므로 상정할 수 있는 최고의 적을 떠올리며 이길 수 있는 이치를 궁구해야 한다. 그를 위해 검술의 기초부터 철저히 파헤쳐가야 한다.

"병법의 마음가짐"

무엇보다 마음가짐이 중요하다. 병법의 도에서의 마음가짐은 평소 그대로의 평상심과 달라서는 안 된다. "평소에나 전투에 임해서나 조금도 다름이 없이 마음에 여유를 갖고 지나치게 긴장하지 않으며 조금의 흐트러짐도 없어야 한다. 한쪽으로 치우치지 않도록 중심을 바로 잡으면서도, 마음은 평소와 같이 조용하게 움직여야 한다. 마음의 움직임이 한 순간이라도 끊어지거나 멈추지 않도록 충분히 음미해야 한다"라고 말한다.

일상생활이든 검술에 집중을 할 때든 마음을 크고 올곧게 유지해야 한다. 무슨 일이 일어나더라도 당황하지 말고 손이나 발 등이 어딘가로 마음을 빼앗기는 일이 없도록 하며 자신의 몸 전체를 볼 수 있도록 마음은 항상 한가운데로 둔다. 그와 동시에 마음이 그 움직임을 멈춰 어딘가에 잠깐이라도 머무는 일이 없도록, 상대방의 어떤 움직임에도 즉각 반응할 수 있도록 항상 조용한 움직임을 멈추지 않는다. "마음의 움직임이 한 순간이라도 끊어지거나 멈추지 않도록" 하라며 철저히 주의를 주고 있다.

무사시는 마음과 몸의 균형을 중시한다. "조용한 순간에도 마음은 조용하시 않다. 아무리 빠른 순간에도 마음은 조금도 빠르지 않다. 마음은 몸에 끌려가지 않으며 몸은 마음에 끌려가지 않는다"라고 말한다. 몸을 어떻게 움직이든 마음이 그 움직임에 이끌려서는 안 된다는 지적이다. 심지어 "마음은 긴장을 늦추지 않지만 몸은 긴장하지 않는다", 즉 이런저런 의식을 하면 오히려 몸이 움직이지 않게 되기 때문에 마음은 조심하더라도 몸은 의식하지 않고 움직일 수 있도록 평소부터 훈련을 해두는 것이다.

　"마음은 부족하지도 넘치지 않도록 유지하며, 겉으로는 약해 보이더라도 속마음을 강하게 하여 상대에게 자신의 마음을 간파당하지 않도록 해야 한다"라고 주의를 주고 있다. 나아가 체격이 작은 사람은 큰 사람의 마음을 헤아리고 반대로 체격이 큰 사람은 작은 사람의 마음을 헤아려 "자신의 몸만 믿고 판단이 흐려지는 일이 없도록" 하는 것이 중요하다. 자신의 몸이 작다는 이유로 민첩함에만 의지하거나, 반대로 체격이 크다는 이유로 힘으로 밀어붙이는 큰 기술을 행하는 것은 "자신의 몸만 믿고 판단이 흐려지는" 것이기 때문에, 그렇게 하면 안 된다는 사실에 대해 실로 정중히 주의를 주고 있다.

　당시 제자들에게 직접 전하는 상전서에서는 마음가짐에

대해 신도나 불교, 특히 선종 등의 가르침을 인용해 설파하는 경우가 많았지만 무사시는 어디까지나 전투 상황에서의 심적 상태에 대해 구체적이고 실제적으로 지적하고 있다.

나아가 "마음을 맑게 하고 넓은 마음으로 폭넓은 곳에 지혜를 두도록 한다. 지혜나 마음이나 오로지 갈고닦아야 한다." 천하의 옳고 그름을 판단할 줄 알고 사물의 선과 악이 무엇인지를 판별하며 다양한 예술이나 예능에 통달하고 세상 사람들에게 속임을 당하지 않게 되었을 때 비로소 "병법의 지혜"를 갖추게 된다. "전장에서 모든 일이 급박하게 돌아갈 때도 끊임없이 병법의 도리道理를 궁구하고, 흔들림 없는 마음을 잘 음미해야 한다"라고도 말한다. 전투 장면에서는 한순간의 판단이 삶과 죽음을 가르기도 한다. 삼엄한 전투 상황에서 적확하게 대처하기 위해 "항상 적을 만날 때와 같은 마음이라 생각하고"(『병법서부』), 즉 평소 생활할 때 항상 적과 대치할 때처럼 생각하고 대비해두어야 한다.

"병법의 몸가짐"

"병법의 몸가짐", 즉 검술의 자세에 대해서는 얼굴에서 발끝까지 몸의 각 부분이 어떤 모습이어야 할지를 순서대로 차근차근 설명하고 있다.

"얼굴은 숙이거나 쳐들지 않으며 옆으로 기울이지도 않는다. 시선을 흐트러뜨리지 말고 이마에 주름이 지게 하지 않는다. 미간을 찡그리지 말고 눈동자가 흔들리지 않도록 한다. 눈을 깜빡거리지 않으며 조금 가늘게 뜨면서 부드러운 표정을 짓는다". "얼굴은 콧대를 똑바르게 하고 아래턱을 살짝 앞으로 내미는 느낌이 들게 한다. 목은 뒷덜미를 똑바로 펴고 목 줄기에 힘을 준다. 어깨부터 아래 전체의 몸은 모두 균등하게 의식한다. 양쪽 어깨에서 힘을 빼 아래로 내리면서 등줄기는 똑바로 편다. 엉덩이를 뒤로 내밀지 않고 무릎에서 발끝까지 힘을 주어 허리가 구부러지지 않도록 배에 힘을 주고 편다". 아울러 허리에 차는 와키자시의 칼집에 배를 밀착시켜 허리띠가 느슨해지지 않도록 "쐐기를 박는" 듯이 하라고 말하고 있다. 이는 허리띠를 허리뼈에서 아랫배로 향해 돌려서 묶고 있기 때문에 허리를 집어넣어 아랫배를 안쪽에서 긴장시킴으로써 이른바 "배꼽 아래 단전"을 충실하게 하라는 말이다("단전"은 에도 중기부터 자주 사용되게 되는 표현인데 무사시는 아직 사용하지 않았다). "무릎에서 발끝까지 힘을 주어"라고 말하고 있는데 발에 힘을 준다는 것이 아니라 『병법35개조』 제4조에서 말하는 것처럼 "무릎에 과도하게 힘을 싣지 않도록 주의하여", 단전에서 발끝까지 이어진 자세를 취해야 한다는 말일 것이다.

요컨대 무사시가 말하는 자세는 어깨에 힘을 주지 않으며, 허리를 집어넣어 단전을 중심으로 발까지 이어지며, 똑바로 몸을 펴서 서 있는 자세다. 『병법35개조』 제2조에서는 "몸과 마음을 하나로 일치시키고 힘을 주거나 동작을 취할 때는 과하거나 부족함이 없어야 한다. 한쪽으로 치우치지 않도록 머리에서 발끝까지 전신에 똑같이 마음을 실어야 한다"라고 언급했었다. 머리에서 발끝까지 전신에 마음을 두어 어딘가로 치우쳐 틈이 생기지 않도록 하며 몸이 상하전후좌우로 자연스럽게 연결되어 온몸이 하나가 되어야 한다는 말이다.

"살아 있는 손"

다치(큰칼)를 드는 방법은 엄지손가락과 집게손가락을 조금 띄우는 느낌으로 살짝 들고, 가운데손가락은 너무 강하지도 느슨하지도 않게 적당히 힘을 주며, 넷째손가락과 새끼손가락에 강한 힘을 실어 단단히 움켜쥐어 들어야 한다. 『병법35개조』 제3조에서는 보다 상세하게 "팔꿈치를 너무 뻗거나 구부리지 않도록 하며 팔뚝 윗부분에 힘을 빼고 아랫부분을 강하게 잡아야 한다"라고 말하고 있다. 엄지손가락과 집게손가락에 힘이 들어가면 팔뚝 윗부분에 힘을 가해 어깨에 힘이 들어간다. 그러면 다치를 갖다 대는 방식이 되어 잘 벨 수 없다. 새끼손가락에 힘을 주면 팔뚝 아래의 근육이 기능해 칼을 휘두를 때도 자연스럽게 자기 몸통 쪽으로 잡아당겨져 다치를 휘둘러 베는 움직임이 만들어짐으로써 잘 벨 수 있게 된다. 신체의 기능에도 부합되는 이치에 맞는 가르침이다.

"다치(큰칼)를 든다고 해서 정말로 들고 있다는 생각만 하면 안 된다. 적을 벤다고 생각하고 다치를 쥐어야 한다." 적을 벨 때도 다치를 든 손의 상태는 그대로 고정하고 결코 머뭇거리지 않아야 한다. 적의 칼과 응수를 벌일 때도 엄지손가락, 검지손가락의 처리 방식만 살짝 달라질 뿐이다.

더더욱 흥미로운 것은 무사시가 손과 몸을 어떻게 해야할지에 대해 "살다", "죽다"라는 개념으로 설명하고 있다는 사실이다. "전반적으로 다치(큰칼)든 손이든 움직임이 멈추면 바람직하지 않다. 움직임이 멈춘 손은 죽는 손이다. 머물지 않는 손이 살아 있는 손이다." 움직임이 멈춘 것을 "죽는" 것이라고 표현하고 한 자리에 머물지 않고 움직일 수 있는 것을 "살아 있는" 것이라고 표현하고 있다.

『병법35개조』제3조는 보다 명확하게 "베는 것을 망각하고 머물러 있는 손, 이것은 죽은 것이다. 살아 있다는 것은 항상 다치(큰칼)와 손이 모두 굳지 않고 적절히 움직여 잘 벨 수 있도록 유연한" 것이라고 설명하고 있다. 손의 근육이 "굳지 않고" "유연한" 상태라야 비로소 다음 순간 바로 어떤 식으로든 움직일 수 있다.

이 점은 손만이 아니라 몸 전체에도 말할 수 있는 사항이다. "몸가짐"의 항목에서 언급된, 한쪽으로 치우침 없이 온몸이 하나가 된 자세도 "굳지 않고 적절히 움직여 잘 벨 수 있도록 유연한" 것으로, 다음 순간 어떤 식으로든 움직일 수 있는 자세인 것이다. "살아 있는" 자세이기 위해서는 어떠해야 할까. "머무름"을 없애려면 어떻게 해야 할까. 이를 위해 무사시는 앞서 살펴본 것처럼 몸의 구체적인 모습을 세밀히 묘사하고 있었던 것이다.

"발동작"——"항상 걷고 있는 것처럼"

발동작에서도 머무름이 없도록 해야 한다. "발을 움직일 때는 발끝을 살짝 들고 뒤꿈치로 지면을 강하게 밟아야 한다"라고 말한다.

무사시가 말하는 발동작은 오늘날의 검도가 발끝으로 강하게 바닥을 밟고 뒤꿈치를 종이 한 장 정도 뜨게 하는 것과는 반대다. 검도에서는 상대가 혼자이며 전방에만 있다. 따라서 어느 곳을 쳐야 할지 정해져 있기 때문에 도장의 마룻

바닥을 발끝으로 차면서 앞으로 뛰어 들어간다. 그러나 실전은 야외에서 행해지며 바닥상태도 모두 제각각이다. 적이 전후좌우 어느 방향에 있을지 알 수 없기 때문에 검도에서 하는 것처럼 할 수가 없는 것이다. 무사시뿐만 아니라 옛날 무술에 공통되는 발동작은 오늘날의 검도와 전혀 별개다. 발바닥으로 땅을 세게 밟는 것이 아니라 체중을 하복부 한가운데 아래로 떨어뜨리는 것처럼 하면서 위와 아래가 이어지도록 엄지발가락을 뒤로 젖히고 발끝은 살짝 들고 바닥에 붙지 않도록 한다. 발의 근육으로 땅바닥을 차는 것이 아니라 일체가 된 몸의 무게를 사용해 미끄러지듯이 움직이는 발동작이다.

무사시는 "펄쩍 뛰어오르는 발, 허공에 뜬 발, 땅에 고정된 발"을 "피해야 할 발의 자세"라고 말한다. 펄쩍 뛰어오르는 발에는 도약하기 위한 준비 움직임이 있으며 착지했을 때 잠시라도 움직임이 멈춘다. 허공에 뜬 발로는 정확한 공격이 불가능하다. 땅에 발을 고정시키면 한 곳에 머물게 된다. 아울러 다치(큰칼)를 내려칠 때도 한 곳에 머물지 않도록 끊임없이 발을 움직여야 한다는 사실을 강조한다. 다치로 적과 응수할 때도 한쪽 발만 내밀면 움직임이 멈춰버리므로 오른발과 왼발을 교대로 움직여 발을 디뎌야 한다. 이것이 "음양의 발"이다. 항상 발의 움직임에 보조를 맞춰 칼

을 휘두를 수 있도록 어깨나 손에 힘이 들어가서도 안 된
다. 온 몸이 하나가 되어 내리쳐야 한다. 틈이 없이 언제든
벨 수 있는 자세가 되기 위해서는 발이 어떻게 움직이든 상
체는 꼿꼿이 세운 자세를 유지한다.

무사시는 일찍이 『병도경兵道鏡』 증보판에서 "상대방에게
달려들 때도 몸의 자세는 유지하고 아무리 조용하더라도
정확히 해야 하며, 양 다리가 부드럽게 마음먹은 대로 움직
인다 해도 상체는 자세를 무너뜨리지 말고 똑바로 세운다.
예를 들어 밧줄로 하늘에 매달려 있는 느낌이어야 한다"("전
팔[前八]의 위[位]")라고 적혀 있었다. 상하가 잘 이어지되 발의
움직임과 상관없이 상체만은 허공에 매달려 있는 것처럼
꼿꼿하게 세우라는 말이다.

"병법의 눈초리"

눈은 크고 넓게 떠야 한다. "관觀의 눈은 강하게 견見의 눈
은 약하게 한다. 먼 곳에 있는 것을 가까이 있는 것처럼 보
고 가까운 곳을 멀리 넓게 바라보는 것, 이것이 바로 병법이
다." "관의 눈"은 마음으로 상황 전체를 꿰뚫어보는 눈이다.
일반적으로 눈으로 쫓아 살펴보는 "견의 눈"보다 강하게 떠
야 할 눈이다. "적의 칼을 파악하고 조금이라도 적의 칼에

휘둘리지 않는 것"이 중요하다.

그렇다면 실제로 시선처리는 어떻게 해야 할까.『병법35개조』제6조의 "눈초리"에서 눈은 평소보다 다소 가늘게 뜨고 눈동자는 움직이지 않으며 적이 가까이 다가와도 먼 곳을 바라보는 눈이어야 한다. 이런 눈초리로 상대방을 쳐다보면 적의 공격기술은 물론 좌우 양측까지 파악되는 법이라고 적혀 있다.『오륜서』에서는 몸가짐과 눈초리 항목으로 나누어 비슷한 내용의 지침을 쓰고 있다.

눈을 가늘게 뜨는 것은 바깥쪽에만 의식을 빼앗기지 않고 자신의 몸 안을 동시에 느낄 수 있어야 하기 때문이다. 눈을 크게 뜨고 평소대로 사물을 바라볼 때는 마음이 바깥으로 나가 버려 인식하지 못하는 사이에 안구가 제법 움직인다. 그렇게 되면 눈동자가 움직일 때마다 다양한 대상으로 초점이 계속 옮겨가 버리고 그 이외의 배경이나 양측은 보이지 않게 되기 쉽다. 이에 반해 눈을 살짝 가늘게 뜨고 눈동자를 움직이지 않은 채 가까이에 있는 것이라도 멀리 있는 것처럼 보면, 눈은 하나하나의 대상에 사로잡히지 않고 주위 전체를 시야에 넣을 수 있다. 자신의 정신을 주위에 빼앗기지 않고 똑바로 앞을 보면서도 동시에 좌우 양옆까지 보인다.

이런 시선처리는 하루아침에 터득할 수 없다. 따라서 전투 중 급박한 상황에서 느닷없이 가능할 리 만무하다. 때문에 "항상 이런 눈초리를 유지할 수 있도록 하며, 어느 경우에든 변하지 않도록 깊이 음미해야 한다." 일상생활을 영위하는 가운데에서도 끊임없이 이런 시선처리로 주위 상황 전체를 바라볼 수 있어야 하는 것이다.

"병법의 자세는 평상시와 다름없이"

무사시는 "몸가짐" 항목의 마지막 부분을 "모든 병법의 자세에 있어서 평상시의 몸가짐을 전투 때와 똑같이 하며, 전투의 자세는 평소와 다름없이 하는 것이 중요하다"라고 마무리 짓고 있다. 병법의 자세라고 해도 평상시의 몸가짐과 다른 특별한 것이 아니라 일상적이고 자연스러운 몸가짐을 병법의 자세로 삼는다. 게다가 "항상 병법의 자세를 하고 있어, 적을 만나 갑자기 몸을 겨누는 일이 없도록 유념할 것"(『병법서부』)이라고 하고 있다. 평소에 단련해두지 않으면 전장에서 갑자기 빈틈없는 공격 자세를 취할 수 있을 리 만무하다.

일상생활에서의 자세나 움직임에는 이런저런 비틀어짐이나 다양한 버릇이 있다. 설령 소소한 실수가 있다고 해도 평소에는 큰 지장이 없고 본인도 의식조차 하지 않지만, 막상 검술의 장에 나오면 그것이 미세한 균열을 만들거나 움직임을 멈추게 해버려 적에게 공격을 당하는 빌미를 제공한다. 또한 온몸이 하나가 되어 곧바로 마음먹은 대로 움직일 수 있는 태세가 아니라면 아무리 다치(큰칼) 수련을 거듭해도 도중에 움직임이 끊어져 버리거나 동작이 엉성해지거나 나쁜 버릇으로 인해 다치를 자유롭게 휘두를 수 없다. 때문에 "전투의 자세는 평상시의 몸가짐"이어야 한다. 즉 조그마한 빈틈도 없는 '병법의 몸의 엄밀함'을 기준으로 삼아, 일상생활 속에서 끊임없이 자신의 심신을 단련해가야 한다.

일본에서는 무도만이 아니라 각종 예도에서도 연습과정의 맨 처음에는 반드시 어깨의 힘을 먼저 뺀 후 시작한다. 온몸을 다해 움직이기 위한 기본적 자세가 중시되기 때문이다. 기본적 자세를 배우기 위해 엄격한 가르침을 받지만, 무사시만큼 꼼꼼하게 몸의 구석구석까지 어떻게 해야 할지 분석해서 표현해준 사람도 없을 것이다. 실제적인 몸에 기반을 둔 가르침이었기 때문에 오늘날에도 그대로 통용될 수 있었던 것으로 보인다.

둘째, 검법의 이치——"다섯 가지 겨눔세"

무사시는 검술의 기초가 되는 몸의 구체적인 모습을 언급한 후, 검법의 이치에 대해 서술하고 있다. 다른 유파에서는 유파 특유의 공격 자세나 검법의 '형'을 설명하는 것이 일반적인데, 무사시는 유파라는 것을 뛰어넘어 보편적인 검법의 원리를 말하고자 하고 있다.

우선 공격 자세는 상단, 중단, 하단, 좌협, 우협의 다섯 가지가 있어서 이를 "다섯 가지 겨눔세('오방의 구'라는 번역어로도 널리 알려져 있음-역주)"라고 부른다. 상단, 중단, 하단이 기본이며 좌협과 우협은 위나 옆 중 한쪽이 막혔을 때의 공격 자세다. 무사시는 "자세 중 가장 바람직한 겨눔세는 중단 자세"임을 터득하는 것이 중요하다고 말한다. 중단은 무장의 겨눔세이며 나머지 네 개는 무장의 지시를 따라 움직이는 병졸의 겨눔세다.

적에 따라, 상황에 따라 현실적으로 공격 자세는 무한할 것이다. 하지만 칼을 들고 겨누는 위치로 구별해보면 이상과 같은 다섯 가지로 집약된다. 단 어떤 자세든 자세만 취한다는 생각을 버리고 어디까지나 적을 먼저 벤다는 목적의식을 가지고 임해야 한다. 자세 그 자체에 집착해서는 안 된다는 점에 대해서는 나중에 "유구무구有構無構의 가르침"에서도 강조하고 있다.

"다치(큰칼)의 도"

무사시는 항상 "다치太刀(큰칼)의 도道"에 맞게 사용하라고 강조하고 있다. "검의 도"라는 것은 가장 쉽고 가장 효율적이며 조리에 맞는 다치의 이치다.

다치(큰칼)는 길고 무거운 무기이기 때문에 부채나 단검, 혹은 "죽도" 등과 달리 "팔꿈치 아래"로 휘두를 수 없다. 심지어 다치는 맞추는 것이 아니라 베는 것이다. 그저 맞추는 것만이 아니라 뒤로 물러서거나 앞으로 밀고 들어가는 움직임이 없으면 벨 수가 없다. "칼등의 도道를 헤아리고" 칼날을 세워서 흐름이 멈추지 않는 움직임으로 베어야 한다.

약간 휘어진 다치(큰칼)는 칼날 방향으로, 심지어 칼끝으로부터 10센티미터 정도 되는 곳에서 가장 강한 힘이 작용될 수 있도록 제작된다. 무거운 칼을 크게 휘두르면 휘두른 방향으로 가속도가 붙어 더더욱 큰 힘이 발생한다. 다치를 휘두를 때는 이런 힘에 역행하지 말고 이를 이용하는 편이 바람직하다. 다치를 무리하게 빨리 휘두르려 하면 "검의 도"에 역행하게 되어 휘두르기 어려워진다. 힘껏 휘두르면 "다치의 도"를 포착하기 어려워진다. 내리친다 해도 나중에 '바람의 장'에서 언급하는 것처럼 "거친 것", 즉 내리치는 곳도 정확하지 않고 볼품없이 휘두르게 될 것이다.

"발동작"에서 살펴본 것처럼 반드시 "오른쪽 왼쪽"으로 발을 교대로 움직이면 몸의 이동과 함께 몸 전체가 하나가 되어 내리친다. "무거운 다치(큰칼)의 형상에 맞게, 그리고 조용하게", "매우 크게 팔꿈치를 뻗어 세게 휘두르면서" 내리친다(『병법35개조』). 커다란 활모양의 곡선을 그리면 다치의 무게를 최대한 이용할 수 있다.

다치(큰칼)를 휘두를 때는 그 시시각각의 공격 자세에 따라 가장 휘두르기 쉬운 방향과 행로가 있다. 가장 적절한 속도와 강도가 있으며 끊어짐 없이 이어져가는 움직임의 흐름이 있다. 그런 다치의 움직임으로 적을 가장 자연스럽게 벨 수 있는 행로가 "검의 도"인 것이다.

"다치(큰칼)를 내려쳤을 때는 올리듯이 하고 옆으로 휘둘렀을 때는 다시 옆으로 되돌리듯이 한다"라고 말하고 있다. "검의 도"는 휘둘렀을 때의 감각으로 움켜줘야 하는 것이다. 다치를 휘두를 때마다 자신의 몸의 감각을 예민하게 단련시키면서 보다 자연스럽게 움직여 적을 벨 수 있는 "검의 도"를 발견해낼 수 있도록 단련을 거듭해 서서히 기량을 키워가야 한다. 가장 휘두르기 쉬운 "검의 도"라는 것은 그 순간에 따라 가장 궁극적인 모습으로 포착될 것이다.

따라서 "검의 도"를 칼을 휘두르는 방식의 원리로 삼는다는 것은 쓸데없이 다치를 흔드는 것이 아니라 각각의 상황이나 적에 따라 궁극적으로는 오로지 하나의 검의 움직임

방식을 찾아가는 것이다. 이런 "검의 도"를 이해하고 그에 따라 그것을 쓰는 방식을 몸에 익히기 위한 훈련법으로 무사시가 정리한 것이 "다섯 가지 기본자세"다.

"다섯 가지 기본자세"——'형' 수련

일본 검술에서는 2인 1조가 되어 한쪽 편(공격)이 치고 들어오면 반대편(반격)이 이를 어떻게 응수하고 어떻게 이길지의 방식을 정해놓은 '형'을 훈련한다. 일정한 '형'을 반복적으로 연습하는 동안 검법, 상대방의 공세에 응수하는 법, 이기는 방식을 배울 수 있다. 때문에 이런 '형'은 해당 유파의 가르침 중 가장 핵심적 부분으로 중요시되고 있다.

"다섯 가지 기본자세"는 무사시의 니텐이치류의 다섯 가지 '형'이다. '공격'은 하나의 칼을 쓰고 '반격'은 두 개의 칼을 쓴다. 다섯 가지 '형'의 공격 자세는 "다섯 가지 겨눔세"를 그대로 따르고 있어서 첫 번째는 중단위, 두 번째는 상단위, 세 번째는 하단위, 네 번째는 좌협위, 다섯 번째는 우협위의 공격자세로 이루어진 검법이다.

그러나 『오륜서』의 "다섯 가지 기본자세"에는 공격 방식에 대한 구체적인 기술이 없다. 그저 오른쪽 다치(큰칼)의 검법이 적혀 있을 뿐, 왼쪽의 짧은 칼小太刀의 검법이나 적(공격)과 겨루는 방식에 대해서도 적혀 있지 않다. 따라서 이것만 읽으면 '형'의 실제적인 방식을 이해하기 어렵다. 무사시 자신도 이 다섯 가지 기본자세는 여기에 적어둔 것만으로는 좀처럼 이해하기 어려울 것이라고 언급하고 있다. 실제로 다치를 손에 들고 수련하기 위한 용도임을 밝히고 있다.

"다섯 가지 기본자세"는 무사시의 실제 기술이 어떤 것이었을지 엿볼 수 있는 것으로 매우 중요하기 때문에, 이하의 항목에서 검술의 상세한 부분에 대해 좀 더 파고 들어가면서 고찰해 보고 싶다.

니텐이치류 '형'의 전승

『오륜서』를 이어받은 데라오 마고노조 계통의 기술은 끝내 전승되지 못했으나 그 아우인 데라오 구메노스케寺尾求馬助 계통의 니텐이치류 기술은 산토계山東系와 노다파野田派의 두 계통에서 오늘날에 이어지고 있다. 구메노스케는 『병법35개조』를 증보한 『병법39개조』를 "스승에게서 전수받은 글"로 그 제자에게 상전시키고 있다. 이에 의하면 『병법39개조』 안에 있는 「다섯 가지 겨눔세의 이치」가 '형'의 방식을 가르쳐주는 근본적 상전서로 중시되어왔다. 특히 첫 번째의 설명은 『오륜서』의 서술과 비교해봐도 기술 방식이 완전히 일치한다(졸저『정본 오류서』"다섯 가지 기본자세" 관련문헌 참조). 두 계통에 전승된 기술도『오류서』의 표현과 합치하기 때문에 기술 방식은 동일하다고 인정된다. 첫 번째는 중단의 공격자세로 모든 자세의 기본으로 중시되고 있으며 다섯 가지 '형'의 근본을 보여준다. 때문에 "다섯 가지 기본자세"의 내용을 구체적으로 이해하기 위해「다섯 가지 겨눔세의 이치」의 설명에 의해 보강함과 동시에 니텐이치류에서 오늘날까지 전승되고 있는 '형'의 연무를 참조하면서 실제 기술의 구체적인 내용을 엿보고 싶다.

첫 번째 자세의 공격법

'공격'은 칼을 하나만 쓴다. 목도를 팔상八相(칼을 자신의 오른쪽 어깨 위로 올리는 자세-역주)으로, 즉 정면에서 오른쪽으로 옮겨 똑바로 세우며 공격 자세를 잡는다('공격'은 두 번째 이하도 동일한 공격 자세다).

'반격'은 두 개의 칼을 쓰며 중단의 공격 자세이다.『병법 39개조』에 의하면 두 칼을 가슴 앞에서 두 칼의 앞쪽 끝부분을 여덟팔자八로 만든 후 오른쪽 다치(큰칼)의 칼끝을 적의 얼굴에 겨냥하는 자세다(이하,『오류서』의 표현에 맞춰 '공격'을 "적", '반격'을 "이쪽"으로 하고 수련에서는 목도를 이용하지만 다치라고 기술한다).

우선 적(공격)이 똑바로 정면에서 공격해 오면 이쪽(반격)
은 가슴 부분에 모아둔 두 개의 칼을 좌우로 벌려 공격을 피
하고, 두 칼이 적의 다치(큰칼) 위로 올라탄다는 느낌으로 적
의 다치를 제압한다. 적은 제압당하지 않으려고 칼을 뒤로
뺐다가 다시 머리를 공격해올 것이다. 그때 이쪽은 조금 물
러나 적의 다치를 받아넘기고 왼손에 들고 있던 작은 칼을
들어 몸을 방어하면서 오른손에 들고 있던 다치의 칼끝을
적의 얼굴 쪽으로 향하게 하면서 머리 위 전까지 올린다. 이
순간 오른쪽 손목을 왼쪽으로 반회전시켜서 칼끝을 앞에서
위로 뒤집어("절선반[切先返]") 다치를 상단으로 만든 다음, 왼
쪽의 작은 칼과 함께 똑바로 내려친다. 이 타격을 받은 적
은 뒤로 물러서면서 이에 대응하지만, 이쪽은 왼쪽 손에 든
작은 칼로 방어하면서 내려쳤던 오른쪽의 다치를 내려뜨린
채 적이 세 번째로 공격해 들어오자마자 적의 다치를 왼쪽
의 작은 칼로 아래에서부터 받으면서 오른쪽 다치로 아래
에서 오른쪽 위로 올려쳐 적의 왼쪽 손목 안쪽을 벤다.

첫 번째의 '형'은 세 번에 걸친 적의 공격에 대해 왼쪽 작
은 칼로 방어하면서 오른쪽의 다치(큰칼)로 공격해서 이기는
'형'이다. 오른쪽 다치의 움직임에만 주목하면 중단의 자세
에서 적의 공격을 왼쪽으로 피하여 비켜나가게 하고 반원

그림 11 니텐이치류 상전의 "다섯 가지 겨눔세(오방의 구)". 산토계(山東系) 니텐
이치류 사범 요네하라 가메오 씨에 의한 연무 ① 첫 번째의 중단

을 그리는 것처럼 안쪽으로 돌아가 적의 다치를 올라탄다.
두 번째의 적의 공격을 피하자마자 칼끝을 적에게 겨냥하
면서 전방에서 위로 반원을 그리며 올려 상단 자세를 취한
다음 바로 아래로 내려친다. 그리고 그대로 하단 부근에서
세 번째로 적이 공격해옴과 동시에 그 손목을 겨냥해 오른
쪽 위로 비스듬히 올려쳐 베는 것이다.

다치(큰칼)의 움직임은 무리 없이 이어지고 있다. 옆으로
벌어졌다가 상하 비스듬히 움직이며 쓸데없는 동작이 없
다. 적의 공격을 피하자마자 그대로 공격으로 전환해 중단
에서 상단으로 공격 자세를 바꿀 때도 칼끝은 적을 향하면
서 틈을 허락하지 않는다. 세게 내리친 다치를 그대로 두

② 두 번째의 상단　③ 세 번째의 하단　④ 네 번째의 좌협 겨눔세

는 것도, 그 다음 아래서 올려쳐 벨 생각 때문이다. 그대로 두는 것처럼 보여도 공격할 기세는 끊어짐 없이 이어지고 있다. 따라서 첫 번째 다치의 움직임은 자연스럽게 이어진 "검의 도"에 따른 것이라고 말할 수 있다.

두 번째 자세에서 다섯 번째 자세의 공격법

두 번째 자세 이하의 '형'에 대한 『병법39개조』의 서술은 실은 『병법서부』의 "다치(큰칼) 겨눔세 다섯 가지에 대해"와 문장까지 동일하다. 무사시가 구마모토로 돌아오기 전 단계의 것으로 추정된다. 『오륜서』의 서술과 비교해보면 공격 자세는 동일하지만 도중에 기술을 전개하는 방식이 약간

다르다. 오늘날의 니텐이치류에서 전승되는 연무에서도 두 가지 계통 사이에 기술의 차이점이 보인다. 때문에 여기서는 공격의 각각의 겨눔세와 『오륜서』에 있는 이하의 검법을 간단히 검토해보기로 하겠다.

두 번째 자세는 상단의 겨눔세다. 왼쪽 손에 든 작은 칼을 비스듬하게 앞으로 내밀어 적을 제어하면서 오른손 주먹이 오른쪽 귀 옆에 오도록 오른쪽 손에 든 다치(큰칼)를 위로 올린다. 오른쪽 다치를 상단에 둔 공격 자세. 적의 공세에 대해 이쪽은 오른쪽 다치를 상단에서 내려쳤다가 빗나갔을 경우 그대로 아래에 두었다가 적이 다시 공격해올 때 위로 치켜 올려 상대방을 벤다.

세 번째 자세는 하단의 겨눔세다. 두 칼 모두 아래로 늘어뜨리는 느낌으로 허리부터 무릎 앞으로 비스듬히 자연스럽게 아랫방향으로 들고 있는 자세. 적이 공격해오면 이쪽은 아래에서 위로 두 칼끝을 모아 올려 공격을 막은 후 적이 다치(큰칼)를 거두었을 때 가운데로 모은 두 칼의 대형을 푼다. 그러나 적이 다시 공격해온 순간 "그것을 뛰어넘는 박자", 한발자국 왼쪽으로 발을 옮겨 적의 오른쪽 "팔뚝을 옆으로 벤다."

네 번째 자세는 좌협 겨눔세다. 왼쪽 작은 칼을 전방에 겨눠 공격에 대비하면서 오른쪽 손목이 왼쪽 옆구리 앞이 되

⑤ 다섯 번째의 우협 겨눔세

는 위치에서 다치(큰칼)를 왼쪽 옆구리에 빗겨 잡는다. 적의
공격을 받았을 때 왼쪽 옆구리에서 비스듬히 위로 올려친
다. 다시 적이 공격할 때 어깨 오른쪽 위로 들어 올린 다치
를 손목 위치를 바꾼 후 왼쪽 비스듬히 역방향으로 되돌린
다는 느낌으로 내리쳐 벤다.

다섯 번째 자세는 우협 겨눔세. 왼쪽 발을 조금 앞으로
내밀어 몸이 비스듬한 자세에서 왼쪽 작은 칼을 앞으로 내
밀고 오른쪽 다치(큰칼)는 오른쪽 손목이 오른쪽 허리 옆 위
치에서 칼끝을 적에게 향하게 해 날을 아래 방향으로 한 채
앞으로 겨눈다. 적이 공격해올 때 이쪽은 오른쪽 옆구리에
서 다치를 앞으로 찌른 후, 첫 번째 자세의 후반부에 나오는
"절선반切先返"의 요령에 따라 "옆에서 비스듬히 상단으로

올린" 후 아래로 똑바로 내리치면서 벤다.

이상을 보면 "다섯 가지 기본자세"에서 검법은 중단, 상단, 하단, 좌협, 우협 각각의 공격 자세에서 시작하되, 휘두르기 쉬운 첫 공격과 그에 자연스럽게 이어진 동작이라는 점이 명확하다. 무사시는 다섯 번째의 공격 자세에 대해 쓴후 "이것도 검의 도道를 잘 알게 하기 위함이다"라고 못을 박듯 확인하고 있다. 분명 "다섯 가지 기본자세"는 '다섯 가지 겨눔세'에서 가장 휘두르기 쉬운 "검의 도"를 전형적으로 보여준 검법의 '형'이라고 말할 수 있다.

'형' 수련의 의미

다른 유파의 경우 '형'은 그 가르침의 핵심이다. 따라서 다른 사람에게 그 내용이 결코 흘러들어가서는 안될 비전으로 취급되었다. "초전初伝, 중전中伝, 오전奧伝, 극의極意" 등으로 각각 등급이 있었고 각각의 단계마다 10개 전후의 '형'이 있었으니, 전체적으로는 수십 개, 심지어 백 개가 넘는 '형'을 가진 유파도 있었다. 다른 유파에서는 어째서 그런 자세를 취하는지, '형'에 따라 무엇을 배우는지가 명시되지 않은 채, 그저 유파의 시조로부터 전해져 내려온 '형'을 그대로 습득해간다. 단계적으로 "면허"를 따면서 배워가지만 유파의 모든 '형'을 습득해야 비로소 "면허개전免許皆伝(스승이 제자에게 모든 비법을 전수함-역주)"이 이루어져 그 유파에서 일류에 도달했다고 치부되는 것이 보통이다.

실제로는 그 유파에서 중심이 되는 '형'을 충분히 숙지하면 다른 '형'은 그 응용이나 생략으로 배우는데 그래도 '형'이 단계적으로 너무 많아지면 하나하나의 '형'의 방식을 기억하는 것만으로도 벅찬 느낌이 든다. '형'에 오류가 없는지를 살피는 데 정신이 팔려 자칫 지나치게 정형화된 수련이 되어버리거나 기술의 겉모습을 의식한 나머지 실전에서는 통용되지 않는 기술에 현혹되는 경우도 있을 수 있다.

이에 반해 무사시는 "다섯 가지 기본자세"로서 다섯 가지 '형'만을 가르친다. 다양한 겨눔세가 다섯 가지로 집약되고 그 다섯 가지 각각의 겨눔세로 구성된 공격법이기 때문에 '형'이 다섯 가지인 것이다. '형'의 숫자가 다섯 가지에 불과하다면 결국 기술의 질이 문제가 될 것이다. '형'이기 때문에 '공격'의 공격 방식도 '반격'의 방어 방식도 미리 결정되어 있지만 같은 동작이라도 몸을 쓰는 방식이나 검을 쓰는 방식에 의해 기술의 느낌이 미묘하게 달라진다. 이 차이에 민감해지고 움직이기 쉽게 칼을 휘두르는 감각을 키워야 한다. 이를 통해 "검의 도"를 몸으로 포착하고 기억하는 데 집중할 수 있다. 처음에는 상대방의 공세에 응하는 데 급급해서 기술도 때때로 끊어져 버리지만 수련을 거듭해가면 점차 기술이 하나로 이어질 수 있게 된다. 처음에는 파악할 수 없더라도 수련을 쌓아 감각을 연마해가면 조금씩이라도 "검의 도"를 이해할 수 있게 된다. 무사시는 '형'에 대한 수련의 의미는 "검의 도"를 아는 데 있다고 거듭 강조하고 있다. '형'의 방식을 쫓아가는 것이 아니라 기술을 행하는 감각에 예민해져서 기량을 닦아가야 한다.

각 순간마다 가장 휘두르기 쉬운 "검의 도"를 알 수 있게 되면 움직이기 쉬운 하나의 연결된 움직임과 그에 이어지는 일련의 움직임에 대해서도 저절로 포착할 수 있게 된다. 자연히 부드럽게 이어져가게 될 것이고 그런 이어짐 안에서 생겨나는 "박자"(리듬)도 파악할 수 있게 된다. 움직임 전체의 "박자"를 파악할 수 있게 되면 하나하나의 동작이 가진 가장 적당한 빠르기도 결정이 난다. 따라서 "검의 도"를 아는 것은 가장 적절한 속도로 가장 부드럽게 칠 수 있는 "박자"를 아는 것이기도 하다.

몸의 감각을 연마해 "검의 도"와 "박자"를 알게 되면 적의 움직임을 간파할 수 있게 된다. 적의 미세한 움직임만으로도 "검의 도"를 통해 그 다음에 이어질 움직임이 예측 가능해진다. 그런 "검의 도"를 통해 판단하면 적의 동작을 언뜻 보기만 해도 적이 어느 정도의 역량을 지닌 인물인지 바로 판단할 수 있는 것이다. "우리 유파의 검의 도를 전체적으로 파악하고 전반적인 박자도 익혀 적의 움직임을 꿰뚫어 볼 수 있기 위해 우선 이와 같은 다섯 가지 기본자세로 부단히 수련해야 한다"라며 마무리짓고 있다.

일본의 유파 검술에서는 '형'을 습득하는 것이 중시된다. '형'의 차이에 의해 여러 유파가 성립되었다고 해도 과언이 아닐 정도다. 그러나 '형'의 수련이 애당초 무엇을 추구해야 할지, '형'의 본질적인 의미를 이만큼이나 명료하게 말하고 있는 가르침은 없지 않을까('형' 수련에서는 적과 어떻게 겨룰지가 문제가 되는데, 그에 대해서는 '불의 장'에서 생각해보기로 한다).

"유구무구(有構無構)"의 가르침

무사시는 "다섯 가지 기본자세"에 대해 언급한 후 "유구무구有構無構의 가르침"의 항목을 쓰고 있다.

"유구무구"란 "구는 있으되 구는 없다"라는 말이다. 처음에 다치(큰칼)를 어딘가에 놓는다는 의미에서 '구構(겨눔세-역주)'는 있으나, 미리 정해진 다치의 자세라는 것 따위는 애당초 없으며, 적을 베기 쉽게 겨눈다는 마음이 중요하다는 가르침이다.

"다섯 가지 겨눔세(오방의 구)"라는 것도 그러하다. 상단의 겨눔세도 때로는 상대방에 따라 조금 숙이면 중단의 겨눔세가 된다. 중단의 겨눔세도 조금 치켜들면 상단의 겨눔세가 된다. 하단의 겨눔세도 때에 따라 조금 올리면 중단의 겨눔세가 된다. 좌협, 우협도 적을 제어하기 위해 조금 가운데로 내밀면 중단, 하단의 겨눔세가 된다. "오방(다섯 가지)"이라는 것도 전형적인 겨눔세를 나타내는 것으로 애초부터 미리 정해진 겨눔세가 있는 것은 아니라는 이치다.

"우선 다치(큰칼)를 든 다음 어떻게든 적을 베는 것이 중요하다. 적이 치는 다치를 받거나, 맞서거나, 치거나, 버티거나, 닿거나 하는 것은 모두 적을 베기 위한 수단임을 명심해야 한다." 상대방의 검을 받는다고 생각하고, 맞선다고 생각하고, 버틴다고 생각하고, 닿는다고 생각하고 있기 때문에 베겠다는 마음이 부족해진다. "적을 베겠다고 생각하는 것이 가장 중요하다. 잘 음미해야 한다"라고 신신당부를 하고 있다.

"유구무구의 가르침"은 겨눔세에 대해서만이 아니라 "다섯 가지 기본자세"의 방식에 대해서도, 나아가 검법의 모든 측면에 있어서도 마음에 깊이 아로새겨야 할 가르침이다.

**셋째, 적과의 대결의 이론——박자의 간격 파악과 공격의 지침이
라는 측면에서**

　'물의 장' 후반에는 실전에서 적과 대결하는 다양한 장면
에서 어떤 기술을 써야 할지 구체적으로 설명하고 있다. 23
개조가 있는데 무사시의 사고방식이 잘 드러나 있는 것에
대해서만 살펴보기로 하겠다.

　우선 적의 박자보다 선수를 쳐서 치는 지침이다. "적이
미처 상황판단을 하지 못했을 때를 포착해 내 몸을 움직이
지 않고 내 마음도 알아차리지 못한 사이에 빠르고 민첩하
게 치는 박자"다("한박자 치기"). 반대로 "이쪽에서 치려고 할
때, 적은 재빨리 물러났다가 곧바로 치고 들어오려고 할 것
이다. 이럴 때는 거짓으로 상대방을 공격하려는 것처럼 보
여 적이 긴장해 있을 때 치고 뒤로 물러설 때 친다"("두박자 치
기"). 혹은 적과 내가 모두 공격하려고 할 때, "몸도 치는 자
세를 취하고 마음도 적을 치는 데 집중해 손이 자기도 모르
게 허공에서 강하게 친다"("무념무상 치기"). 또한 적과 서로 경
합하게 되었을 때, "적이 서둘러 몸을 빼거나 피하거나 빨리
다치(큰칼)를 밀어젖히려는 순간, 이쪽은 몸과 마음에 여유
를 가지고 다치를 내 몸으로부터 천천히 물줄기가 고이듯
이 크고 강하게 내려친다"("유수[流水] 치기", 『병법35개조』는 "늦은
박자 치기"라고 한다)). 모두 적의 상태를 정확히 판단한 후 역으

로 공격하는 방식이다.

이어 다양한 검술 지침이 나온다. 우선 적이 자신의 공격을 막고자 검을 밀어내려고 했을 때, 칠 곳을 미리 정하지 않고 오로지 검의 도에 따라 머리나 손, 발 등을 어디든 계속 내리친다("연속치기"). 혹은 자신의 다치(큰칼)를 조금도 올리지 않고 다리나 몸, 손을 움직여 즉시 내리친다("석화(石火) 치기"). 또한 공격이나 방어를 하려고 하는 적의 다치를 강하게 친 후 그대로 이어가는 느낌으로 적의 다치를 아래로 내리쳐서 떨어뜨리는 기술("낙엽 치기")도 있다.

그리고 무사시는 다시금 다치(큰칼)를 휘두를 때의 주의 사항에 대해 적어놓고 있다.

다치를 휘두를 때는 "몸은 먼저 공격하는 몸이 되며 다치는 몸과 상관없이 친다", 혹은 "몸은 움직이지 않고 다치로 치는 경우가 있지만 대부분은 몸부터 먼저 공격해 들어가고(움직이고) 다치는 그 후에 치는 것이다"("다치(큰칼)로 변하는 몸"). 다치와 몸이 동시에 움직여 치는 것이 아니라 대부분은 몸이 먼저 움직였다가 부드럽게 온몸으로 내리쳐야 한다. 이렇게 쳐야만 적의 변화에도 유연하게 대응할 수 있다. 『병법35개조』 제15조에 같은 이름의 항목에서는 "다치와 몸과 마음을 한 번에 치는 일은 없다. 중심에 있는 마음, 중심에 있는 몸을 잘 음미해야 한다"라고 말하고 있다. 몸은 내리쳐도 중심에 마음을 남기고, 다치를 친다 해도 몸을 남겨서 적의 반격에 대비해야 한다.

또한 무사시는 "치기"와 "맞추기"를 엄밀하게 구별한다. 친다는 것은 "작정을 하고 확실히 치는" 것이며, 맞춘다는 것은 "어쩌다 그렇게 되었다는 정도의 뜻으로", "맞춘 후 그곳을 강하게 치기 위해서다"라고 말하고 있다("치기와 맞추기").

어떻게 거리를 가늠하고 간격을 취할까

다음으로 무사시는 어떻게 적과의 거리를 가늠하여 적당한 간격을 취할지, 그 대처방식에 대해 5개조를 쓰고 있다.

대결하는 동안 적과의 거리가 가까워지면 과감하게 적의 품속으로 재빨리 "파고들어가" 버린다. 적은 본인이 다치(큰칼)를 겨누고 있는 품속으로 상대방이 들어와 버리면 다치를 자유롭게 쓸 수 없게 된다. 상대방의 품속으로 들어갈 때, 팔을 뻗으려고 하면 자기도 모르게 몸이 뒤로 빠지게 되어버리므로 다치를 든 손을 조금이라도 앞으로 뻗지 말고 적이 치기 전에 전신을 재빨리 적의 품속으로 옮겨버린다("짧은 팔 원숭이의 몸"). 상대방의 품속으로 이미 들어갔을 때 적의 몸과 틈이 생기면 위험하기 때문에 자신의 몸을 적의 몸에 밀착시켜 다리, 허리, 얼굴까지도 빈틈없이 붙을 수 있도록 한다("칠교의 몸"). 그리고 일단 적의 품으로 들어갔다면 얼굴을 적의 얼굴과 나란히 하고 키는 "서로 비교해서 이길 것이라 생각하는 만큼 크게 하여 강하게 들어가는 것이 중요하다"("키 재기")라고 말하고 있다.

또한 쌍방이 서로 공격을 시도해 서로 얽혀 있을 때 그대로 자신의 다치(큰칼)를 적의 다치에 붙이고 끝까지 버틴다는 심정으로 적의 품속으로 들어가는 방식에 대해서도 쓰고 있다. 더 나아가 적에게 몸을 부딪칠 때는 조금 얼굴 옆으로 노려보는 듯이 하여 왼쪽 어깨를 앞으로 내밀어 적의 가슴에 부딪친다("몸으로 부딪치기"). 딱 맞는 박자로 튕기는 느낌으로 온몸으로 부딪쳐야 한다. 적을 2~3간(間)(약 5미터)이나 날려 보낼 정도로 강한 위력을 갖고 있기 때문에 적이 죽는 경우도 있을 정도다. 무사시의 공세는 다치로 베는 것만이 아니라, 적에게 틈이 있다면 그 품속으로 들어가거나 몸으로 직접 부딪치는 경우도 있다. 그야말로 없는 게 없다고 할 정도다.

적이 내리친 다치(큰칼)를 막을 때도 적의 눈이나 목을 다치의 끝으로 찌르는 것처럼 막거나 얼굴을 주먹으로 지르는 듯이 공격하거나 방어자세가 그대로 공격자세로 바뀔 수 있도록 한다("세 가지 방어법").

칼끝은 항상 적의 얼굴을 찌를 수 있도록 하여 적이 얼굴과 몸을 뒤로 젖히게 만든다("얼굴 찌르기"). 싸우는 장소가 협소하여 베기 어려울 때나 지쳤을 때, 혹은 칼로 벨 수 없게 되었을 때는 다치(큰칼) 끝을 똑바로 끌어당겼다가 적의 가슴을 찌른다("가슴 찌르기").

아울러 수세에 몰린 적이 반격을 시도할 때는 적을 찌르는 것처럼 아래에서 위로 다치(큰칼)를 들어 올린 후 다치 방향을 바로 돌려 일격에 내리친다("가쓰도쓰[喝咄]"). 적이 치고 들어온 다치를 맞받아쳐서 상대방이 다음 동작을 펼치기 전 이쪽에서 먼저 친다("맞받아치기"). 적의 기술에 응수하면서 그대로 적을 베는 다치로 전환하는 공격법이다.

다적의 위——"물고기 떼를 몰듯이"

혼자서 수많은 적과 싸울 때의 지침 역시 "다적의 위(다수의 적 제압하기-역주)"라는 내용으로 수록되어 있다. "두 칼 모두 뽑아 좌우로 넓게 하고 다치(큰칼)를 옆으로 하여 공격 자세를 취한다. 적이 사방에서 덤벼온다 해도 한쪽으로 몰아가며 대적한다." 관觀의 눈으로 주위를 넓게 바라보면서 어떤 적이 덤벼올지, 전후를 잘 판단해가며 먼저 오는 적을 향해 민첩하게 대응한다. 좌우의 칼을 동시에 휘둘러 앞으로 나아가는 다치(큰칼)로 앞에 있는 적을 베고 뒤로 되돌아가는 다치로 측면에 있는 적을 벤다. 그리고 재빨리 양 옆구리로 되돌아와 공격 자세를 취하며, 적이 나와 있는 곳을 세게 찌르고 들어가 대열을 무너뜨린다. 주도권은 어디까지나 이쪽이 쥐고 있어야 한다. "마치 물고기 떼를 몰듯이 상대방을 몰아 적이 모여 있다고 생각되면 그대로 재빨리 세게 치고 들어가야 한다." 여기에는 적혀 있지 않지만 예를 들어 양측이 논과 논 사이인 좁은 길로 들어와 쫓아온 적이 "물고기 떼"가 되는 형국이 되면 적이 다수일지라도 일대일의 대결이 된다.

이처럼 싸우는 상황이나 장해물 등을 이용하면서 적이 계속 뭉쳐지게 한다. 적이 다수 모여 있는 곳을 정면에서 무턱대고 쫓아다녀도 안 된다. 다수의 적의 미묘한 박자를 기민하게 포착하여 그 집단의 대열이 무너지도록 유도하면 된다고 말한다.

무사시는 수련을 할 때마다 많은 사람들을 모아놓고 이처럼 궁지에 몰아넣는 수련을 하여, 요령을 터득하면 한 사람의 적이든 열 명, 스무 명의 적이든 거뜬히 이길 수 있다며 잘 단련하여 음미하라고 말하고 있다.

다른 유파에서도 '여러 명과 대적하기'라는 것이 있지만, 기껏해야 3, 4명 정도까지에 불과하다. 그러나 무사시는 좀 더 다수의 적들과 겨루는 상황을 상정하고 그런 대결 방식을 항상 수련해야 한다고 말하고 있다. 도장에서의 수련만이 아니라 실전으로 그대로 이어지는 검술이어야 한다고 생각했기 때문일 것이다.

다수와의 대결에 대한 지침은 전투에서는 반드시 필요하다. 무사시는 다수를 상대로 이기는 이치가 있기 때문에 검술 이론이 전투에서의 "대규모 전투의 병법"으로 그대로 통용되는 것이라고 다음 권에서 언급하고 있다.

구전되는 항목들

물의 장의 마지막 항목은 "유리한 공격", "하나의 공격", "직통直通의 위(때를 아는 마음-역주)" 등 세 가지가 있는데 모두 그 구체적 내용에 대해 적혀 있지 않고 "구전(말로써 전한다)"이라고 되어 있거나 "열심히 수련하지 않으면 익히기 어렵다"라고만 나와 있다. 특히 마지막 부분인 "직통의 위"는 『병도경兵道鏡』에서 마지막으로 "병법의 혼"으로 강조된 부분이다. 『병도경』에서는 "설령 대지大地는 빗나간다 해도 다치太刀(큰칼)는 절대 빗나가지 않도록"이라고 표현하며 이 일격에 집중해야 한다고 적고 있었다. 『오륜서』에서는 "직통의 마음, 니토이치류二刀一流의 진정한 도道를 깨달아 전하

는 바이다"라고만 말하며 "구전(말로써 전한다)"이라고 적고 있
다.

'물의 장'은 각 항목마다 한 글자도 가볍게 여기지 말고 꼼
꼼히 읽어 스스로 시도해보며 궁구해야 한다는 내용에서
시작한다. 다양한 내용을 써 내려왔지만 검술의 실제에 대
해서는 여전히 직접 배우지 않으면 온전히 전달되지 않는
것도 있다.

넷째, "천일, 만일의 단련"

'물의 장'의 마지막 부분은 전체적 내용을 마무리하는 동
시에 수련에 임하는 마음가짐에 대해 적고 있다.

"병법에 있어서 다치(큰칼)를 손에 들고 상대를 이기는 법
을 터득하려면 우선 '다섯 가지 기본자세'와 '다섯 가지 겨눔
세(오방의 구)'를 이해하고 '검의 도'를 터득해 온몸이 자유를
얻어 부드럽게('총체자유[惣躰自由]'), 마음이 가는대로 '도'의 박
자를 가늠해 자연스럽게 다치와 손마저도, 몸도 발도 마음
도 그 생각대로 거리낌 없이 움직임에 따라, 한 사람을 이기
고, 두 사람을 이기고, 병법의 옳고 그름을 알게 된다."

병법에서 다치(큰칼)를 손에 들고 다른 사람을 이기기 위
해서는 우선 '다섯 가지 기본자세'의 '형'에 따라 "다섯 가

지 겨눔세"를 통해 습득한 검술을 수련함으로써 "검의 도"
를 몸으로 익히게 되고, 마침내 "온몸이 자유를 얻어 부드
럽게", 즉 몸 전체가 자유롭고 뜻대로 된다. 그렇게 되면 그
때마다 가장 자연스러운 움직임을 포착할 수 있는 "마음이
가는대로"의 상태가 비로소 가능해지고 '검의 도', 움직임의
박자를 알 수 있게 된다. 그것이 가능해지면 더 이상 이런
저런 생각을 하지 않고도 자연스럽게 다치도 손도 능수능
란해지며, 몸통과 발을 포함해 몸 전체를 제어하던 모든 것
들이 생각에 따라 온전히 풀어지기 때문에 어떻게든 마음
먹은 대로 움직일 수 있게 된다. 이렇게 되면 한 사람을 이
기고, 두 사람을 이기고, 병법이란 것이 과연 무엇인지를 알
수 있게 되는 것이다.

　"천리 길도 한 걸음씩밖에는 나아갈 수 없다." 모든 일이
느닷없이 가능할 리 없다. 한걸음씩 걸어가야만 한다. "오
늘은 어제의 자신에게 이기고 내일은 한 수 아래인 자에게
이기고 훗날에는 한 수 위인 자에게 이기겠다고 생각하고",
조금씩이라도 향상될 수 있도록 매일매일 스스로를 이겨내
가야한다. "천 일의 수련을 단鍛이라 하고, 만 일의 수련을
련鍊이라고 한다. 잘 음미해야 할 것이다"라며 마무리하고
있다. 그야말로 이런 단련의 축적이야말로 "이기기" 위한
유일한 도道인 것이다.

* 호소카와(細川) 가문에 소장된 필사본에서는 위의 '총체 자유(惣躰自由)' 부분의 '자유(自由)'에 대해 그 오른쪽 옆에 작은 글씨로 "부드럽게(ヤハラカ)"라고 적혀 있다. 다른 필사본은 "자유"나 "부드럽게" 중 하나가 적혀 있다. 호소카와 가문의 소장본이 서식으로는 오래된 형태를 전하는 필사본인데, '자유'라는 단어를 "부드럽게"라고는 읽을 수 없다는 점을 고려해보면, 무사시 본인의 원본에 직접 이 양쪽 모두를 나란히 썼던 것으로 추측해볼 수 있다. 초고였기 때문에 무사시는 이 상태를 "자유"라고 쓴 뒤, 그 옆에 "부드럽게"라고도 써두었던 게 아닐까. "자유" 쪽이 몸의 '안'에서 본 표현이며, "부드럽게"는 '바깥'에서 본 느낌이 든다. 수련 결과가 초래한 상태로는 어느 쪽의 형용이든 맞는 말이기 때문에 양쪽 모두를 차마 버릴 수 없어 하나만 고르지 못하고 있다가, 임종이 다가오자 결국 초고를 그대로 제자에게 양도하게 되었기 때문에 양쪽 모두를 병기한 형태로 남겨져 있었다. 정식 문서에는 없는 형태이기 때문에 호소카와 가문 소장본은 "부드럽게"를 가타카나로 바꿔, 한자 위에 음을 다는 형식으로 취급해 양쪽 모두를 남겼지만, 그 이후의 다른 필사본은 어느 쪽이든 한쪽을 선택해 형식을 맞춘 것으로 추측된다.

3. 불의 장——병법의 지덕(智德)으로 만인을 이기는 방법을 끝까지 찾는다

'불의 장'의 구성

'불의 장'은 검술의 "일대일 병법"을 통해 천 명, 만 명 단위의 "대규모 전투의 병법"에도 적용 가능한 전투 방식의 이론을 쓴다. 27개조로 구성되는데 작성 방식의 차이를 통해 거의 세 부분으로 나뉜다.

가장 먼저 나오는 4개조는 검술에만 집중해 작성된 것으로 무사시의 전투 방식에 대한 근본적인 파악방식을 나타낸다.

제5조 이하 제20조까지는 각 항목에서 대규모 전투의 병법과 일대일 병법의 내용을 병행시키며 논하고 있다. '불의 장'의 중심이라고 부를 수 있는 부분이기도 하다.『병법35개조』에 나왔던 실제 전투 방식의 이론을 쓴 5개조를 기본으로 하고 있다. 하지만 심리전이나 전투의 교착상태 타개방식 등은『오륜서』집필 단계에서 추가로 작성된 것이다. 마지막 7개조는 대규모 전투의 병법·일대일 병법을 딱히 나누지 않고 전투의 마음가짐에 대해 쓰고 있다.

무사시에게 있어서의 전투·승부

전투 방식의 "이론"을 설명함에 있어서 무사시는 우선 실제 전투란 어떤 것인지에 대해 적고 있다. 사사로운 기술을 겨룰 뿐 실전이 어떤 것인지 잊어버린 당시의 검술 유파의 세태를 우선 비판한다.

세간에서는 "죽도 따위로 약간의 이기는 원리를 배워" 수련하고 있지만, 자신은 숱한 승부에서 목숨을 걸고 대결했고 적을 쓰러뜨리기 위해 단련해왔기 때문에 사소한 것에는 생각이 미치지 않는다고 한다. 우선 실제 전투를 벌일 때에는 갑옷과 투구로 몸을 감싸고 싸우기 때문에 세세한 이론 따위에 대해서는 생각하지 않는다. 목숨을 걸고 싸우는 실전에서는 혼자서 다섯 명, 열 명과도 싸워 이길 수 있는 도를 아는 것이 본인이 말하는 병법이다. 혼자서 열 명을 이긴다면 천 명으로 만 명을 이길 수 있는 도리道理와 무슨 차이가 있겠는가. 하지만 평소 수련할 때는 천 명, 만 명을 모을 수 없기 때문에 일단은 홀로 칼을 들고 그런 적들의 지략을 가늠해 적의 강점, 약점, 작전을 판단해야 한다. 그리하여 만 명을 이길 수 있는 방법에 대해 끝까지 궁구하면 병법의 달인이 되는 것이다. 물론 실제로는 그처럼 단순하지 않겠지만 무사시는 수많은 실전 승부를 거쳤고 대규모 전투도 여러 차례 경험한 바 있기 때문에 검술 승부에 대한 이론에서 대규모 전투와 통하는 이론을 발견해내려고 했다.

"내가 말하는 병법의 올곧은 도는 세상의 그 누가 참뜻을 깨우칠 수 있겠는가. 언젠가 그 궁극의 경지에 도달하고자 마음 깊이 다짐하고 밤낮으로 단련하고 연마에 연마를 거듭한 끝에 홀로 자유를 얻고 자연스럽게 뛰어난 역량을 발휘해 신기하게도 불가사의한 힘을 얻는 것, 이것이야말로 무사로서 병법을 수련하는 요령이다."

자신이 말하는 "병법의 올곧은 도"는 이 세상 그 어떤 사람도 파악할 수 없으며, 그 누구도 궁극의 경지에 도달하지 못할 것이라는 마음가짐으로, 아침저녁으로 연마를 거듭한 끝에 얻을 수 있는 성질의 것이다. 연마 끝에 홀로 자유를 얻고 너무나 자연스럽게 신기할 정도로 뛰어난 실력에 도달하게 된다. 모든 것에 통하는 힘이며, 그 힘은 미처 생각지도 못할 정도가 된다. 이것이야말로 병법을 행하는 정수인 것이다. 무사시는 그렇게 말하고 있다.

전투 공간을 파악한다

'불의 장'의 첫 번째 항목에서 거론하고 있는 것은 전투하는 곳의 특징을 잘 파악해야 한다는 내용이다.

도장에서 진행되는 검술이 아니라 실전에서 승부를 벌일 경우 야외나 인파 속, 실내 등 다양한 장소에서 싸움을 벌여야 한다. 당연히 공격 상황에 따라 그 조건은 각양각색이다. 싸우기 전에 주위 상태를 살펴볼 필요가 있다. 빛의 방향, 움직일 수 있는 공간, 높낮이, 발 디딜 곳, 장애물 등 모든 조건을 자신에게는 유리하게, 적에게는 불리하게 만들도록 연구한다. 공간 하나라도 철저하게 분석해 싸우기 전에 우선 "전투 공간의 승리"를 획득하라고 말하고 있다.

  야외에서라면 우선 태양을 등지거나, 되도록 오른쪽 옆에 둘 수 있도록 유념해야 한다. 그렇게 하면 적은 햇빛에 눈이 부셔 이쪽을 바라보기 어려워지는데, 반대로 이쪽에서는 빛을 한 몸에 받고 있는 적을 살펴보기 쉬워진다. 빛을 오른쪽 옆으로 한다는 것은 오른쪽 손에 든 다치(큰칼)로 공격하기 때문에 그 검이 적에게는 잘 안 보이게 되기 때문일 것이다. 밤에도 마찬가지로 불빛을 등지는 곳이나 오른쪽 옆으로 한다.

  싸울 때는 자신의 뒤로 충분한 공간을 확보할 수 있어야 한다. 왼쪽 공간을 넓게 하고 오른쪽 공간을 좁혀서 공격 태세를 갖추는 것이 바람직하다. 적의 공격을 피하기 위해서는 뒤로 물러서지 않으면 위험하기 때문이다. 왼쪽 공간을 넓게 하고 오른쪽 공간을 좁혀 겨눔세를 취하는 이유는 칼을 두 자루(니토[二刀]) 쓸 경우, 왼쪽 손에 든 작은 칼로 적의 다치(큰칼)를 처리하고 오른쪽 손에 든 자신의 다치로 상대방을 찌르기 때문에 적에게 오른쪽을 공격당하지 않으려는 의도에서다.

공격해 들어갈 때는 높은 곳을 차지하는 편이 유리하다. 적을 내려다볼 수 있도록 조금이라도 높은 곳에서 겨누도록 한다. 나아가 적을 추격할 때는 자신의 왼쪽 방향으로 몰도록 한다. 어떤 경우건 적이 움직이기 어려운 "난관(험한 곳)", 즉 발을 딛기 어려운 곳이나 장해물이 있어서 움직이기 힘든 곳으로 몰아가는 것이 중요하다고 한다. 왼쪽으로 몰아세우는 편이 좋은 이유는 적의 공세를 왼쪽 손에 든 작은 칼로 제지하고 오른쪽 손에 든 다치(큰칼)로 공격하기 쉽기 때문일 것이다. 적을 최대한 험한 곳으로 몰아간다. 심지어 "적에게 공간의 불리함을 눈치채지 않도록 적이 사방을 살피지 못하도록 하면서", 즉 적으로 하여금 본인이 처해진 상황을 파악할 여유를 전혀 주지 않고 움직이기 힘든 곳으로 계속 몰아가야 한다. 방 안이라면 문지방, 상인방(출입문 상부의 인방. 개구부 상부의 좁고 긴 홈에 붙이는 가로대-역주), 미닫이문, 가장자리, 기둥 같은 것이 있는 곳으로 몰아간다.

"어느 경우든 내 위치를 유리하게 만들어 최대한 전투 공간 상 우위에 설 수 있도록 잘 음미하고 단련해야 한다"라고 마무리짓고 있다.

적과의 관계——"세 가지 선(先)"

두 번째 항목에 나오는 "세 가지 선先"은 적과 싸울 때 자신이 먼저 공격할지, 적이 먼저 공격해 올지, 적과 동시에 서로 공격할지 등 세 가지 경우가 있는데, 항상 자신이 "선", 즉 주도권을 쥐어야 한다는 이야기다.

우선 자신이 적을 먼저 덮치는 "들어가는懸 선"은 "이쪽에서 먼저 덤벼들려고 할 때 조용히 있다가 느닷없이 재빨리 공격하는" 방법이다. "위로는 빠르고 거세게 덤벼들되, 아래는 깊숙한 곳에 남겨두는 마음의 선"이다. 혹은 "마음을 강하게 하면서 발은 평소의 발보다 조금 빠르게", 적의 측면으로 재빨리 접근하자마자 순식간에 공격을 퍼붓는, 혹은 시종일관 오로지 적을 쓰러뜨리겠다는 마음으로 이기는 것을 말한다.

반대로 적이 이쪽으로 공격해 올 경우에는 "기다리는待 선"을 취한다. "약한 척하고 있다가 적이 다가오면 재빨리 뒤로 물러나 상대방에게 덤벼들 것처럼 보였다가 적이 당황해하는 모습을 보일 때 단숨에 공격해 승리한다." 혹은 적이 덤벼올 때 자신은 여전히 한층 더 강하게 나아가 적의 박자가 흐트러질 때를 공격해 단번에 승리한다.

아울러 쌍방이 서로 공격하는 경우가 "맞서는 선"이다. 적이 재빨리 덤벼올 때 자신은 조용하지만 강하게 공격하고, 반대로 적이 조용히 공격해 오면 자신은 경쾌하고 조금 빠르게 공격한다. 어느 쪽이든 적을 혼란시켜 그 박자를 무너뜨린 후 적이 가까이 왔을 때 과감하고 강하게 밀어붙여 이기는 방식이다.

이상이 "세 가지 선"이다. 신카게류에서도 나와 적과의 상호 공격을 "현懸"과 "대待"로 표현한다. 공격이 "현"이어도 마음은 "대"로 하고, "대"여도 마음은 "현"으로 해야 한다는 것이다. 무사시는 그것을 "선"을 서로 주고받는 것으로 설명하면서 쌍방이 동시에 "선"을 잡는 경우도 포함시켜 두, 세 가지의 예를 들면서 설명하고 있다.

항상 적의 생각의 허를 찔러 이겨야 한다. 적과의 관계를 냉정하게 파악해 각각의 상황에 따라 "병법의 지력智力"을 발휘하고 항상 자신이 "선"을 취해 이길 수 있도록 잘 단련하라고 당부하고 있다.

"선선의 선"——'형' 수련의 의미

"선先"을 취하는 단련은 '형' 수련 중에 행해진다. 무사시의 '형'인 "다섯 가지 기본자세"는 『오륜서』에서는 '물의 장'의 검법 부분에 적혀 있기 때문에 "검의 도"를 알기 위한 수련임이 강조되고 있었다. 하지만 '형'의 의미가 '공격'과 '반격'이 서로 기술을 주고받는 것인 이상, 양자가 서로 "선"을 주고받는 것이 중요하다. 앞서 살펴본 것처럼 『병법39개조』의 「다섯 가지 겨눔세의 이치」의 첫 번째 자세는 "다섯 가지 기본자세"의 첫 번째 자세와 동일한 '형'임에도 마치 서로 다른 것처럼 설명되고 있다. 게다가 여기서는 적과 어떻게 대결할지 상세하게 적혀 있기 때문에 『오륜서』의 "다섯 가지 기본자세"의 첫 번째 자세와 대비시키며 검토해두고 싶다.

우선 적을 대할 때부터 적의 마음을 엿보는 동시에 공격당하지 않도록 여러모로 신경을 쓰고 있다. 『오륜서』가 "다치(큰칼)의 칼끝을 적('공격')의 얼굴에 향하고 적과 교전할 때"라고 쓴 부분을 『병법39개조』에서는, 이쪽('반격')이 "자기의 마음을 가볍게 하고 마음의 마음을 남겨 적이 치기 시작하려는 마음을 받아"라고 쓰고 있다. 적의 움직임에 언제든지 대응할 수 있도록 신경을 쓰고 적이 기술을 꺼내기 전, 기술을 꺼내려는 그 마음에 대응해야 한다.

『오륜서』가 "적이 이쪽으로 다치(큰칼)를 휘두르며 공격해올 때, 오른쪽으로 다치를 빗나가게 한 후 적의 다치 위로 올라타며, 다시 적이 공격해올 때 칼끝을 회전시켜 친다"라고 설명하고 있는 대목을 『병법39개조』는 "상대방의 얼굴을 향해 찌르고 적의 이점을 빼앗아 적이 어쩔 수 없이 공격해오는 곳을 칼끝을 회전시키며 위로 올려 위에서부터 손을 친다"라고 적혀 있다. 『오륜서』에서는 "또한 적이 공격해올 때"라며, 기술의 순서처럼 쓰고 있지만 이처럼 적이 치고 들어오는 것은 이쪽이 "선"을 취해 "찔러 들어가" 적의 "이점을 빼앗아" "어쩔 수 없이 공격하도록" 유도하고 있기 때문이다. 그리하여 적이 두 번째로 공격해오면 이쪽이 칼끝을 회전시켜서 이기는 것이다. 적이 치려고 하는 "선"의, 그 "선"을 이쪽이 취해, 적이 공격하지 않을 수 없게 한다는 의미에서는 "선선의 선"이라고 표현해도 좋을 것이다. 『병법39개조』는 첫 번째 공격자세의 설명을 총정리하며 "전반적으로 적이 칠거라고 생각하는 마음의 머리에 내 마음을 붙여 '선선의 선'이 되는 것이다"라고 말하고 있다. '공격'과 '반격'으로 행하는 '형' 수련 중에는 이처럼 "선"을 취하고, 나아가 "선선의 선"을 취하는 단련이 중요하다.

"베개 누르기"

적이 공격하려고 생각한, 그 "마음의 머리"에 마음을 대고 "선선의 선"이 되는 것은 '불의 장'의 제3조에 나온 "베개 누르기"다. 이 경우의 "베개"란 와카和歌(일본 전통의 정형시-역주)에 나오는 마쿠라코토바枕詞(특정 어구 앞에 붙는 5음의 수식어로 그 의미를 강조하거나 어조를 고르는 기법-역주)나, 본 이야기를 하기 앞서 미리 깔아두는 이야기를 할 때처럼, 기술을 본격적으로 드러내려는 그 이전이라는 의미다(영역본은 "베개"를 침구의 베개[pillow]로 오역하고 있다).

"베개 누르기란 것은 내가 병법의 도를 터득하여 적과 맞설 때, 적의 의도를 간파하여 적이 하려고 했으나 미처 하지 못한 것을 알아차리고, 적이 공격하려는 첫머리를 눌러 아무것도 하지 못하게 하는 마음"이다. "병법의 달인"이 되면 적이 공격하려고 생각한 순간, 그 기술을 간파하고 즉시 그에 대응할 수 있는 태세를 취하기 때문에 적은 공격하려고 생각한 그 "첫" 단계에서 순식간에 제어당해 더 이상 손을 쓸 수 없게 된다. 적도 무리하게 공격을 감행했을 때 반대로 공격을 당할 수 있다는 위험성을 눈치 챌 것이기 때문이다.

치는 것만이 아니다. "이를 테면 적이 막 달려들려고 할 찰나에 그 앞머리를 누르고, 뛰려고 할 찰나에 그 앞머리를 누르며 베려고 할 찰나에 그 앞머리를 누른다. 모두 같은 마음이다." 모두 적이 "선"을 취해 기술을 발휘하려고 생각한 순간, 그보다 먼저 그 "선"을 취하기 때문에 "선선의 선"인 것이다.

적이 기술을 걸어와도 대단치 않은 기술이라면 적이 하는 대로 내버려 두어도 무방하다. 적이 하고자 하는 것을 "억제하려고" 생각한다면 그때는 이미 늦다. 적이 어떻게 나올지를 살피는 것이 아니라 적이 기술을 펼치려고 하는 그 "선"을 잡아 주도권을 쥔다. 적이 뭔가의 기술을 펼치려고 할 때 "검의 도에 나를 맡기고" 적에게 공격할 틈을 애당초 주지 않는다. 적은 기술을 펼치려고 해도, 그런 생각을 하자마자 바로 간파당하기 때문에 미처 기술을 펼쳐보지도 못한 채 끝난다. 이렇게 적에게 전혀 공격할 틈을 주지 않고 완전히 기선을 제압한 상태에서 이기는 것도 가능하다.

무사시는 50대 이후의 대결에서 모두 적으로 하여금 그 기술을 펼치지도 못하게 한 채 유유히 상대를 궁지에 몰아넣어 이겼다는 이야기가 많다. 그야말로 이런 "베개 누르기" 기술에 의한 것이었다.

"선"을 취하기 위해서는 거리 가늠에서도 주도권을 취할 필요가 있다. 다음의 제4조 "도渡를 건너다"는 『병법35개조』 제14조도 참조하면서 생각해보면, 적과 내가 공격을 할 수 있는 아슬아슬한 거리를 넘는 것을 말하는 것으로 추정된다. 이 짧은 간격을 제어하면 "적에게서 약점을 찾아내고 이쪽이 우위에 서게 되어 대개는 승리를 거둘 수 있다"라고 한다. "적의 위位를 받고 자신의 장점을 파악하여", 즉 적의 기량과 자신의 능력을 냉정하게 판단하고 적에게서 약점을 발견해 내가 "선"이 되어 공격할 간격을 제어해 이기는 것이다.

무사시가 말하는 "도渡를 건너다"는 신카게류의 "물에 비친 달을 훔치다(수월[水月]을 훔치다)"에 해당될 것이다. "물에 비친 달(수월)"이란 "적과 나 사이에 어느 정도의 거리가 있으면 적의 칼이 내 몸에 닿지 않는다"는 것으로, 즉 적의 칼이 닿지 않은 상태에서 자신 쪽에서 치고 들어갈 수 있는 궁극적 간격을 표현한 것이다. "이 거리 안으로 발을 들여놓고 몰래 들어가 적에게 접근하는" 것을 달이 물에 그림자를 비친다는 것에 비유해 "물에 비친 달을 훔치다(수월을 훔치다)라고 말한다(야규 무네노리[柳生宗矩] 『병법가전서[兵法家伝書]』).

일본 검술의 전투 방식——대결하기 이전에 이긴다

이상의 4개조로 전투 방식의 근본이 되는 지침을 보여주고 있다. 그러나 대결에 임하기 전 어떤 공세를 해야 하는지를 강조하는 것은 무사시만의 독창적인 사고는 아니다. 오히려 일본 검술에 광범위하게 보이는 특징적 현상이기 때문이다. "선을 취하다"나 "거리 가늠" 등의 단어는 일본의 검술 유파에서 자주 사용된다. 중국이나 조선의 무술에서는 홀로 연속된 기술의 "투로套路"(세[勢])를 연습함으로써 빠른 기술을 몸에 익히려고 한다. 이에 반해 일본 검술의 경우, 2인 1조가 된 '형'을 수련하면서 두 사람의 관계 속에서 거리를 가늠하고 "선"을 취하는 수련을 하고 있는 것이다.

특히 신카게류에서는 적의 공격을 피하면서 자신이 그 공격을 넘어 공격해 들어가 이기는 것("친다면 맞아라, 맞으면서 이기는 마음가짐")을 중시하기 때문에 "적에게 선을 취하게 하여 공격을 받은 후 적을 치는 것이다"라고 한다. 적의 "선"보다 더더욱 "선"을 취하기 때문에 "선선의 마음가짐"이 중요하다고 야규 무네노리도 말하고 있다. 야규 무네노리는 "적의 상태를 파악하는 것이 일도一刀라면 상대 검의 움직임에 따라 공격하는 것을 이도二刀(니토)라고 한다"라고 말하며 치기 전에 "선을 취하는" 것이 우선 먼저임을 강조하고 있다.

이렇게 "선"을 중시하는 것은 근세의 검술만이 아니다. 현대의 검도에서도 고단자가 되면 될수록 "선"을 잡는 것과 "거리 가늠"을 중시한다. 치기 전에 "선"을 잡아 "거리 가늠"으로 상황을 제어하여 승리한다. 치기 이전에 이미 상대방을 제압하는 것은 오랜 기간의 수련에 의해 배양된 것이지 육체의 근력이나 민첩성에 의한 것이 아니다. 때문에 고령의 고단자라 할지라도 움직임이 좋은 장년기의 사람들을 자유롭게 요리할 수 있는 것이다. 무사시는 이런 일본 검술·검도의 근본에 있는 겨룸 방식을 기술에 의거해 분석하며 알기 쉽게 해명하고 있다.

적을 알다

'불의 장' 제5조 이하 제20조까지는 각각의 항목에서 실제로 적과 어떻게 싸울지, "대규모 전투의 병법"에 대해 우선 논하고 이어 "일대일 병법"을 병행하면서 논하고 있다. 병법이라는 입장에서 보면 대규모 전투의 병법에서 도움을 줄 수 있어야 유용한 검술이라는 말이 되므로 이런 순서로 했을 것이다. 그러나 무사시의 발상은 명백히 개인의 검술을 전투에서의 대결 방식에 끌어다 설명한 것이다. 때문에 여기서는 우선 "일대일 병법"에 대해 순서도 조금 정리하면서 살펴보도록 하겠다.

우선 첫 번째로 해야 할 것은 "기세 파악하기", 즉 적의 상태를 파악해야 한다.

"적의 유파를 헤아리고 상대의 인품을 파악해 그 사람의 강점과 장점을 구별해내며", 적이 미처 생각하지 못한 방식의 공격을 시도해야 한다. 적의 상태를 정확히 파악해 적의 공격 타이밍을 간파한 뒤 "선"을 잡고 적의 약점을 공격해야 한다. 적의 마음을 읽고 적의 의표를 찌르는 공격을 한다. 적이 싸울 기력이 충분할 때는 공격을 당하지 않도록 흘려 적의 기력을 위축시키고 어느 순간 상대방이 느슨해져 방심했을 때 공격을 시도한다. 전투는 항상 자신이 "선"을 잡는 것이 중요하다.

적을 냉정하기 보기 위해서는 "내가 적의 입장이 되어 바꿔 생각해야 한다"라며 자신을 적의 입장으로 바꿔보는 지침("적의 입장이 된다")에 대해서도 언급하고 있다. 예를 들어 도둑질을 하고자 집 안에 들어왔다가 나가지 않고 있는 사람을 자기도 모르게 강하다고 지레짐작해버리기 쉽지만, 상대의 입장이 되어 보면 주위가 온통 적들이기에 그곳에 도망쳐 들어올 수밖에 없었다는 것을 알 수 있다. 이렇게 적의 입장이 되어 냉정하게 살펴보면 두려울 것이 없다.

반대로 "병법을 잘 헤아리고 그에 해박한 달인을 만나게 되면 필시 질 것이라고 생각해야 한다". 예를 들어 막상 싸워보면 어떻게든 될 것이라고 생각하지 않고, 분명히 질 상대라고 냉정하게 판단한 뒤 겨룸을 피해야 한다. 정신으로 극복할 수 있다고 막연히 기대하지 말고 항상 적을 정확하게 파악하며, 동시에 자신의 역량도 냉정하게 판단해야 한다. 무사시의 사고방식을 잘 드러내는 일절이다.

어떻게 적을 "무너뜨릴까"

다음으로 적의 움직임을 제압하는 동시에 상대방을 무너뜨려가는 다양한 수단이 적혀 있다.

예를 들어 서로 겨루게 되었을 때 적이 자신의 뒤로 다치(큰칼)를 돌려 겨누고 있거나 적의 칼끝이 어디를 겨누고 있는지 짐작할 수 없는 경우가 있다. 그런 경우는 페인트 모션으로 짐짓 이쪽에서 선제공격을 가하는 척해 상대방이 어떤 전법으로 대응하는지를 살펴 그 의중을 짐작하는 기술이다("그림자 움직이기"). 반대로 적의 의도를 알게 되었을 때 그 기술을 펼칠 수 없도록 강하게 억제하면 적은 기세에 눌려 마음을 바꾸게 된다("그림자 누르기").

적이 먼저 공격해 와도 "검을 짓밟는" 심정으로 적의 두 번째 공격을 하지 못하게 차단시킨다("검 짓밟기"). "적이 다치(큰칼)로 공격해올 때는 발로 밟아버리는 느낌으로 맞받아쳐서 두 번 다시 적이 공격할 수 없게 해야 한다". 『병법35개조』에서는 보다 구체적으로 "적이 치고 들어오는 다치의 기세가 떨어지는 것을 간파해 자신의 왼발로 밟아버리는 마음"(제17조)이라고 말하고 있다. 적의 칼을, 칼이든 몸이든 마음이든, 짓밟아버리겠다는 심정으로 "선"을 잡아 반드시 이겨낸다. 이런 마음이 없으면 "계속 끊어지며" 바람직한 상태를 유지할 수 없게 된다.

적을 무너뜨리기 위해서는 적의 심리를 혼란스럽게 하는 다양한 연구가 필요하다. 제12조 이하는 『오륜서』 단계에서 추가로 작성된 것이다. 싸우다가 일부러 짐짓 느긋한 척을 해서 적도 덩달아 기세를 늦추게 되면 즉시 강하고 신속하게 공격을 가한다("옮겨놓기"). 위험한 일, 무리한 일, 적이 미처 생각지도 못했던 일을 시도해 적을 "동요시킨다". 칠 것처럼 보이고는 찌르고, 찌를 것처럼 보인 후 파고들어가 적을 "당황스럽게 한다". 적의 의표를 찌르고 몸으로든, 칼로든, 목소리로든 적을 "위협한다". 실제로 "적을 움직이게 하고자 칠 것처럼 보이고 머리로부터 소리를 지르며 곧바로 다치(큰칼)를 내리친다"("세 가지 소리") 등이다.

아울러 적과 서로 강하게 대치하고 있을 때 교착상태가 된 것처럼 보이면, "그대로 적과 하나로 뒤얽혀 싸우고 그렇게 얽혀 싸우는 동안 작전을 세워 이긴다", 즉 일부러 혼전 상태로 끌고 가 이길 수 있는 기회를 포착한다("얽히기"). 적과 백중지세의 상황에서는 그때까지의 전법을 버리고 기분을 전환해서 다른 전법으로 이긴다("엉킴 풀기"). 또한 적의 몸 중 어딘가에 상처를 입혀 무너뜨려간다("모퉁이 만지기"). 다수와 싸울 때는 한쪽 방향만 공격하지 말고 적의 상태를 봐가며 왼쪽 오른쪽으로 지그재그로('갈지[之]'자 모양으로) 덮친다는 심정으로 공격한다("뒤섞이기").

이렇게 대결하는 사이에 적은 우왕좌왕하며 박자가 흐트러지고 결국 무너지게 된다. 그 순간을 놓치면 안 된다. 방심하다 그런 찰나를 놓치면 적도 다시 대열을 정비하게 되어 역공을 당할 수 있다. 때문에 무너지기 시작한 순간, 적이 스스로를 추스를 여유조차 없을 정도로 단숨에 공격을 가한다. 『오륜서』를 집필할 즈음에야 비로소 "무너질 때를 알기"라며 언제 이길 수 있는지 명확히 제시되었던 것이다.

나아가 적의 박자가 흐트러져 자기도 모르게 몸이 뒤로 물러난 순간, 숨을 쉴 여유조차 주지 않고 순식간에 완전히 뭉개버린다. 어설프게 짓누르지 않고 적을 손안에 쥐고 완전히 짓눌러 뭉개버려야 한다("단숨에 무찌르기[기세꺾기]")고 말한다. 무사시의 철저한 전투 방식을 방불케 하는 항목이다.

"대규모 전투의 병법"으로 확대

'불의 장' 제5조 이하에 병행하여 논해지는 "대규모 전투의 병법"의 내용은 검술의 "일대일 병법"의 대결 방식을 확대한 것이 많다. 여태까지 살펴본 내용과 거의 같은 내용이기 때문에 "대규모 전투의 병법"의 파악 방식이 잘 드러나 있는 부분만 다루어보기로 하겠다.

우선 "기세 파악하기" 항목에서 "대부분의 병법에서 적의 사기가 높은지 아닌지를 알고, 상대방의 인원들(군세)의 상태를 알아 그 상황을 파악해", 아군의 공격 전략이나 이길 수 있는 이치를 통찰한 후 "선"의 위치를 알고 싸워야 한다고 쓰고 있다. 천 명, 만 명이라는 대규모 전투 상황이라면 전군의 사기는 전투 국면에 더더욱 큰 영향을 끼친다. 나아가 전장의 지형이나 진형에 따라 전투 방식이 완전히 바뀌어 버리기 때문에 그런 사항들을 잘 파악한 후 공격해야 한다. 첫 부분의 "위치 정하기" 항목에서는 일반적인 병법에 대해서는 언급하고 있지 않지만 대규모 전투에서야말로 "위치적 승리"를 얻는 것이 승리에 결정적 요소가 된다. 지형을 간파하고 적을 공략하는 데 유리한 포진을 하고 적진의 "기세 파악하기"를 시도하는 것은 검술의 "일대일 병법"의 경우 이상으로 중요하다.

"검 짓밟기"의 항목은 일대일 검술의 경우 말 그대로 적의 검을 밟아버리는 마음이라고 했었는데, 대규모 전투의 병법에서는 전쟁에서 적이 활이나 총을 쏠 때의 대처법으로 기술되어 있다. 즉 적이 활이나 총을 다 쏠 때까지 기다릴 것이 아니라 "적이 활이나 총포로 공격하고 있는 사이에 재빨리 쳐들어가야 한다. 빨리 쳐들어가면 적은 활과 총을 쏘기가 어려워진다." 이처럼 "적이 하는 공격을 미리 짓밟아 이기는 이치"를 말한다.

또한 대규모 전투의 병법의 경우, 포진에 따라 튀어나온 한쪽 모서리가 있는 경우가 있다. 적의 이런 곳을 공격해 무너뜨리면 모든 군대가 점차 허물어져 버리는 경우도 있을 수 있다("모퉁이 만지기"). 적을 여기저기에서 공격해 당황하게 만들어 이기는 것은 일대일 병법과 마찬가지지만 대규모 전투의 병법은 적군의 통솔을 무너뜨려 군대 전체를 교란시킨다. 공포심을 이끌어낼 수 있도록 물건을 두드려 위협하기도 하고 적은 숫자를 큰 숫자인 것처럼 꾸며 겁을 주거나 불시에 기습해 위협을 준다("위협하기"). 전투 초기에 "함성을 지르는 소리", 전투가 한창 진행될 때는 공격하면서 "뱃속에서 내는 (낮은) 소리", 승리를 거둔 후 크고 강하게 지르는 함성 등도 대규모 전투일 경우 보다 효과가 있으며 중요한 사항일 것이다.

　나아가 적과의 교착상태가 이어지면 작전을 바꾸는("엉킴 풀기") 것도, 적의 한쪽을 공격하고 적이 무너지면 다시 강한 쪽으로 밀고 들어가는("뒤섞이기") 것도 검술보다 대규모 전투 상황에서 중요한 지침일 것이다.

　적이 소수임을 간파하면 단숨에 공격한다. 설령 다수라도 적이 우왕좌왕 허둥대며 약한 모습을 보이면 단번에 제압해 기세를 꺾어버린다("단숨에 무찌르기[기세꺾기]"). 적을 완벽하게 제압하지 못하면 생각지도 못한 역공을 당할 수 있고 형세가 역전되는 경우가 있다.

앞서 언급한 것처럼 큰 군대를 다루는 대규모 전투의 병법에서 특히 필요한 군세의 진형이나 여러 전술 등은 논해지지 않고 있다. 이런 점에서 물론 충분하지 못한 병법론이지만, 무사시는 몇 번이나 대규모 전쟁에 참전한 경험이 있는 만큼 나름대로의 설득력을 가지고 검술 이론이 대규모 전투의 병법으로 이어지고 있음을 보여주고 있다.

전투에 임하는 자세

'불의 장'의 마지막 7개조는 대규모 전투나 일대일 대결 모두에 해당되는 마음가짐에 대해 쓰고 있다.

전투에서는 항상 자신이 대장이며 적은 자신의 명령에 따라 움직이는 병졸이라고 생각해 "적을 마음먹은 대로 움직일 수 있게" 하라("병졸을 안다"). 쥐의 머리와 같은 세심함과 소의 목과 같은 "큰 마음"을 가지도록 하라("쥐의 머리, 소의 목"). 같은 기술을 두 번 걸어 성공하지 못할 경우, 방법을 바꿔야 한다("세 번째는 바꾸라"). 전투가 교착상태에 빠지면 새로운 전법으로 과감하게 바꿔라("새로워지기"). 칼에 얽매이지 말고 칼자루를 내려놓은 채 싸우지 않고 이기는 방식도 있다("칼자루를 놓는다"). 이겨도 아직 적의 마음속에 굴복하지 않은 속내가 있는 경우도 있다. 적이 완벽하게 졌다고 진심으로 생각하고 있는지, 마지막 순간까지 끝까지 살펴야만 한다("뿌리 채 뽑기").

'불의 장'의 마지막 조항은 "바위와 같은 몸"이다. 병법의 도리道理를 터득하고 "바위처럼 단단해져 그 어떤 타격에도 흔들림 없는 경지다. 말로서 전하겠다"라고 되어 있다. "바위와 같은 몸"은 『병법35개조』에서는 "흔들림 없는 강하고 군센 마음이다. 스스로 자연스럽게 모든 이치를 터득해 더할 나위 없는 경지에 이르렀기 때문에 생명을 가진 자는 모두 피하게 된다. 무심한 초목들마저도 감히 범접하지 못할 것이다"라고 되어 있다. "바위와 같은 몸"은 그 어떤 것에도 절대로 흔들리지 않고 스스로 모든 이치를 자연스럽게 체득하여 언제까지라도 변함이 없다. 때문에 "생명을 가진 것들은 모두 피하는" 마음이 되어, 마음이 없는 초목마저도 그곳에 뿌리내릴 수 없도록 아무도 대결을 시도하려고 하지 않는 존재가 된다.

'불의 장'에서 전투 방식을 이 정도로 쓴 무사시에게 다른 유파의 오류가 한층 눈에 띄게 되었을 것임에 틀림없다. 다른 유파에 물어 봐도 "하나도 진정한 마음이 아닐 것이다", 그런 것을 흉내내면 그것이 "병법의 도에 병폐"가 되어 "병법으로 이르는 올곧은 도가 세상에서 쇠퇴하고 도가 피폐해지는 근원인 것이다"라고 말한다. 당시의 도장 검술의 융성에 대한 무사시의 위기감은 강렬한 것이었다. 그리고 '바람의 장'으로 이어져 간다.

4. 바람의 장——다른 것에 대해 알지 못하면, 스스로 분별하기 어렵다

검술의 "올곧은 도"를 찾아서

'바람의 장'에서는 다른 유파의 오류에 대해 비판한다. "다른 유파의 도를 알지 못하면 우리 일파의 도를 확실히 터득하기 어렵다"는 이유 때문이다.

무사시는 무사수행 시절, 적을 이기기 위해 상대방 유파의 검술을 필사적으로 연구했을 것이다. 장년기에 접어든 후 만년기까지는 다른 유파의 검술 수련을 거친 번주나 번의 무사를 지도하는 와중에 검술의 올곧은 도가 무엇인가에 대해 새삼 깊이 고민했을 것이다. 그런 과정을 거쳐 무사시의 검술 이론이 완성되어갔다고도 말할 수 있다.

'바람의 장'은 9개조다. 내용적으로 정리하면서 살펴보도록 하겠다. 또한 대규모 전투의 병법에 대해 언급하고 있는 부분도 있지만 추상적이고 짧기 때문에 여기서는 생략한다.

"치우친 마음"의 부정

무사시는 모든 실전의 장면에 통용될 수 있는 "도의 이치"를 추구했기 때문에 어떤 상황에서는 유리하지만 다른 상황에서는 불리해지는 "치우친 마음"을 우선 비판한다.

"유파들 중에는 긴 다치(큰칼)를 선호하는" 유파가 있다. 이것은 다치의 길이의 이점을 살려 상대와 먼 거리에서부터 적을 이기겠다는 "나약함 때문"이라고 꾸짖고 있다. 긴 다치는, 적과의 거리가 짧은 상태로 겨룰 때나 협소한 장소에서는 도리어 불리해진다. 게다가 힘이 약하면 긴 다치를 완벽하게 소화할 수 없기 때문에 다치의 길이에 연연하는 것은 바람직하지 않다. 물론 긴 다치가 유리한 경우도 있기 때문에 긴 다치를 무조건 기피해야 한다는 이야기는 아니다. 길어야 한다고 지레짐작하는, 한쪽으로 치우친 마음을 비판하는 것이다.

반대로 "유파들 중에는 짧은 칼을 사용하는" 유파도 있다. 이 유파에서는 짧은 칼로 상대방이 휘두르는 다치(큰칼)의 빈틈을 베려 하거나, 몸을 날려 공격하려고 하거나, 상대방의 칼을 잡으려고 한다. 이 역시 한쪽으로 치우친 마음이라고 할 수 있다. 심지어 다수의 적들 사이에서는 쓸모없는 무기다. 빈틈을 노리기보다는 이왕이면 "나의 몸과 마음을 바르게 하고 상대방을 동요시켜 적으로 하여금 스스로 우왕좌왕하게 만든 후 그 틈새를 노려 확실하게 승리하는 것이 중요하다".

또한 "다른 유파에서 '눈초리'라는 것"에 대해 적의 다치(큰칼)나 손, 얼굴, 발 등 특정한 부분에 관심을 두고 그 부분을 주시하라는 유파가 있는데 이것 역시 "치우친 마음"이라고 부정하고 있다. 특히 어딘가로 눈을 두려고 하면 "그것에 마음이 현혹되어 병법의 병폐라는 방해물이" 되기 때문이다. '물의 장'에서 주장하고 있었던 것처럼 "관觀의 눈은 강하게 견見의 눈은 약하게" 하여 넓게 전체를 바라보고 "적의 다치를 알고 조금이라도 적의 다치를 보지 않는" 것이 바람직하다. 공을 잘 차는 사람도 그렇지만, 곡예에 능한 사람이 몇 자루나 되는 칼을 손으로 능수능란하게 가지고 노는 경우에도, 끊임없이 수련을 거듭해 익숙해지면 굳이 어딘가에 눈을 고정시키지 않아도 자연스럽게 모든 것이 보이기 마련이다. 병법의 도에서도 적들 한 명 한 명과 싸우다 보면 사람의 실력을 가늠할 수 있게 된다. 도를 터득하게 되면 "다치의 거리, 속도까지도 한눈에 보이는" 것이다. 따라서 눈초리는 어느 특정 장소에 고정시켜야 하는 것이 아니라 실은 "그 사람의 마음"에 고정시키는 것이 일반적이다. "관의 눈을 강하게 하여 적의 심리를 간파하고 그 상황의 형세를 판단하며, 거대한 눈으로 그 전투의 기세를 판단하고 어느 쪽이 이로울지 그때그때 힘의 강약을 헤아려 그야말로 승리를 쟁취할 수 있는 것"이 중요하다. 여기서는 '불의 장'의 전투 이치도 활용하며 "관의 눈"에 대해 보다 자세히 논하고 있다.

"다른 유파에서는 발을 딛는 자세가 있다"라는 항목에서도 "뜬 발, 뛰는 발, 뛰어올랐다가 내딛는 발, 짓밟는 발, 까마귀발(까마귀처럼 두 발로 동시에 뛰는 동작-역주)" 등 특수한 발동작을 선호하는 유파를 비판한다. 전투는 산이나 강, 늪이나 자갈길, 좁은 길 등 어디서든 벌어질 수 있다. 따라서 특수한 발동작만으로는 무리가 있다. 뿐만 아니라 그런 발동작으로는 특정한 곳에 머무르게 되는 경우도 있고 움직이기 시작할 때 적에게 간파당하는 경우도 있다. 따라서 발동작은 항상 걷는 느낌이 바람직하다. "적의 박자에 맞춰 움직이되 서두를 때도 조용할 때의 몸의 움직임을 유지하고 부족하지도 넘치지도 않게, 발의 움직임이 흐트러지지 않도록", 주춤거리지 않는 것이 중요하다.

검법에 대해

검법에 대해서도 다른 유파에서는 "강한 다치(큰칼)라는 것"이 있다. 하지만 강한 마음으로 휘두르는 다치는 "거친 것"이다. 무리하게 강하게 베려고 하면 오히려 벨 수 없게 된다. 적의 칼에 강하게 부딪히면 오히려 자신의 칼이 부러지거나 부서지는 경우마저 있다. 이 부분에서 특히 거론하지는 않고 있지만, '물의 장'에서 이미 말하고 있듯이 "검의 도"에 따른 검법이 중요하다. "강한 마음이 아니며, 물론 약한 마음도 아니며, 적이 죽을 정도라고 생각되는" 힘이면 충분하다. "모든 일에 있어서 이기려고 한다면 도의 이치에 따라야 비로소 가능해진다. 니텐이치류의 병법의 도에서는 조금도 무리하지 않고 병법의 지력智力으로 어떻게든 이기는 바를 얻는다"라고 말한다.

"다른 유파에서는 속도를 중시하는 경우"도 있다. 하지만 "빠르다는 것은 모든 것에 박자가 맞지 않아서 빠르다거나 느리다고 말하는 것이다. 그 도에 통달해지면 빨리 보이지 않는 법이다". "보발"(파발꾼)이라도 아침부터 밤까지 계속 달리지는 않는다. 또한 고전가요를 읊조릴 때도 서툰 이는 느리고 조용한 곡조라면 더더욱 늦어지고, 빠른 곡조에서는 도리어 빨라져 버린다. 이에 반해 "노련한 자는 느긋하게 보이면서도 결코 박자가 어긋남이 없다". 특히 다치

(큰칼)는 부채나 단검과 달라서, 빨리 베려고 하면 오히려 벨 수 없는 법이다. 심지어 '불의 장'에서 말하는 "베개 누르기" 기술을 구사할 때도 적이 기술을 펼쳐 보이기 전에 누르는 것이기 때문에 조금도 지체되어서는 안 된다. 적이 쓸데없이 빠를 때에는 "거스르다"라고 하여 이쪽은 반대로 조용해지면서 적에게 끌려 다니지 않는 것이 중요하다.

겨눔세와 '형'——외형을 쫓는 것에 대한 부정

당시의 검술 수련은 목도로 '형'을 배우는 것이었기 때문에 어떻게 자세를 겨누고 어떤 '형'을 배우는지가 유파의 핵심이자 비전秘伝으로 취급되었다. 하지만 무사시는 "다른 유파에서 다치(큰칼)의 겨눔세를 사용하는 것"이란 부분에서 다양한 다치의 공격 자세를 고수하는 것은 잘못된 것이라고 말하고 있다. 자세를 잡는 것은 적이 없을 때에 해야 할 일이다. 승부에서는 그때그때 적이 불리해질 수 있는 자세를 잡으면 될 일이지, 미리 정해진 특정한 자세가 있는 것은 아니다. "유구무구"인 것이다. 그리고 '불의 장'에서 언급한 심리전을 총정리하면서 적의 자세를 흐트러뜨리고 적이 미처 생각하지 못한 방식으로 공격하며 적을 당황하게 만들고 위협하고 혼란스럽게 하는 박자의 이치로 이겨야 한다.

때문에 공격 자세에 연연해서는 안 된다는 것이다. 선수를 치지 못하게 하는 후수後手이기 때문이다.

또한 "다른 유파에서 검술의 가짓수가 많은 것", 즉 다치(큰칼)를 다루는 '형'이 많은 것은 검술 초심자를 현혹시키기 위한 눈속임에 불과하다고 비판한다. 당시에는 어느 유파든 수십 가지 '형'이 있는 것이 보통이었다. 하지만 누구든 '찌르고' '치고' '베는' 방식은 그리 많다고 할 수 없다(그러니 가짓수가 많을 필요가 없는 것이다). 하지만 위와 옆이 막힌 공간에서는 다치를 쓸 수 없도록 손에 들게 되기 마련이므로, 이른바 '오방'이라는 다섯 가지 자세는 있어야 하겠지만, 그 이상으로 손을 비틀거나 몸을 꼬거나 날아오르거나 몸을 피해서 사람을 벤다는 것은 실제의 도道는 아니다(사람을 베는데 손을 비틀며 자를 수 없고, 몸을 꼬면서 자를 수 없고, 날면서 자를 수 없고, 몸을 피해서 자를 수 없고, 하는 상황이라면 전혀 도움이 되지 않는 것이다). "니텐이치류의 병법에서는 몸가짐도 마음가짐도 바르게 하고 적으로 하여금 마음이 비틀어지게 하거나 일그러지게 하여 적의 마음이 평정심을 잃게 한 후 승리하는 것이 중요하다."

이상의 8개조에서는 기술을 펼치는 방식에 대해 다른 유파의 비판을 통해 '물의 장'와 '불의 장'의 내용이 재차 정리되어 제시되고 있다.

"올곧은 도"

마지막인 "다른 유파의 비법과 기본이라는 것"에서는 다른 유파의 수련 방식을 비판하고 있다.

다른 유파에서는 가르치는 형태를 "표表(기본-역주)"와 "오奥(비법-역주)"로 구별하고 "극의極意·비전秘伝"이라고 말한다. 실제로 당시에는 어떤 유파든 "초심·중전中伝·오전奧伝·극의極意" 등의 단계마다 각각 몇 가지씩 '형'이 있었고, 그런 것들은 그 이전 단계의 면허를 갖고 있지 않은 사람들에게는 비전으로 취급되었다. 하지만 무사시는 적과 대결하는 데 있어서 "표表"의 검법으로 싸우고 "오奥"의 다치(큰칼)로 벤다는 식이 아니었다. "니텐이치류의 검법에는 기본과 비법의 구분이 없다. 병법의 이론에 있어서 비전이라는 이유로 감추고 그것이 아니라고 드러내는 것이 어찌 가능하겠는가." 실전에서 그런 구별이 없기 때문이다. 나아가 "산속 깊이 들어가고자 더욱 깊이 안으로 가다보면 다시 입구로 나오는 경우가 있다." 고차원적 기량을 한층 더 갈고 닦으려면 오히려 "입구"인 초보적 기본기의 재검토가 필요하다는 이야기다.

당시에는 어떤 유파든 입문할 때 "서약서, 맹세문"을 제출했다. 유파에서 배운 것은 부모형제에게라도 누설하면 안 되며 이를 어기면 어떤 벌이라도 달게 받겠다는 각서다. 그러나 "우리 니텐이치류에서는 서약서나 맹세문 따위를 선호하지 않는다"라며 무사시는 이를 부정했다.

무사시가 제자를 수련시키는 방식은 도를 처음으로 배우는 사람들에게는 배우기 쉬운 기술을 먼저 습득시키고 금방 납득할 수 있는 이론을 먼저 가르친다. 하지만 이해가 되지 않는 부분에 대해서는 그 사람의 습득 정도에 따라 난이도를 높여가며 차츰 어려운 이론을 가르치는 방식이었다.

"니텐이치류의 도를 배우는 사람의 지력을 살펴 올곧은 도를 가르치고 세상의 다른 유파의 오류를 제거하고 자연스럽게 무사가 가져야 할 병법의 진정한 도를 터득해 흔들림 없는 마음을 이루는 것, 나의 병법이 가르치는 도이다". 배우는 사람의 이해 정도를 가늠하면서 어떤 때라도 통용되는 "올곧은 도"를 가르쳐 기존까지 다른 병법에서 배운 가운데 익혀왔던 나쁜 버릇이나 오류를 버려간다. 배우는 사람이 자연스럽게 "무사가 가져야 할 병법의 진정한 도"를 터득해 자신의 배운 바에 한 치의 의심도 없는 마음을 가질 수 있는 것, 그것이 니텐이치류 병법의 도가 가르치는 방식인 것이다.

다른 유파를 비판할 때도 개별적으로 유파 하나하나를 비판하지는 않았다. 다른 유파의 특정한 기술이나 지침이 아니라 그 기본을 이루는, 검술에 대한 파악방식의 오류나 사람들이 자칫 사로잡히기 쉬운 심리상태를 예로 들면서 비판하고 있다. 무사시는 당시 사람들에 대해서만이 아니라 "나중까지를 위해", 즉 장래에도 발생될 검술에 대한 오해를 멀리 내다보며 그릇된 파악방식을 명확히 밝혀두자고 했던 것으로 보인다.

그릇됨에 대한 지적을 통해 "올곧은 도"가 과연 무엇인지가 명확해졌고 '물의 장'과 '불의 장'에서 언급한 이론이 올바르다는 사실이 입증되었다. 마지막 항목은 "자연스럽게 무사가 가져야 할 병법의 진정한 도"를 터득하도록 이끌기 위함이라며 그 다음인 '공(비어있음)의 장'으로의 전개를 보여주고 있다.

5. 공(비어있음)의 장──자연스럽게 진정한 도에 이르다

"만리일공(万理一空)"에서 "공(空)"으로

『오륜서』의 마지막은 '공(비어있음)의 장'이다. 무사시는 『병법35개조』에서는 "만리일공"이라고 표현했는데, 『오륜서』에서는 "만리일공"이라는 표현 자체가 사라지고 "공"이라고만 표현하고 있다.

"공의 의미는 아무것도 없다는 것, 알 수 없다는 것이다. 이를 공으로 간주한다. 물론 공은 없는 것을 말한다. 존재함을 알게 되며 존재하지 않음을 알게 되는 것, 이것이 바로 공이다."

아무것도 없는 것, 아직 알려지지 않는 것을 "공"이라고 비유해 표현한 것이다. 물론 '공'이란 것은 실재하지 않는다. "존재함"을 알고 그것을 통해 비로소 알게 되는 "존재하지 않음", 이것이 바로 "공"이라는 것이다.

지금까지 살펴본 땅·물·불·바람의 네 가지 장은 병법의 도에 대한 내용을 항목별로 나누어 구체적이고 상세히 논했다. 이런 것들은 여기서 말하는 "존재함"에 해당된다. "공"이란 그런 "존재함"으로서의 병법의 도를 실제로 행해 감으로써 저절로 알게 되는 "존재하지 않음"에 대해 이야기한다.

'공의 장'은 다른 장에 비하면 극단적으로 짧다. 개별적인 지침에 대해서는 더 이상 거론하지 않고 그런 모든 것을 관통하는 이야기를 쓰고 있기 때문이다.

"진정한 공"이란

"공"이라고 하면 『반야심경』의 "색즉시공, 공즉시색"이 널리 알려져 있으며 불교에서는 심오한 의미를 가진다. 불교 사상에서는 일체의 현상을 "색色·수受·상想·행行·식識"의 "오온五蘊"으로 파악하는데 "색", 즉 물질적인 것은 그 자체로 실체가 있는 것이 아니라 "공"인 것이다. "공"이기 때문에 더더욱 "수·상·행·식", 즉 감수感受하고 표상하고 행하고 인식하는 기능이 그 원인이 되어 "색"은 현상現象, 즉 겉으로 드러난다. "색즉시공"은 모든 것을 '공'이라고 보는 것에 의해 인간의 번뇌나 망상을 없애려고 하는데, "공즉시색"은 집착이 없는 눈으로 봤을 때 모든 것이 생생하게 나타난다는 것을 긍정적으로 표현하고 있다. 중세 이후 불교사상의 영향을 받아 예도나 무예에서도 종종 예술이나 기량의 궁극적 경지를 표현하기 위해 "공"이라는 단어가 사용되었다. 예술이나 무예 그 자체에 얽매이지 않고 무심無心의 경지에 오름으로써 오히려 예술의 극치, 기량의 극대화를 꾀할 수 있음을 표현한 것으로 거론되는 경우가 많았다.

이런 역사적·사상적 배경도 인지하고 있었겠지만 무사시는 이것과는 또 다른, 보다 일반적이고 포괄적인 의미에서 "공"을 사용하고 있다.

세간에서는 "사물의 이치를 깨닫지 못하는 것"을 "공"이라고 하는데 이것은 "진정한 공"이 아니다. 병법의 도에서는 무사로서의 도를 수행하는 데 있어서 무사의 병법을 알지 못하는 것, 혹은 여러 가지로 미혹됨이 있어서 그것을 극복할 방법이 없는 것도 "공"이라고 한다. 그러나 이 역시 진정한 "공"이 아니다. "공"이란 이렇게 나쁜 의미에서의 "존재하지 않음"이 아니기 때문이다.

무사시는 "진정한 공"에 대해 다음과 같이 말하고 있다.

"무사는 병법의 도를 확실하게 터득하고 그 외에 다양한 무예를 익혀 무사가 행하는 도에서 조금도 미혹되지 않는다. 마음의 흔들림 없이, 쉼 없이 단련을 거듭해 심心과 의意라는 두 가지 마음을 연마하고 관観과 견見이라는 두 가지 눈을 갈고 닦아 더할 나위 없이 맑고 흔들림 없는 경지에 이르러서야 비로소 진정한 공이 무엇인지 알 수 있다."

무사는 병법의 도를 명확하게 마음으로 깨닫고 부지런히 무예 수련에 임하며, 무사로서 행해야 할 도에 해박하고, 마음에 미혹됨이 없으며, 게으름을 항상 멀리하고, "심心과 의意라는 두 가지 마음을 연마하고", "관観과 견見이라는 두 가지 눈을 갈고 닦아" 수행해야 한다. 이런 수행 과정을 거치는 사이에 저절로 열려지는 "더할 나위 없이 맑고 흔들림 없는 경지"야말로 무사에게 있어서의 "진정한 공"이었다. 이 사실을 깨우칠 필요가 있다. 무사시는 어디까지나 스스로가 "존재함"의 영역에 있는 병법의 도, 즉 무사로서의 삶의 방식에서 "공"을 이야기하고 있다.

하나의 이미지로서의 "공"

  "공"은 원래 말이나 두뇌로 이해할 수 있는 것이 아니다. 게다가 무사시가 매우 짧게 표현하고 넘어가기 때문에 이해하기 매우 어렵다. 이에 접근하기 위한 하나의 수단으로 "공"을 "하늘"이라고 생각하고 그 이미지를 떠올려보면 어떨까.

  뭔가를 잘 할 수 있게 되기 위해 매일 노력하고 수련해 갈 때 무한하게 펼쳐져 있는 하늘을 마음속으로 계속 그려볼 수 있다면 과연 어떨까. 그것을 그려볼 수 있는 경우와 그려볼 수 없는 경우는 그 결과가 매우 다를 것이다. 현재는 아직 구름이 가득하지만 노력을 거듭해가다 보면 마침내 구름이 개는 경우도 있다. 하지만 또다시 어느새 새로운 구름이 드리워진다. 노력을 거듭해 발전하고자 노력하면 가까이에 설령 구름이 있다 해도, 저 멀리 어딘가에 반드시 구름 한 점 없는 밝은 하늘이 한없이 펼쳐져 있다는 사실을 짐작할 수 있다. 지금은 구름이 드리워져 있다 해도 무한한 하늘이 한없이 계속 펼쳐져 있다는 사실을 깨닫고 걸어가면 된다.

보통 공空, 혹은 하늘이라고 하면 올려다본 위에 있는 하늘만 생각한다. 하지만 우리가 서 있는 이 땅보다 조금이라도 위에 있다면 모두 공이며 하늘이라고 말할 수도 있다. 무사시보다 조금 후대의 유학자인 이토 진사이伊藤仁斎(1627~1705)는 다음과 같이 말하고 있다.

"사람들은 그저 푸르디푸른 하늘을 알 뿐, 눈앞의 모든 것 역시 하늘이라는 사실을 알지 못한다. 하늘은 땅 밖의 모든 것을 감싼다. 땅은 하늘 안에 존재한다. 땅보다 위에 있는 모든 것이 하늘이다. 좌우전후 역시 모두 하늘이다." 사람은 천지에 둘러싸여 있는 것이다. 주자학자는 도道가 비근하다는 점을 부끄럽게 여겨 하늘이라는 글자를 가져다가 천도天道·지도地道·인도人道를 관통하는 것이라고 강조하는데, 이는 잘못된 생각이다. 모름지기 도는 멀리 있다고 느껴서는 안 된다. 가까운 데서 찾아야 한다(『동자문[童子問]』상[上]·24장).

자신이 서 있는 땅으로부터 위는 모두가 하늘이며 공이므로, 자신은 공에 싸여있는 것이다. 공에 대해 생각하는 것은 동시에 항상 그 속에 있는 스스로에 대해 생각하는 것이다. 공을 이해한다는 것은 끊임없이 그 아래 서 있는 스스로를 돌아보는 것이다. 진리는 먼 곳에 있지 않고 우리와 함께 있는 법이다.

"공(空)을 도(道)로 삼고, 도를 공으로 본다"

무사시는 말한다. "진정한 도를 깨닫지 못했을 때는 ……각자 자신만의 생각으로 확실한 도라고 생각하고 좋은 일이라고 생각한다. 그러나 마음의 올곧은 도라는 측면에서 세상의 큰 틀[거대한 기준]에 맞춰서 바라보면, 한 사람 한 사람의 마음의 치우침과 사람들마다의 눈의 왜곡됨으로 인해 진정한 도에는 어긋나기 마련이다." 자신은 좋은 일이라고 생각하고 있어도 "진정한 도"에 어긋나는 경우가 있으므로 "마음의 치우침"이나 "눈의 왜곡됨"이 없는지 끊임없이 스스로 돌아봐야 한다. 무사시는 '물의 장' 첫 부분의 "병법의 마음가짐"에서부터 "내 몸의 편의에 편승하지 않도록"이라고 강조했다. 때문에 '공(비어있음)의 장'의 마지막은 "올곧은 바를 본本으로 삼고, 진정한 마음을 도道로 삼아 병법을 폭넓게 수행하고 올바르고 명확하게 큰 바를 마음에 담아 공空을 도道로 삼고 도를 공으로 봐야 한다"라고 마무리 짓고 있다.

"공空을 도道로 삼고"란 현재의 스스로에게 사로잡혀 있지 말고, 현재의 스스로에게는 아직 열려있지 않은, 미처 깨닫지 못한 거대한 세계가 있다는 사실을 헤아려보며 끝없고 한없는 "공"을 마음에 담아두고 병법의 도를 연마하는 것을 말한다. 수행에는 끝이 없다. 또한 "공을 도로 본다"는 것은 병법의 도를 실제로 닦아가는 것이 병법의 도에 머무르지 않고 무한의 세계로 나아가는 것임을 말하는 것으로 추정된다.

"자연스럽게 진정한 도에 이르다"

그렇다면 이렇게 "공"을 마음속으로 닦아가면 어떤 세계로 나아가게 될까.

무사시는 '공(비어있음)의 장'의 내용을 예고한 '땅의 장' 항목에서 병법의 도에서 '공'으로 펼쳐지는 상황을 엿보게 해주는 내용을 쓰고 있었다. 이번 제4장의 도입부에서도 말했지만 '땅의 장'의 이 부분은 '공(비어있음)의 장'까지 일단 쓴 후 다시 고쳐 쓴 부분으로 여겨진다. 따라서 '공(비어있음)의 장'의 내용보다 더더욱 한 걸음 나아간 경지에서 작성된 부분일 것이다.

"도리를 터득해도 그 도리에 얽매이지 않는다. 병법의 도에 스스로 자유로워지며 스스로 탁월함을 얻고 때에 따르고 박자를 알아 자연스럽게 치고, 자연스럽게 맞추는 것, 모두 공(비어있음)의 도이다. 자연스럽게 진정한 도에 이르는 경지에 대해 '공(비어있음)의 장'에 적어둔다."

"도리를 터득해도 그 도리에 얽매이지 않는다"라는 표현은 땅·물·불·바람의 장 등에서 설파된 이치를 체득하면 더 이상 하나하나 의식하지 않아도 자연히 이치에 맞게 움 직일 수 있게 된다는 말일 것이다. 일상생활에서부터 빈틈 없는 전신일체의 "살아있는 몸"으로 움직이고, 검을 쥘 때 는 "검의 도"에 따라 다치(큰칼)를 다룬다. 때에 따라 필연적 으로 요구되는 검법에 자연스럽게 따르는 것이다. 하나로 수렴되어 가는 "검의 도"에 따라 순간순간 무리 없고 군더 더기 없는 검법이 발휘된다. 적을 대하면 굳이 의식하지 않 아도 미리 "전투 공간의 승리"를 쟁취하고 항상 싸움의 주 도권을 쥐며 스스로 "몸가짐도 마음도 올곧게" 움직이고, 반대로 적에게는 무리한 동작이 될 수 있도록 유도해 차츰 무너뜨린다. 그렇게 적이 허물어지기 시작하자마자 즉시 의식조차 하지 않은 상태에서 정확한 공격을 감행한다. "온 몸이 자유를 얻어惣躰自由", 즉 몸은 "부드럽게" 되고, 마음 껏 "자유"를 만끽하지만, 그 순간순간의 상황이나 때의 박 자·기세에 적합한 것이기에 "자연스럽게 치고, 자연스럽게 맞추는" 것이다.

검술이 자연스럽게 나올 때까지 몸과 마음 모두 단련되 어 가벼워지면 '공(비어있음)의 장'에서 말한 것처럼 "더할 나 위 없이 맑고 흔들림 없는 경지"에 이르게 될 것이다. 그렇 게 되면 무사로서의 삶도 "자연스럽게 진정한 도에 이르다"

라고 말할 수 있는 것이다. "진정한 도"는 끊임없이 스스로의 도를 수행해 가는 과정에서 저절로 자연스럽게 실천되어가는 법이다.

『오륜서』의 결말

『오륜서』의 마지막은 한문체의 발跋을 모방한 방식으로 다음과 같은 형태로 마무리된다.

> "공空은 유선무악有善無惡
>
> 지智는 유有다.
>
> 리利는 유有다.
>
> 도道는 유有다.
>
> 심心은 공空이다."

진정한 "공"에는 선은 있으되 악은 없다. "지智"나 "리利"(리[理]), 그리고 "도"는 확실히 포착할 수 있는 "존재함"의 것, "유"다. 그런 것들을 땅·물·불·바람의 네 장에서 논해왔다. 그러나 "지", "리", "도"를 이끌고 있는 "심"은 "존재하지 않음"의 것, 즉 "공"이다. "공"을 마음속으로 수련해야만 땅·물·불·바람의 네 장의 "지", "리", "도"가 진정한 것이 되는 것이다. 반대로 이런 "지", "리", "도"를 확실히 수행해가다 보면 마음이 진정한 "공"의 경지에 이르게 된다.

『오륜서』는 이상의 문구를 마지막으로 끝을 맺는다.

"공"이라고는 해도 어디까지나 스스로의 병법의 도에 입각해서 말할 뿐이다. 이런 부분에서 무사시의 철저함이 느껴진다. "공"을 말함으로써 읽는 사람에게 넓고 무한한 것을 보여주며 각자가 끊임없이 도를 연마해야 한다는 사실을 말하고 있다.

무사시가 『오륜서』의 붓을 내려놓았던 것은 죽기 일주일 전이었다. 무사시는 평생에 걸쳐 도달할 수 있었던 병법의 올곧은 도를 후세에까지 남기고자 죽기 직전까지 온 힘을 다했다.

종장
"도"의 사상 안에서
—"항상 병법의 길에서 벗어나지 않고"

1. "도"의 사상

"진정한 도"에 도달하는 "도"

무사시가 『오륜서』에서 보여준 "병법의 진정한 도"는 "밤낮으로 단련하고 연마에 연마를 거듭한 끝에 홀로 자유를 얻고 자연스럽게 뛰어난 역량을 발휘해 신기하게도 불가사의한 힘을 얻는 것"이며 "자연스럽게 진정한 도에 이르는" 것을 말한다.

스스로가 도달한 도가 올바른 것임은 다른 분야의 도와도 통해 있다는 것으로 증명되는 경우가 있다. 무사시는 '땅의 장'에서 "도를 폭넓게 알면 모든 것들이 서로 만나는 경우가 있다"라고 언급하며 "유학자나 불교도, 다도가나 예법자나 노가쿠를 하는 사람들"의 도를 예로 들고 있다. 이런 도와 나란히 병법의 도를 확립하고자 했다는 점에 대해서는 앞서 언급했던 바와 같다.

그런데 불교나 유교가 "진정한 도"로 이어지는 것은 당연한 일이라고 접어두더라도, 노가쿠나 다도 등의 전통예술 및 예능 전문가의 도 역시 "진정한 도"로 이어진다는 것은 중국이나 조선에는 없는 일본 중세에 전개된 특유한 점이다. 무사시는 이런 흐름 안에서 "진정한 도"를 생각하고 있다고 여겨진다.

무사시가 말하는 "도"가 무엇인지 생각하기 위해 일본의 "도" 사상의 문화사적 전개를 살펴보고 싶다.

선종의 "도"

일본에서는 예로부터 사심 없이 그 어느 것에도 구애받지 않은 있는 그대로의 마음이 고귀한 것으로 여겨졌다. "무사無私", "무심無心"의 경지에 올라야 "자연스럽게" 진리가 나타나기 시작한다고 여겨졌다. 신도, 불교, 슈겐도修験道 등에서는 예로부터 진실에 도달하기 위해 다양하고 엄한 수련이 행해져 왔다. 그러나 일관된 수행법을 정리하고 훗날 전개되는 여러 전통예술 및 예능의 도에 이론적 근거를 부여한 것은 불교의 선종일 것이다.

선종은 13세기 초기에 중국의 송나라에서 일본에 본격적으로 도입되었다. 불교경전이나 종교의례에 의거했던 기존 불교와 달리 좌선이 중심이 되었다. 몸을 통한 수행으로 진리를 체득하려고 한 것이다. 이런 선의 수행법을 명확히 확립하고 그 사상을 체계적으로 표현한 사람이 바로 도겐道元(1200~53)이다.

"고승을 찾아 선문답을 하는 것을 비롯해 향을 피우고, 절을 올리고, 염불하고, 참회하고, 독경할 필요가 없다. 그저 오로지 참선을 하며 심신을 내려놓을 수 있어야 한다"(『정법안장[正法眼藏]』「변도화[弁道話]」). "마음의 생각과 지식과 관념을 완전히 버리고 지관타좌하면 약간이나마 도에 가까워질 수 있다. 때문에 도를 얻는 것은 올바르게 몸으로 얻는 것이다"(『정법안장수문기[正法眼藏随聞記]』3-21). "지관타좌只管打坐", 즉 일체의 잡념을 버리고 오로지 좌선에 집중한다. 좌선은 마음의 사려분별을 버리고 몸으로 행하는 중요한 수행이기 때문에 도겐은 우선 먼저 좌선의 방식을 자세부터 호흡, 주위 환경까지 꼼꼼히 설파하고 있다(『진권좌선의[晋勧坐禅儀]』). 심지어 좌선할 때만이 아니라 일상생활 일체가 수행이라고 강조한다. 『변도법弁道法』으로 자리에서 일어날 때부터 세수, 좌선, 식사, 작무(사무), 취침 때까지 각각의 예법을 상세히 쓰고 있다. 이것은 불교를 올바르게 전하는 도장으로 에이헤이사永平寺(당시에는 다이부쓰사[大仏寺])를 건립했을 당시, 참선당에서의 수행법의 지침을 쓴 것이다. "행주좌와行住坐臥, 걷고 머물고 앉고 눕는 등 일상적인 모든 움직임에서 언제나, ……잠시 잠깐이라도 마음에 깊이 새기고", "오로지 간절한" 뜻이 없으면 큰일을 성사시킬 수 없다(『수문기[随聞記]』3-11). "공사 작무(사무)를 할 때는 희심喜心·노심老心·대심大心을 갖추어야 한다"라고 말한다. 식사를 지을 때도 "지금 다행히 인간으로 태어나 이런 삼보(불·법·승) 수용의 식사를 만드는" 것을 기쁘게 생각하고 부모가 자식을 생각하는 마음(노심)으로 삼보를 소중히 하며 큰 산이나 큰 바다처럼 "치우치지 않고 무리 짓지 않는 마음"으로 수행해야 한다(『전좌교훈[典座教訓]』). 이렇게 수행하는 가운데 "저절로 3년, 8년, 30년, 40년의 수련이 되어 온 힘을 다해 도를 얻게 된다"(『정법안장[正法眼蔵]』「도득[道得]」). 불교수행을 하는 가운데 "심신탈락身心脱落", 몸도 마음도 일체의 속박에서 해방되면 진리는 모든 곳에서 현성現成한다(있는 그대로 나타난다). "수증일등修証一等", 즉 수행하는 것은 그대로 진리를 증명하는(체득하는, 깨닫는) 것이라고 말한다. 때문에 더더욱 수행법 그 자체가 중요한 것이다.

"보제菩提는 천축天竺의 음, 여기에서는 도道라고 말한다"(『발보제심[発菩提心]』), "보제菩提"(깨달음)이라는 것은 인도식 표현인데 일본에서는 "도"라고 한다. "도"는 진리에 눈뜬 깨달음과 동일시된다는 점에서 그런 깨달음으로 통하는 방법이 "진정한 도에 이르다"라는 의미도 갖게 되었을 것이다.

도겐은 가마쿠라막부의 싯켄執権 호조 도키요리北条時頼의 부름을 받았지만 거절하고 후쿠이福井에 있는 에이헤이사永平寺에서 진정한 도통道統을 확립하는 데 전력을 기울였다. 이후 가마쿠라 막부는 란케이 도류蘭渓道隆나 무가쿠 소겐無学祖元 등 중국의 선승을 초빙했고, 엔니 벤엔円爾弁円

이나 난포 조묘南浦紹明 등 중국에서 유학한 선승 등을 후원
해 일본에 선불교를 정착시켰다. 선의 자기단련 정신은 깨
달음을 양성하는 무사 수요와 합치되었기 때문에 가마쿠라
막부에서 무로마치 막부까지 선종을 후원하고 있었으며 수
많은 무사들도 참선을 하게 된 것이다.

『쓰레즈레구사』에서의 "도"

　14세기 초기의 『쓰레즈레구사徒然草』는 "부처님의 도"나
"진실의 도" 이외에 다양한 "도"에 대해 말하고 있다. 요시
다 겐코吉田兼好는 "무상無常"의 인식을 근저에 두고 세상사
의 번잡함으로부터 벗어나 은둔하며 "느긋하게" 지낼 것을
권하고 있는데, 그와 동시에 뭔가의 수행에 몰두해야 한다
고 말하고 있다. "도인道人"은 "지금의 이 순간을 헛되이 보
내는 것을 아까워해야 한다", 세상사에 얽매이지 않고, "멈
추려는 자는 멈추고, 행하려는 자는 행하라"(108단[段])라고
말한다. 활을 배울 때에는 두 개의 화살을 가지지 말라는
스승의 가르침을 통해 "도를 배우는 사람", "지금 이 순간에
바로 실행하는 것은 이 얼마나 어려운 일일까"(92단)라고 말
하고 있다. 바둑을 두는 사람이나 가도歌道에 임하는 사람
을 예로 들며 "가장 중요한 일에 대해 고민한 후 결정하고,

그 이외의 것은 포기하고 하나의 일에 매진해야 한다"(188단)라고 말한다.『쓰레즈레구사』에는 이런 부분 이외에도 노能를 배우는 사람의 예나 말을 타는 사람, 요리를 하는 사람 등 여러 예술이나 예능의 명인에 대한 이야기가 많다. 그리고 예를 들어 나무를 잘 타기로 유명한 사람이 부하에게 주의를 주었다는 말에 대해 "미천한 신분의 사람이지만 그가 말한 이야기는 성인의 교훈에 견줄 만하다"라고 평하고 있다. 여러 예술이나 예능의 달인들의 언행에 대해 존경심을 담아 표현하고 있는 것이다. 나아가 겐코는 "마음이 산만한 가운데에서도 좌선에 임하면 자기도 모르는 사이에 마음이 고요해지는 경지를 얻을 수 있게 되기 마련이다"(157단), 즉 마음에 동요가 있어 흐트러진 상황일지라도 자리에 앉아 좌선을 하면 자연스럽게 마음도 가다듬어지고 참선하여 삼매경에 이를 수도 있다. 몸과 마음은 원래 두 개가 아니기 때문에 "밖으로 보이는 모습이나 말이 이치에 어긋나지 않는다면 반드시 자신의 내면도 깨달음을 향해 성숙해간다", 겉모습이라고 할 수 있는 몸으로 바르게 수행한다면 안에 있는 마음도 반드시 성숙해지는 법이라는 말이다. 일정한 형식을 수행하는 것의 의미를 말하고 있다고 할 수 있다.『쓰레즈레구사』는 17세기 초엽이 되어서야 비로소 간행되어 인생에 대한 교훈을 담은 고전으로 널리 읽혀지게 되었다. 이 작품은 "하나의 예술에 도달한 자는 다른 방면에도 통한다"라는 "도"의 사상을 보급시키는 역할도 수행해가게 된다.

제아미에서 시작된 "예도(芸道)"

14세기 중엽부터 무로마치 막부가 후원하는 오산五山 임제종의 선승들은 깨달음의 풍광을 한시나 수묵화, 가레산스이枯山水의 정원 등에 표현하게 되었고 이 무렵부터 선불교의 예술문화에 대한 영향이 현저해진다. 좌선하는 것에 의해 모든 곳에서 진리가 현성한다는 선종의 가르침에 따라 예술에서도 "무심無心"의 경지가 추구되게 되었다. 예술의 궁극적 경지를 추구하기 위해 참선을 하는 사람들도 많아졌다.

15세기 초엽 제아미世阿弥(1363~1443)는 38세의 나이로 최초의 노 예술론『풍자화전風姿花伝』을 씀으로써 평생에 걸친 수련의 지침을 담아내고 있다. 제아미는 사루가쿠猿楽나 덴가쿠田楽의 여러 극단들과의 사이의 격한 경쟁 속에서 결국 승리했고 예술적 경지에 도달하기 위해 평생토록 수련을 거듭했다. 가도歌道의 "유현幽玄"의 미학에 바탕을 둔 "하나花"를 근본이념으로 삼아 자신의 경험을 기반으로 예술적 경지에 오른 제아미는 아버지 간아미觀阿弥의 예술적 달성을 떠올려보며 7살에서 50세 정도의 나이까지 일곱 단계로 나누어 평생에 걸친 단련 과정을 논하고 있다. "수련은 엄격히 연마를 거듭하고 교만이나 허영심은 멀리 피할 것", 다른 사람과 경쟁하는 마음을 갖지 않고 "비도非道를 수행하지 말라", 즉 자신의 추구하는 도가 아닌 다른 도에 정신을 팔리지 말고 노가쿠能楽의 도에 전념하고 오로지 수련에 몰두해야 한다고 가르쳤다.

제아미는 60세의 나이로 선종인 도겐道元 계통의 조동종曹洞宗으로 출가했는데 그 후 저술한 『가쿄花鏡(화경)』에는 "일체의 예도芸道에는 익히고 습득하여 이를 수행할 도가 있어야 한다"라고 말하며, "예도"라는 말을 쓰기 시작하고 있다. "춤의 동작은 모습이다. 주가 되는 것은 마음이다"라고 하고 있으며, 아울러 "마음으로 하는 노"라는 측면에서 "무심無心의 위位"의 노가 있다고 강조하고 있다. 춤과 노래의 "이곡二曲"과 "노체老体・여체女体・군체軍体"라는 "삼체三体"의 "틀"(형[型])을 철저히 몸에 익히는 사이에 다양한 기예가 가능해진다는 수련 논리를 확립하고 있다. 또한 연기를 하는 사이에도 "방심하지 말고 마음을 이어가는" 마음가짐이 중요하며 나아가 "'무심의 위位'로 잠깐 멈춰진 듯 보이는 순간에도 결코 끊어짐이 없도록", "날이면 날마다 밤이면 밤마다 행주좌와行住坐臥"의 천착을 거듭하면 "더더욱 높은 경지에 이를 것이다." "생명에는 끝이 있지만 노가쿠에 끝이 있어서는 안 된다"라며 평생에 걸친 수행과정의 중요성을 강조한다.

15세기 후반 오닌応仁의 난 이후가 되면, 명인이나 달인이 그 비법이나 진수를 직접 설명한 내용을 기록한 서적들이 출현하게 된다. 그 안에 수련 체험이나 지침이 언급됨은 물론 전문 이외의 다른 분야에까지 미친 비유적 설명도 행해지게 된다. 제아미의 후예에 해당되는 곤파루 젠포金春禅鳳(1454~1533)의 『젠포잡담禅鳳雑談』은 16세기 초엽의 각종 예도를 "도"라는 존재로 열거하면서 노가쿠의 수행에 가까운 것으로서 "병법"(검술)을 들고 있다. 16세기 후반 전국시대 말기가 되면 수공예 장인이나 전통예능 전문가 중에서도 "천하제일"을 칭하는 사람들이 나오고 있으며, 전문적인 도를 추구하는 사람이라는 자각은 깊어지게 되었다.

다도의 "도"

16세기에 발전한 다도는 세상을 등진 은자들의 "와비侘び"라는 미의식을 근저에 두고 있다. 아울러 선종의 영향을 받으면서 다도를 평생에 걸친 수행 과정으로 받아들이는

이념도 이어져 갔다. 무라다 주코村田珠光(1423~1502)가 선종 승려 잇큐 소준一休宗純의 가르침을 받으며 참선한 이후, 센노 리큐千利休(1523~91)에 이르기까지 수많은 다인들이 참선을 했다. 그런 가운데 "다선일미茶禅一味"라는 표현도 생겨나게 되었다.

다도는 일본다실 특유의 정원인 이른바 로지露地나 다실 안의 실내장식은 물론, 다도구, 계절에 따른 연출, 차와 물과 요리의 음미, 그리고 다석에서의 행동거지에 대해서까지, 세세한 측면에 두루 마음을 쏟는 전통예능이다. 한 잔의 차를 마시며 나누는 일종의 교류가 깊이 있는 취향으로 발전한 형태다. 많은 다인들의 각고의 노력 끝에 점차 "규격"(법식[法式])이 정해지게 되었는데, 센노 리큐는 60세 이후부터 다타미 네 장 반을 다타미 두 장으로 줄인 비좁은 공간을 다실로 만들었다. 다실로 들어가는 작은 입구인 니지리구치躙口나 라쿠차완楽茶碗이라고 불리는 독특한 디자인의 찻잔, 대나무로 된 꽃병, 대나무로 된 차를 담는 숟가락 등 와비의 극한을 추구하는 철저함을 보인다. 센노 리큐가 남긴 말을 기록했다는 『남방록南方録』 중에 "좁은 다실과 정원 양식은 본격이라 할 수 있는 규격을 바탕으로 한다 해도, 결국에는 그 규격에서 벗어날 뿐만 아니라 자신의 실력을 뽐내는 마음을 버리고 무無로 되돌리는 출세간법出世間法(열반으로 들어가기 위해 닦는 불법-역주)이 중요하다. ……몸에 잘 익혀 실력이 늘어나면 다도의 마음도 더욱 이해할 수 있다. 마음이 더욱 깊어지면 자연히 실력도 이에 따라 그 깊이를 더한다"(『묵인[墨引]』)라고 되어 있다. 센노 리큐의 제자인 야마노우에 소지山上宗二(1544~90)는 "다도에서는 언제나 정원에 들어가서 끝날 때까지 단 한번의 유일한 만남인 것처럼" 집중해야 한다고 말한다(『야마노우에 소지기[山上宗二記]』「다인의 각오 십체[茶の湯者覚悟十体]』). 다인은 스승에게 배운 이상 "불법仏法, 가도歌道, 아울러 노能, 춤, 검술, 기타 여러 가지 소소한 것들까지 명인이 하는 것"을 본보기로 삼아 이를 배우면서 "다도에 30년을 온전히 바칠" 각오가 없으면 불가능하다(『야마노우에 소지기[山上宗二記]』「다시 십체[又十体]』)라고 말한다. 평생에 걸친 수행을 강조하고 있다.

이런 분위기를 보이던 중세시대에 여러 예술과 예능의 도는 진실로 통하는 통로가 된다는 의미를 가지게 되었다. 때문에 한 가지에 전념하여 오랜 세월에 걸쳐 틀(형)을 반복하며 수련에 수련을 거듭하는 수행과정을 쌓아야 하는 "예도"라는 관념이 완성되어가고 있었던 것이다.

무사시의 수묵화와 예도의 정신

수묵화는 일본에서는 가마쿠라 시대에 선종과 함께 일본에 도입되었다. 가마쿠라부터 남북조 시대에 걸쳐 가오可翁나 모쿠안黙庵 등 선승이 달마도나 각 종파의 고승 그림(조사도[祖師図])을 그렸다. 그러나 무로마치 시대로 접어들면 한편에서는 중국의 북송시대의 궁중 화원의 계통을 잇는 산수화나 그림에 한시를 곁들이는 시화축詩画軸이 유행했다. 15세기 후반에 활약하는 슈분周文이나 셋슈雪舟 등은 이런 계통의 화가다. 한편 간결하게 대상의 본질만을 그리는 화풍을 지닌 남송의 양해梁楷, 목계牧谿, 옥간玉澗 등의 수묵화도 일본에서는 귀한 대접을 받았다. 16세기 말이 되면 다도의 와비 정신을 이어받아 수묵화는 한층 정신세계에 몰두하는 경향을 띠게 된다. 센노 리큐와 친교가 있었으며 그 초상화도 그렸던 하세가와 도하쿠長谷川等伯(1539~1610)는 장년기에 일문을 이끌고 화려한 금벽장병화를 그렸지만, 만년에 목계의 그림을 배운 것을 계기로 장남 하세가와 규조長谷川久蔵의 사후, 안개에 휩싸여 희미하게 보이는 송림을 수묵화로 그린 "송림도병풍松林図屏風"이라는 걸작을 남겼다.

무사시의 그림은 반대로 양해의 감필법을 더더욱 심화시켜 독자적인 화풍을 이루고 있다. 산수화는 없으며 달마도나 포대도, 그리고 새(조류) 그림을 간략한 선으로 그린다.

묘사하는 것이 아니라 극도로 응축된 선으로 표현되어 먹의 농도에 따라 악센트가 삽입된 형태다. 대상의 본질을 포착해 공무空無 안에서 생명이 있는 것을 탁월하게 부상시키고 있다. 무사시의 관심은 자연이나 산수에 있지 않고 몸을 가진 생명체에 있었다. 무사시의 수묵화는 극도로 정제된 마음을 단적으로 드러낸 것이었다. 그야말로 "몸에 잘 익혀 실력이 늘어나면 마음도 더욱 이해할 수 있다. 마음이 더욱 깊어지면 자연히 실력도 이에 따라 그 깊이를 더한다"는 것을 잘 드러내고 있다.

무사시는 이처럼 중세에 전개되어 갔던 선종이나 "예도"에서의 "도" 사상의 흐름 안에서 "병법의 도"를 "진정한 도에 이르는" "도"로서 그 가치를 평가하려고 하고 있었다.

2. 검술의 "도"의 전개

검술 유파의 혁신——"병법의 도"의 첫걸음

여러 예술 및 예능 방면에서 각각의 "도"가 확립되어갔는데, 검술 방면에서는 과연 어떠했을까.

검술에서도 15세기에는 승려 지온慈音(검객이자 선종 승려-역주)에서 시작되는 넨류念流, 이자사 초이사이飯篠長威斎에서 시작되는 덴신쇼덴신도류天真正伝神道流(약칭하여 신도류[神道流]), 아이스 이코愛洲移香에서 시작되는 가게류陰流가 성립되었다. 그러나 지온은 승려로부터 비전을 받았다고 되어 있고, 이자사는 가토리신궁香取神宮에서 천 일동안 밤낮으로 기원하다가 신의 현시를 받았다고 한다. 아이스는 우도 노곤겐鵜殿権現으로부터 현시를 받았다고 한다. 모두 그 기원을 신비화하고 있었던 것이다. 16세기 초엽에는 앞서 언급했던 것처럼 『젠포잡담禅鳳雑談』에 "병법"이 여러 예도 중 하나로 거론되고 있었으며 이후 16세기 중엽부터 본격적인 발전을 이루게 된다. 명확한 교수법을 갖춘 본격적인 검술 유파가 나타난 것은 쓰카하라 보쿠덴塚原卜伝, 가미이즈미 이세노카미 노부쓰나上泉伊勢守信綱, 이토 잇토사이伊東一刀斎 등에서부터였다.

가시마추코류鹿島中古流와 가토리香取의 덴신쇼덴신도류天真正伝神道流의 수백 가지 '형'을 배운 쓰카하라 보쿠덴(1489~1571)은 참전 경험이 아홉 번에 이르며, 이름이 자자한 검객의 머리 21개를 들어 올린 적이 있었다고 한다. 이후 가시마신궁鹿島神宮에서 밤낮으로 기원해 극의極意 "일지태도一之太刀"를 펴내면서 신토류新当流라고 칭하게 되었다. 가미이즈미 이세노카미 노부쓰나(1508~82)는 신토류도 배웠으나 특히 가게류陰流에서 "기묘奇妙"(현격하게 탁월함)를 발견해 상대방이 치고 들어오는 다치(큰칼)를 축으로 상하좌우의 회전을 통해 이기는 극의 "마로바시(전[転])"를 고안해 신카게류新陰流를 수립했다.

보쿠덴은 60세를 넘긴 후 교토로 상락해 쇼군 아시카가 요시테루足利義輝가 오미近江로 피해있던 시절(1555~58) "일지태도"를 전했다. 『오류서』는 "가시마[鹿島]・간토리[香取]의 신사 사람들"이 여러 지방을 돌아다녔다는 사실을 적으며 보쿠덴의 천하 대결 무사수행을 검술의 도에 있어서의 하나의 획기적 사건으로 보고 있다.

조슈上洲(군마[群馬])의 작은 성주였던 가미이즈미上泉는 다케다 신겐武田信玄에게 패한 후 50대 중반 무렵인 1563년(에이로쿠[永禄] 6년)에 상락해, 쇼군 아시카가 요시테루 앞에서 무예를 펼치며 "천하제일이라고 부를 만하다"라는 극찬을 받으며 신카게류를 확대시키고 있다.

넨류 계통의 가네마키 지사이鐘捲自斎의 제자인 이토 잇토사이伊東一刀斎(생몰연대 미상)는 "기리오토시(절락[切落])"를 핵심으로 한 잇토류一刀流를 창시해 덴쇼天正 시대(1573~93)에 간토関東 지방을 돌아다니며 그 유파를 넓히고 있다.

이상과 같은 신토류, 신카게류, 잇토류는 모두 그 바탕이 된 기존 유파의 수많은 기술 안에서 본질로 삼는 극의를 추출해내서 그 극의가 담겨진 '형'을 만들어내 기술을 연마시키고자 했다. 교수법은 목록에 적어 보여주고 있었다. 신이나 권현으로부터 현시를 받았다는 기존 검술 유파를 크게 혁신한 형태였다. 근세의 여러 유파는 이 세 가지 유파를 원류로 전개되게 된다.

신카게류나 잇토류 모두 처음의 '형'에 극의가 제시되고 있으며 마지막 '형'이 되면 기술의 동작은 바야흐로 없어지며 그저 예를 할 뿐이다. 가미이즈미는 "물고기를 잡고 나면 통발은 잊어라(득어망전[得魚忘筌]-역주)"(영[카게] 목록[影目録])라고 말한다. 물고기를 얻었다면 물고기를 잡은 통발을 잊어버리는 것처럼 검술의 '형'에 의해 심신의 단련이 되면 '형'에 언제까지든 얽매일 필요가 없다는 의미다.

가미이즈미는 "용을 죽인 검은 뱀에게 휘두르지 않는다"라며 분쟁에 사용하는 실전 무술을 부정한다. 스스로의 검은 "천 명보다 훌륭하고(영[英]), 만 명보다 탁월한(걸[傑])" "영걸英傑"에게만 전해야 할 고상한 검이라고도 말한다. 가게류의 다치(큰칼)는 왜구가 사용한 것으로 중국의 『기효신서紀効新書』에 목록의 단간斷簡(조각난 문서)을 필사한 것까지 게재되고 있는데, 신카게류는 보다 정묘한 "마로바시(전[転])"에 의해 이기는 것을 목표로 했다. 가미이즈미는 미묘한 칼솜씨를 음미하는 수련을 안전하게 할 수 있도록 "주머니 죽도(대나무를 최대 16갈래로 쪼개고 대나무 전체[손잡이 제외]에 가죽 주머니를 씌운 수련용 죽도. 현재의 죽도가 고안되기 이전에 사용된 죽도의 일종-역주)"를 고안했다. 이렇게 16세기 후반이 되면 검술은 실전에서 사용되는 무술이라는 성격에서 차츰 멀어진다. 대신 개인이 그 경지를 심화시켜가는 "검의 도"가 확립되기 시작했던 것이다.

검술 유파의 전개

앞서 언급한 바와 같이, 오랜 유파를 혁신한 3대 유파가 확립된 것은 전국 시대도 최종 단계에 접어들었을 무렵이다. 군사적으로는 대규모의 집단전이 주가 되었으며, 철포가 급속히 보급되기 시작한 시대이기도 했다. 이 시기에 개개의 검술은 오히려 실전에서 그 역할이 대폭 감소된 상태였다. 3대 유파의 검술에서는 이미 갑옷과 투구를 생략한 차림의 검술이 행해지고 있었다. 갑옷과 투구로 몸을 감싼 기존의 실전적인 검술로 재빠른 동작은 불가능했다. 동시에 갑옷과 투구로 덮여 있지 않은 적의 빈틈을 공격해야 해서 기술도 한정되었다. 대신 갑옷과 투구를 생략한 차림으로 검술에 임하자 정묘한 기술이 필요해지게 되었다.

가미이즈미의 제자가 된 야규 무네요시柳生宗厳(1529~1606)

는 야마토·야규노쇼大和·柳生の庄를 다스리던 무장이었는데, 마쓰나가 단조 히사히데松永弾正久秀 휘하에서 오다 노부나가와 싸워 패한 후에는 병법자로서 살아갈 결의를 했다. 야규노쇼에 칩거하던 20년 동안 가미이즈미한테 배운 신카게류의 '형'을 정비하고 이론화한 후 완성시켰다. 그 『절합(기리아이)구전서사截合口伝書事』의 마지막은 "힘써 영웅의 마음을 아는 것이야말로 시극일도是極一刀"라고 되어 있다. 가미이즈미나 야규, 양쪽 모두 패한 측의 무장이었는데 그 검술은 "영걸"이라면 알고 있어야만 하는 것으로서 "영웅의 마음을 안다"라고 표현하고 있다. 결코 남에게 속박되려 하지 않는 무사로서의 자부심과 검술에 대한 깊은 마음이 엿보이는 대목이다.

16세기 말 도요토미 히데요시에 의해 천하통일이 달성되는 가운데, 겐치検地(일종의 토지조사-역주), 도수령(농민들의 무기를 몰수한 병농 분리 정책의 일환-역주), 신분 법령 등에 의해 병농 분리가 행해져 무사가 하나의 신분으로 명확히 구별되었다. 그때까지 칼은 성인 남자의 독립의 상징으로 서민들도 대부분 차고 다녔다. 그러나 도수령에 의해 무사 이외의 사람이 2척 이상의 다치(큰칼)를 차고 다니는 것을 제한한 이후, 다치는 무사의 계급적 상징이 되어 간다. 이후 무사는 다치를 항상 몸에 지니고 다니게 되었으며 뺄 일이 없어 항상 칼집 안에 들어있다 하더라도 늘 닦아두어야 했다.

천하가 통일되고 국내에서는 이미 대규모 전투가 사라진 시대였다. 무력을 발휘할 수 있는 것은 개개의 무예였으며 그중에도 검술이 중시되는 풍조가 생겨났다. 아직 전국시대 무장다운 성격을 여전히 지니고 있던 다이묘들은 본인 스스로 검술 수련에 임하고 있었다. 그 필두라고 할 수 있는 도쿠가와 이에야스德川家康는 아들 히데타다秀忠에 대한 교육을 위해 신카게류의 야규 무네요시의 아들 무네노리宗矩와 잇토류의 오노 다다아키小野忠明를 병법사범으로 맞이한다. 이 무렵부터 각 다이묘 가문에서도 병법사범이 초빙되게 된다.

17세기 초엽 세키가하라 전투 이후 많은 수의 낭인이 생겨났다. 아직 유동적인 사회 분위기 속에서 스스로의 실력을 연마하기 위해, 혹은 정보를 모아 본인이 섬길 수 있는 상관을 찾기 위해, 그들은 여러 지역을 돌아다니며 무사수행을 했다. 젊은 날의 무사시도 그런 사람들 중 한 사람이었다. 이런 분위기 속에서 3대 유파는 각각 그 세력을 늘려갔고 그 와중에 새로운 유파까지 생겨나게 되었다. 유파 간의 경쟁은 한층 더 치열해졌다.

나아가 오사카 전투(1615) 이후 일국일성령一国一城令에 의해, 무사는 성곽도시에 모여 사는 수밖에 없게 되었다. 종래까지 영주에게 하사받은 지행지에 살았던 무사들은 이제는 봉록을 부여받는 처지에 놓이게 되었다. 이에 따라 그 독립성은 현저히 약해졌다. 겐나엔부元和偃武(겐나[元和] 원년에 오사카 여름전투로 도요토미 가문이 멸망함에 따라 오닌의 난 이후 150년간 이어졌던 각종 무력행사가 종료했음을 의미-역주) 이후 전쟁이 사라지게 되었으나, 여전히 표면적으로는 군사체제가 유지되었기에 무사에게는 항상 싸우는 자로서의 각오가 요구되었다. 집단에 의한 군사훈련은 막부의 엄격한 감시로 인해 불가능해졌기 때문에 개개의 무사는 무예, 특히 검술을 수련하는 일에 몰두하게 되어 간다. 실전은 없어졌지만 이와는 반대로 개인의 검술은 무사로서의 각오를 배양하는 수단으로 중시되게 되었던 것이다.

야규 효고노스케와 야규 무네노리

시대가 더 내려와 3대 쇼군 이에미쓰의 친정이 시작된 간에이寬永 시대 후기(1632~44)가 되면 유파 검술이 한층 성황을 이루는 가운데 병법사범이 된 사람에게는 자신의 유파를 가르칠 수 있는 교습법의 정비와 이론화가 요구된다. 이 무렵에는 실제 전투를 모르는 무사들이 대부분을 차지하게 된 상태였고 무사들의 의식에도 변화가 보이고 있었다. 병법사범은 쇼군이나 다이묘 주변에서 선승, 유학자, 저명한 예술인들과 교류하면서 점차 검술을 "도"로 명확히 평가하고 무사의 문화로 확립시킬 것을 요구받고 있었던 것이다.

오와리·도쿠가와尾張·德川 가문의 병법사범이 된 야규 효고노스케 도시토시柳生兵庫助利厳(1579~1650)는 야규 무네요시柳生宗厳의 손자로 신카게류 3대를 이어받았으나 1620년(겐나[元和] 6년)에 『시종부사서始終不捨書』를 번주 도쿠가와 요시나오德川義直에게 수여하고 인가를 부여한다. 이 글은 서문에서 검이 "치국평천하"를 위함이라고 규정한 후 "배우지 말아야 할 것 열 가지", "배워야 할 것 열 가지"라는 부분에서, 검술에서 바람직하지 않은 것과 바람직한 것에 대해 각각 열 개의 예를 들며 상세히 논하고 있다. 유파를 세울 당시의 "옛 가르침"을 부정하고 유연하게 움직이는 "오늘날의 가르침"을 적고 있는 것이다. 그리고 "십문십답十問十答", "단독 수련의 절차" 등에서 수련의 지침에 대해 쓰고, 마지막으로 "바람風·물水·마음心·공空"의 각각을 원으로 두르고 "공"에는 "백규무점白圭無玷"(새하얗고 깨끗하며 아무런 흠이 없는 것)이라고 쓰고, 이런 경지를 목표로 삼아야 한다고 하고 있다.

한편 에도 쇼군 가문의 병법사범이 된 야규 무네노리柳生宗矩(1571~1646)는 겐나 시대(1615~1624)부터 쇼군 이에미쓰家

光의 요구에 응해 신카게류의 지침을 가르치고 있었는데 이는 비단 검술론에 머무르지 않았다. 이윽고 병법론에 대한 강의로 이어져 1634년(간에이 9년)『병법가전서兵法家伝書』를 저술하기에 이른다. 이 안에서 "칼 두 자루를 사용하는 병법"은 이기는 것도 지는 것도 한 사람의 "매우 작은 병법"임에 반해 여러 군세軍勢를 수족처럼 부리며 대규모 전투에서 이기는 것이 "무장의 병법"이라고 강조했다. 심지어 국가의 조짐을 살펴보고 어지러워질 것을 미리 알고 어지러워지기 전에 다스리는 것도 병법, 이미 시작되었을 때 여러 지방의 지방관들을 다스려 굳건한 안정을 유도하는 것도 병법이라고 말한다. 쇼군을 의식한 발언이라기보다는, 모름지기 병법이 국가를 다스리는 것과 관련된 중차대한 일이라는 사실을 말하고 있을 것이다. 실제 검술 이론과의 관련성은 비유적일 뿐이다. 그리고 "어지러운 세상을 다스리기 위해 살인도殺人刀를" 사용하지만 바야흐로 전투가 끝나고 "태평한 세상"에서는 "살인도"가 "활인검活人劒"("사람을 살리는 검")이 되어야 한다고 말한다. 치세의 세상에는 실전적인 검술이 아니라 무사의 인격형성에 활용되어야 한다고 강조하고 있는 것이다.

유파의 근본적 검술 이론에 관해서는 아버지 무네요시가 정리한 구전서에 있는 항목을 그대로 인용하고 있으며 해당 항목에 해설을 붙인 것이 많다. 유파 특유의 단어들을 사용하고 있으며 "비밀 용어"도 사용한다. 애당초 "집밖에서는 공개하지 않는 책(외부인에게 비공개)" "비전서"로서 자손들에게 전달하려는 의식 때문에 무사시와는 전혀 거리가 먼 별개의 것이었다.

이 글이 가진 큰 특징은 마음가짐에 관한 항목에서 선종 다쿠안의 가르침을 대폭 도입하여 심법心法을 강조하고 있다는 사실이다. 무네노리는 검술에서 추구하는 궁극의 경지는 선종에서 말하는 "공"이며 검술 수련에서 목표로 삼아야 하는 것은 "무심無心"의 경지에 올라 기술을 행하는 것이라고 파악하고 있다. 스스로에게도 쉽지 않은 일이지만 "무심"이라는 경지에 이르면 다치(큰칼)든 활이든 노가쿠든 모든 기술을 마음먹은 대로 사용할 수 있는 "통달한 사람"이 될 것이라고 말한다. 무네노리는 선종의 가르침을 도입해 평화스러운 시대의 검술의 의의를 재평가하고자 했다. 서로가 서로를 베는 검에서 인격수양에 도움을 주는 검술로 치환하고자 했던 것이다.

효고노스케도 묘심사妙心寺의 레이호화상靈峰和尚의 지도를 받으며 참선을 했으며 마지막에 "공"을 내걸고 있었지만, 검술 이론에 관해 심법心法을 전개하지는 않았다. 효고노스케의 검술 이론이 유파의 방식과 가르침을 그대로 계승하지 않고, 검술의 기초를 중시하며 자신들이 실제로 살아가는 시대에도 통용될 수 있는 검술로 바꿔보려고 시도한 이유는 젊은 시절에 무사수행을 하면서 실전 경험을 쌓았기 때문일 것이다. 무네노리는 1594년(분로쿠 4년) 이후 이에야스 휘하로 들어갔기 때문에 무사수행은 하지 않았다. 효고노스케에게서는 무네요리보다는 오히려 무사시에 가까운 것이 느껴진다.

하지만 전쟁이 사라진 시대의 풍조에 따라 이후 근대 검도에 강한 영향을 끼친 것은 무네노리의 사상이었다. 무네노리의 "검선일치劍禅一致" 사상은 쇼군 가문 병법 사범이라는 권위도 있었기에 급속히 퍼져갔고 근세 무예론 전체에 지대한 영향을 끼치게 된다.

실전에서 벗어나──유파검술의 고정화와 심법론(心法論)

유파의 '형'이 정비되고 이론이 일단 확립하자 검술의 양상은 고정화되기 시작한다. 무사시가 세상을 떠나기 직전의 시기인 17세기 중엽, 야규 주베에 미쓰요시柳生十兵衛三厳의 『달의 초月の抄』나 야규 렌야 도시카네柳生連也厳包의 『신카게류 병법구전서新陰流兵法口伝書』 등, 다음 세대에 의한 문서聞書가 나오게 된다. 그들은 무사수행으로 다른 유파와 싸운 경험이 없었고, 바야흐로 독자적인 병법론을 세우지도 않았으며, 태어나면서부터 속하게 된 유파를 그대로 이어받는 것만이 유일한 관심사였다.

17세기 후반부터 18세기에 걸쳐 전통을 내세운 유파에서는 '형'이 더더욱 많아지면서 교습법도 고정화되는 한편, 새로운 '형'을 만들어 새로운 유파를 세우는 자도 속출하게 된다. 다른 유파와의 시합이 금지된 시대였기 때문에 실전에 의해 검술이 검증되는 경우도 없었다. 겉으로 보이는 솜씨의 외형적인 측면을 개선하는 "화법華法 검법"(형식적인 측면이 강한 화려한 경향의 검법-역주)의 성격이 강해져갔다. 그야말로 무사시가 우려했던 방향으로 나아가고 있었던 것이다.

뿐만 아니라 대결이라는 요소를 초월해 오로지 정신적인 측면의 단련 수단으로 검법을 활용하려는 움직임도 나타나게 된다. 신카게류의 4대째에 해당되는 하리가야 세키운針ヶ谷夕雲은 참선을 통해 큰 깨우침을 얻었다고 한다. 그때까지의 검술을 "축생심畜生心"에 의한 것이기에 부정하고 "자성본연自性本然"에 눈을 뜨며, 다투는 마음을 버리고 어떤 기술도 더 이상 고안하지 않았다. 그저 "자성본연"에 바탕을 둔 "아이누케"(상호간에 일체의 경쟁 없음)가 될 것을 목표로 삼는 "무주심無住心 검술"이다. 무사시가 세상을 떠나고 나서 10년도 채 지나지 않았지만 검술 기법을 거의 논하지 않고 오로지 심법만을 강조하는 유파도 나오게 된 것이다.

"사도(士道)"에서 "무사도"로

이렇게 검술이 변화된 배경에는 사회의 커다란 변용이 있었다. 17세기 후반에는 막번체제도 확고해졌다. 막부는 무단정치에서 문치정치로 방침을 전환했고 그야말로 "천하태평"의 시절이었다. 무슨 일이든 선례를 따르는 전통주의가 중시되게 된다. 다이묘들의 영지가 대대적으로 박탈당하거나 바뀌는 경우도 거의 없어졌다. 모든 번들이 각자의 땅에 정착해 뿌리내렸고 가신단에서는 주종관계가 고정화되었으며 신분 격식이 엄격해졌다.

야마가 소코山鹿素行(1622~85)는 당시에는 고슈류甲州流, 호조류北条流를 이어받아 야마가류山鹿流를 창시한 군학자로 저명했는데, 『야마가어류山鹿語類』(1666년 성립)의 「사도편士道篇」에서, 모름지기 위정자로서의 무사는 "수기치인修己治人"을 핵심으로 하는 유교에 따라 "충", "효", "의", "예"를 중심으로 한 도의적인 "사士"여야 한다는 사도론士道論을 주창했다. 소코는 "사"여야 마땅한 무사는 "리利"에 따라 살아가는 농공상의 삼민三民의 지도자로서 항상 자성하고 위의威儀를 바르게 하고 오륜의 도를 실현할 것을 직분으로 한다고 파악했다. 그러나 소코는 사도를 이러한 유교적 덕목으로 논했으나 그 구체적인 행적을 기록한 「사담편士談篇」에서는 일본의 전국시대 무사의 실례를 들면서 설명하고 있었다.

유교적으로 설명하는 사도론에 반해 야마모토 쓰네토모 山本常朝(1659~1719)의 『하가쿠레葉隱(엽은)』(1716년 경 성립)는 "모름지기 무사라는 자는 주군을 위해서라면 죽음도 각오하지 않으면 안 된다"라며 죽음에 대한 각오를 강조한다. 주군에 대한 몰아적인 헌신을 강조하며 전통적으로 존재했던 심정론을 극한으로까지 밀고 간 관점이다. 태평스러운 세상에 길들여진 나머지 자신의 신분조차 망각한 무사들에게 경각심을 불러일으키고자 전국시대 무사의 행적을 떠올리게 하여 죽음에 대한 각오를 강조한 것이다. 이는 사도론과 구별하여 "무사도론"이라고 불린다. 야마모토 쓰네토모의 논조 안에서, 무사로서의 독립정신은 주군이 잘못된 길을 가고 있다고 생각되었을 경우에는 간언을 서슴지 않고, 그것이 받아들여지지 않을 뿐만 아니라 설령 업신여김을 당하는 지경에 이르렀다 해도 마지막까지 주군에게 헌신해야 한다는 형태로 나타난다. 불교도 유교도 필요 없다. 오로지 스스로가 태어난 번을 만들어내 온 전국 시대 무사들의 행적에 대해 배우는 "국학"이면 충분하다고까지 단언하고 있다.

사도론과 무사도론 모두, 실은 이미 과거의 것이 된 전국

시대 무사를 떠올리며, 반쯤은 이상화하면서, 모름지기 무사된 자가 해야 마땅할 것이 무엇인지 생각하고 있다. 전쟁의 가능성이 거의 사라진 마당에, 태어나면서 자동적으로 소속된 가신단의 질서에 지배당하면서 이미 완성된 조직 안에서 "다타미 위에서의 봉공"으로 일관한 시대라면, 전사로서의 마음을 관념적으로 받아들일 수밖에 없었을 것이다.

3. 무사시의 "병법의 도"

무사시를 계승한 자들과 『오륜서』의 상전(相伝)

무사시가 겐나元和 시대(1615~1624)에 지도한 엔메이류円明流는 하리마에 남아 있었지만 그 중심인 다다多田 가문의 스케히사祐久는 1705년(호에이[宝永] 4년)에 아키安芸(현재의 히로시마 서반부 지역-역주)의 아사노浅野 가문의 병법사범이 된 후, 엔메이류를 스이오류水鴎流와 합쳐서 엔스이류円水流를 칭하게 되었다. 나고야의 엔메이류는 제법 퍼져가면서 막부 말기까지 존속했다. 이 유파에는 『병법35개조』가 전해져 무사시의 직계제자인 다케무라 요에몬 요리스미竹村与右衛門頼角의 주석이 남아 있었지만 『오륜서』에 대해서는 몰랐던 것으로 보인다.

무사시의 검술을 전한 중심적 존재는 무사시가 세상을 떠났던 땅인 구마모토의 니텐이치류였다.

『오륜서』를 물려받은 마고노조는 구마모토의 중앙 번에는 출사하지 않았지만 번의 필두가로이자 야쓰시로 성주대리였던 나가오카 요리유키長岡寄之의 부름을 받아, 그의 장남인 나가오카 나오유키長岡直之를 지도하고 있었다. 나가오카 가문은 번의 필두가로였는데 사쓰마薩摩를 견제하는 야쓰시로성을 맡아 3만 석을 다스리며 독자적 가신단을 거느렸을 뿐만 아니라 참근교대도 하고 있었다.

마고노조 계통의 『무슈 겐신공 전래기武州玄信公伝来』에는 "부슈武州(무사시)가 직접 쓴 병서, 어떤 사정으로 윗분들에게 바쳤던 것일까. 성으로 올라가 천수각에 소중히 보관됨. 천수각이 소실되었을 때 이 서책뿐만이 아니라 다수의 진귀한 보물들이 초토화되었다고 함"이라는 전승이 담겨져 있다. "윗분"은 통상적으로 막부이지만 지방의 경우 해당 지역의 권력자를 가리키는 경우도 있기 때문에 야쓰시로를 다스린 나가오카 가문일 가능성도 있다. 마고노조로부터 자필본이 나가오카 가문의 누군가에게 바쳐진 것이라면 야쓰시로성은 1667년(간분[寛文] 7년)에 대천수大天守(크기가 큰 천수-역주)가 전소된 바 있다. 나아가 막부에까지 갔다고 하면에도성의 대천수는 1657년(메이레키[明曆] 3년)에 전소되었다. 두 곳 중 어느 곳이었든 무사시의 자필본은 불에 타버렸을 가능성이 크다.

나오유키는 소년시절에 무사시로부터 직접 검술 지도를 받았는데 40여년 지난 후, 죽기 2년전인 1690년(겐로쿠 3년) 경, 가까이에서 자신을 보필하던 부하에게『오륜서』"강석 講釈(강론하여 풀이함-역주)"을 하고 있다. 나오유키를 모시던 도요타 마사카타豊田正剛가 그 내용을『니텐이치류 병법서 주해二天一流兵法書註解』,『병법27개조兵法二十七箇条』로 남기고 있다(목당문고[牧堂文庫] 소장).『오륜서』는 원래 5권 모두를 아우르는 서명은 없고 마고노조도 "5권의 책"이라고 부르고 있었다. 하지만 강론하면서 해설하는 가운데 나오유키는 『오륜서』라고 부르고 있다. 나아가 도요타 마사카타가『오륜서』라고 말한 이후 이 서명이 정착되게 되었다.

마고노조는『오륜서』필사본을 1651년(게이안[慶安] 4년)에 우라카미 주베에浦上十兵衛에게, 1653년(조오[承応] 2년)에 시바토 산자에몬柴任三左衛門에게, 1667년(간분[寛文] 7년)에 야마모토 겐스케山本源介에게, 그 다음해에 마키시마 진스케槇嶋甚助에게 전해주고 있다. 각각의 계통에 필사본이 남아 있다. 그러나 마고노조는 구마모토의 중앙 번에는 출사하지 않았으며 번에서는 그 아우 구메노스케가 병법사범의 직책에 있었기 때문에 이 계통은 구마모토에는 거의 한 대로 끝나 버린 것으로 추정된다.

마고노조 계통에서는 제자인 시바토 산자에몬 요시노리柴任三左衛門美矩가 후쿠오카로 옮겼기 때문에 이 지역에 마고노조 계통의 니텐이치류가 뿌리를 내리게 되었다. 후쿠오카의 니텐이치류에서는 다른 유파가 단계적으로 면허를 부여하고 있던 방식을 모방해『오륜서』5권을 "물·불·바람·땅·공(비어있음)"의 순서로 따로따로 수여하는 형식을 취하고 있었다. 때문에 그 끝으로 가면 무사시의 의도가 전달되지 않게 되었으며『오륜서』를 "한자문이 아니라 가나로 되어 있는 글로 쓸데없는 긴 글일 뿐이다"(『니토류 구결조조 비망록[二刀流口訣条々覚書]』)라고 폄하하는 사람도 나타나게 된다. 그러고 보면 분명『오륜서』는 한자가 아닌 일본어 가나 문자가 많이 섞인 문장으로 되어 있다. 속어도 많고 예를 들어 박자가 맞지 않다는 것을 나타내기 위해 이해하기 힘든 의태어를 사용하는 경우도 있었다. 그것은 형태를 갖추기보다는 어떻게든 조금이라도 알기 쉽게 전달하는 것이 중요하다는 무사시의 융통성 때문일 것이다. 하지만 격조 높게 보이는 문장으로 된 비전의 극의를 기대하던 사람들은 필시 낙담했을 것이다. 무사시의 진의가 전달되지 않게 되었던 것이다.

구마모토의 중앙 번에서는 데라오 구메노스케가 니텐이치류의 병법사범이 되었는데, 『오륜서』가 아니라 『병법39개조』(『병법35개조』의 증보판)과 『오방지태도도五方之太刀道』를 상전서로 사용하고 있었다. 이어 구메노스케의 세 아들들이 차례로 번의 병법사범이 되었고, 18세기에 이르자 구마모토에서는 구메노스케 계열의 니텐이치류가 5파로 나뉘어져 전개되어갔다. 이 계통에서는 『오륜서』의 존재를 알고는 있었지만 상전서는 아니었기 때문에 결국 『오륜서』는 위조된 책이라고 말하는 사람도 나오게 되었던 것이다.

또한 8대 나가오카 가문의 미기히쓰右筆(문서작성 담당)를 그만두고 에도로 온 후루하시 소자에몬古橋惣左衛門도 『오륜서』를 전했지만 이 계통의 18세기 필사본(가노문고본[狩野文庫本])의 오쿠가키奧書에 무사시가 임종 시 데라오 형제와 후루하시를 불러, 평소에 잡담을 적어놓은 것은 있다 하더라도 "나에게 책이라는 것은 없다"라고 말했다는 전승을 적어놓고 있다. 이를 근거로 『오륜서』는 무사시가 직접 쓴 것이 아니라 고제高弟(수제자-역주)가 비망록을 정리해놓은 것이라는 설도 있다. 그러나 후루하시는 구마모토에서는 무사시의 제자였다는 이름도 발견되지 않는 인물이다. 오쿠가키奧書에도 "검술이 조금 부족하다", "배운지 얼마 되지 않는 제자"라고 되어 있다. 후루하시는 나가오카 가문에서 『오

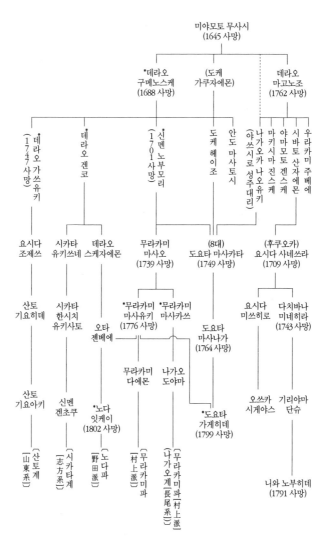

그림 12 니텐이치류의 계승 약도(18세기까지). *표시는 병법사범을 가리킴(확인
가능했던 인물만).

류서』필사본을 만들 때 본문을 직접 접했다고 생각되는데, 오쿠가키奧書의 전승은 무사시가 남긴 저서를 소지하게 된 유래를 설명하기 위해 지어낸 이야기일 것이다.

무사시의 다양한 허상

　18세기에 들어오면 간행물이나 가부키 등에서 무사시의 여러 가지 허상이 널리 퍼지게 된다.

　무사시가 "발을 닦거나 욕조에 들어가기 싫어해 평생 목욕을 한 적이 없다"라는 이야기가 『와타나베 고안 대화渡辺幸庵対話』(1709)에 나와서 이후의 실록이나 이야기에 자주 삽입되어 유명해진다. 도쿠가와 이에야스나 그 아들 히데타다를 모시던 고안幸庵은 역사상 실존했던 인물이지만, 이 책에 나오는 고안은 시마바라의 난 이후 쇄국정책이 시작되자 중국으로 건너갔다가 42년만에 귀국한 "128세"의 가상 인물이다. 믿을 수 없는 이야기인 것이다. 1716년(교호[享保] 원년) 『무장감상기武将感状記』와 『본조무예소전本朝武芸小伝』이 간행되면서 간류와의 승부가 다양한 형태로 언급되었다는 사실은 앞에 나왔던 서장에서 이미 살펴본 바 있다. 또한 요시와라吉原(에도 시대의 대표적인 유곽-역주)의 사정에 밝은 노인이 풀어놓는 이야기를 쓴 『이본동방어원異本洞房

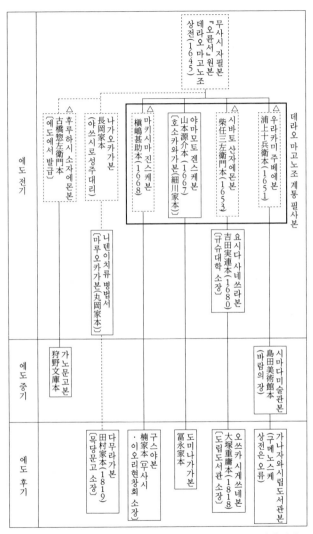

그림 13 『오륜서』 필사본 계통도 ([....], ···는 추정되는 것. △은 후대의 필사본
을 통한 추정. 상전자·상전연호가 판명된 것을 명기. [ ]은 현재의 소장자)

語圍』(1720)은 무사시가 구모이雲井라는 유녀를 자주 찾았고, 시마바라의 난에도 요시와라에서 직접 출전했다는 이야기를 수록하고 있다. 그러나 구로다 가문 진영이 아니었으며 다른 어디에도 없는 이야기이기에 신뢰하기 어렵다. 1737년(겐분[元文] 2년)에 가부키《적을 응징한 간류섬敵討巖流島》이 오사카와 교토, 에도 등 세 도시에서 상연되어 큰 호평을 받은 이후, 많은 작자들이 다른 버전으로 각색해서 허상은 눈덩이처럼 커져 간다. 뿐만 아니라 미야모토 무사시라고 자칭하는 자들까지 출현해 "무사시엔메이류武蔵円明流", "짓테엔메이류実手円明流" 등 비슷한 이름의 다른 유파도 나온다.

이런 가운데 무사시를 이은 유파에서도 유파의 시조에 관한 전기를 쓰게 되었다. 후쿠오카의 니텐이치류를 5대째로 이어받은 단지 호킨丹治峯均(다치바나 미네히라[立花峯均])은 3대째인 시바토 산자에몬柴任三左衛門부터의 전승은 단편적이었기 때문에 『오륜서』, 고쿠라 비문, 구로다 가문의 전승 등을 바탕으로 대대적인 창작을 가미해 전기문으로 완성시킨 『무슈 겐신공 전래기武州玄信公伝来』를 지었다(또한 미네히라의 친형인 다치바나 지쓰잔[立花実山]은 센노 리큐의 비전서라는 『남방록』의 위작을 썼다고도 일컬어지고 있다). 또한 구마모토 · 야쓰시로에서는 도요타 마사카타豊田正剛가 18세기 초기에 무사시 관련 자료를 수집해 직계 제자의 문서聞書도 써 두었다. 그것을 바탕으로 그 아들 도요타 마사나가豊田正脩, 손자 도요타 가게히데豊田景英가 18세기 후반, 허상이 범람하는 것에 대항하여 유파의 선조에 관한 정전正伝을 만들고자 각각 『무공전武公伝』과 『니텐기二天記』를 저술했던 것이다. 그러나 『본조무예소전』 등 판본의 영향을 받은 창작도 덧붙였기 때문에 그 허상도 함께 전파되게 되었다는 사실을, 이 책의 서장과 제1장에서 고찰해보았다.

죽도 검술의 융성

18세기 중엽은 그때까지의 목도木刀에 의한 '형' 수련과 달리 죽도로 상대방과 대결하는 "격검擊劍"(현대에는 죽도 검술 용어가 사용되고 있다)이 널리 퍼지게 된 시대다. 이미 18세기 초기부터 죽도와 호면(머리 주변을 보호하는 장비-역주), 호완(팔뚝이나 손등 등을 보호하는 장비-역주), 갑(가슴과 배 부분을 보호하는 장비-역주) 등의 보호 장비가 개량되었고, 죽도를 가지고 실제로 상대방과 대련하는 수련이 지키신카게류直心影流에서 시작되었다. 18세기 중엽에는 죽도 검술이 잇토류나카니시파一刀流中西派에도 도입되어 퍼져간다. 18세기 후기가 되면 경기가 전개될 때의 흥미도 더해져서 하급무사나 부유한 농민층을 중심으로 지방이나 에도의 중심지에 있는 도장에서 죽도 검술이 왕성히 행해지게 되었다. 하지만 죽도는 어디까지나 칼을 대신하는 것이라고 관념적으로 받아들여지고 있었고 따라서 "맞추는" 것이 아니라 "한칼로 베는" 것이 요구되었다. 또한 죽도 검술은 '형'의 수련을 어느 정도 진행하고 나서 행하는 것으로 여겨지고 있었다. 때문에 죽도 검술에서도 개인의 민첩한 움직임으로 맞추는 것이 아니라, 상대방과의 거리를 얼마나 잘 조절하고, 어떤 박자로 치는지, "기검체일치気剣体一致", "심기력일치心気力一致"의 공격이 요구되었다. 상대방이 치고 들어오기 전에 상대방의 마음을 읽고, 상대방이 미처 기술을 내보이기 전에 그것을 억누르는 것이 보다 높은 레벨의 기술로 간주되었다. 이렇게 죽도 검술에서도 유파검술 성립 당시부터의 "도" 의식이 지속되게 된다. 아울러 죽도 검술에서는 시합도 가능해졌다. 때문에 19세기 전기에는 전국시대나 근세 초엽과는 다른 형태의 무예 수행이 행해지게 되었다. 예를 들어 치바 슈사쿠千葉周作 등은 간토関東를 두루 돌아다니며 호쿠신잇토류北辰一刀流를 퍼뜨린 후, 에도의 시가지 내에 대규모 도장을 세우고 있다. 19세기 중엽 슈사쿠는 미토번水戸藩까지 진출해 출장 지도를 했지만 이 무렵부터 각 번의 번교藩校에서도 죽도 검술이 왕성히 행해지게 되었다.

막부 말기부터 근대 검도로

19세기 중반 흑선黑船의 내항을 계기로 이미 심각해지고 있던 막번체제의 모순이 순식간에 드러나면서 막부 말기를 맞이하게 된다. 구미의 압도적인 군사력에 위협당하며 일본이라는 나라의 독립조차 위험에 빠지게 될 것이라는 의식이 생겨났다. 모름지기 무사란 원래 전사였다는 의식이 각성되며 하급무사를 중심으로 한 지사들은 "피치 못할 일이라는 생각"으로 과감하게 행동하기에 이른다. 막부도 위기를 대비해 1856년(안세이[安政] 3년)에 '강무소講武所(막부가 설치한 무예훈련기관-역주)'를 설치하고 대포를 다루는 기술과 함께 검술도 훈련하도록 하여, 유파와 상관없이 가르칠 수 있는 사람들을 모았다. 검술은 무사들로 하여금 싸울 각오를 양성해준다는 측면에서 중시되게 되었다. 죽도 검술은 하급무사나 부유한 농민층이 출세하기 위한 하나의 수단이 되기도 했다. 예를 들어 신센구미新選組(신선조)처럼 검술 실력으로 부유한 농민층에서 무사 신분으로 출세한 자도 있었다. 가쓰 가이슈勝海舟, 야마오카 뎃슈山岡鉄舟, 사카모토 료마坂本竜馬, 가쓰라 고고로桂小五郎 등은 하나같이 당시의 유력 도장에서 스승으로부터 비법을 전수받았을 정도의 능력자들이다. 검을 잘 안다는 것이 그 행동을 지탱하는 자신감으로 이어지고 있었다. 가쓰 가이슈는 "뭔가를 할 때

도움이 되었지. 베인 적도 가끔은 있었지만, 언제나 이쪽은 뽑아든 적이 없었어. 처음부터 끝까지 손으로 잡았지"라고 말하고 있다(『가이슈좌담[海舟座談]』)

메이지 유신이 되어 무사계급이 해체되자, 검술은 문명 개화 속에서 시대에 뒤떨어진 것으로 그 존속이 위태로워졌다. 때문에 유명 검투사끼리 시합을 해서 관전료를 받는 격검흥행회까지 열어가며 민간도장의 극히 일부가 가까스로 명맥을 이어나가고 있었다. 그러나 1877년(메이지 10년)의 세이난西南 전쟁에서의 경시청 발도대拔刀隊의 활약상에 의해 검술이 재평가되면서, 그 이후 경시청을 중심으로 존속하게 된다. 민간에서도 자유민권운동의 결사에서 "운동회"라는 이름으로 검술이 행해지고 있다.

이 시대에 특히 주목해야 할 인물은 야마오카 뎃슈山岡鉄舟(1836~88)다. 뎃슈는 원래 호쿠신잇토류北辰一刀流를 배우는 한편 참선도 하고 있었으나 1880년(메이지 13년)에 죽도 검술을 연구하던 어느 순간 깨달음을 얻었다고 한다. 그후 잇토류 종가인 오노小野 가문의 당주에게 전해진 오의奥義와 합치되어 그 상전서도 물려받았다고 해서 "잇토쇼덴무토류一刀正伝無刀流"라고 칭했다고 한다. "내가 발명한 바를 무토류無刀流라고 칭하는 것은 마음 이외에 칼이 없는 것을 무토無刀라고 말하기 때문이다"(초고)라고 말하는 뎃슈는

"영성靈性의 도의道義와 과학 발달이라는 두 가지를 합해 진정한 문명이라고 불러야 함"(『무사도강화[武士道講話]』)이라는 점을 보여주고자 했던 것이다. 뎃슈는 춘풍관春風館(슌푸칸)을 설립해 검술에 의한 인간교육을 시작했고 그 문하에서는 검술의 교육적 의미를 주장하며 학교교육에 도입시키려는 운동도 펼치게 된다. 한편 뎃슈는 검술의 비전과 관련된 서적들을 수집하고 있었는데 그중에서도 특히 무사시 관련 비전서에 주목했다. 『오륜서』의 필사본도 입수하였고 『병법35개조』에 대해서는 직접 필사도 하고 있었다(춘풍관문고[春風館文庫] 소장).

『오륜서』의 재발견

앞서 언급한 것처럼 기본적으로는 마고노조 계통의 니텐이치류 사이에서만 전해지고 있던 『오륜서』가 공개적으로 간행되어 일반인들도 볼 수 있게 된 것은 1909년(메이지 42년)의 현창회편 『미야모토 무사시』부터였다. 이 해에 미쓰하시 간이치로三橋鑑一郎가 주해注解를 넣은 『검도비요劍道秘要』가, 또 다른 필사본의 『오륜서』와 「병법오권서兵法五卷書」(『병법35개조』와 같음) 등을 일반인들을 대상으로 간행했다. 이 이전에 청일전쟁 후인 1895년(메이지 28년)의 대일본무덕회大

日本武德会의 설립, 1899년(메이지 32년)의 니토베 이나조新渡
戸稲造의『무사도武士道』출판 이후의 무사도 붐, 1904년(메
이지 37년)과 1905년(메이지 38년)의 러일전쟁에서의 내셔널리
즘의 고양 등의 풍조를 거쳐 메이지 말기, 20세기에 들어서
고 나서 비로소『오륜서』가 재발견되기에 이른 것이다. 그
리고 1915년(다이쇼[大正] 4년) 간행된『무술총서武術叢書』에는
『오륜서』와 함께『병도경兵道鏡』상권이 수록되었다.『병도
경』의 경우 앞부분이 빠져 있었기 때문에 서명 불명인 채로
「엔메이류 검법서」라고 나와 있다.

　1911년(메이지 44년) 검도가 학교교육에서도 선택 과목으
로 도입 가능하다고 결정·공포되었다. 이에 따라 검도
교수법을 저술한 다카노 사사부로高野佐三郎의『검도剣道』
(1913)는『오륜서』를 "검도의 이론과 기술 전반에 걸쳐 상세
히 설명하고 있으며 나아가 근본적 정신세계로 심오하게
들어가 일심一心으로 만리万理에 응하는 오묘한 경지에 대
해 설명한다. 이렇게 깊이 있고 상세하게 기술된 것은 달리
찾아볼 수 없다. 무릇 검도서로서 가장 걸출한 것이다"라고
소개하고 있다. 이 책의 곳곳에서 따로 양해를 구하지 않고
『오륜서』의 용어나 문장이 인용되고 있으며 권말에는 자료
로서『오륜서』전문이 실려 있다. 이 이후부터 오늘날까지
검도서에『오륜서』가 자주 인용되게 되었다. 메이지 유신

이후 사회가 급속히 근대화를 이루던 가운데 에도 시대에 전개된 700개 이상의 검술 유파는 거의 없어진 것이나 다름 없다. 그럼에도 불구하고 무사시의 『오륜서』는 죽도 검술로 기술 형태가 크게 바뀐 오늘날에도 여전히 검술 이론이 그 대로 유효성을 지니고 있다. 『오륜서』의 보편성을 증명하고 있다고 할 수 있을 것이다.

맺음말

무사시는 사회가 전국시대부터 근세로 대전환을 이룬 격동기에 무사로서의 독립정신을 끝까지 관철했다. 전통이나 권위에 기대려 하지 않고 스스로의 경험을 바탕으로 한 사람의 개인으로 자신의 삶을 살아갔다. 무사시는 평생 동안 검의 도를 추구했지만 오로지 검술만 단련했던 것은 아니다. 다른 여러 방면에서도 병법으로 수행했고 여러 예술에 심취하며 스스로의 세계를 넓혀나갔다.

"병법의 이利(병법의 실제적으로 유효한 이론-역주)를 모든 예술 분야에 적용하자 만사에 있어 더 이상 스승이 없었다"고 단언한다. 무사시가 남긴 탁월한 수묵화는 그야말로 그 사실을 증명하고 있다. 무사시는 일본의 "도"의 추구 방식이나 그를 통해 펼쳐지는 모습을 현실에서 살면서 직접 보여주고 있다. 『오륜서』는 "모든 인간들이 자신의 도를 잘 닦는 것은 긴요한 일이다"라며 개개인이 각자의 도를 추구해야 한다고 권해주고 있다.

죽기 일주일 전 『오륜서』의 붓을 내려놓은 후 스스로의 인생을 돌아보며 썼다고 전해지는 무사시의 마지막 글인 『독행도獨行道』에는 앞서 본 것처럼 "내가 한 일은 후회하지 않는다", "도를 관철하기 위해서는 죽음도 두려워하지 않는다", "부처님을 받들되 의존하지 않는다" 등 21개조가 그저 생각나는 대로 하나하나 열거되고 있다. 하지만 이런 모든 것들은 마치 마지막의 한 마디 "항상 병법의 도에서 벗어나지 않는다"를 향해 놓여 있다고 여겨진다.

무사시는 삶의 마지막 순간에 스스로가 한마디로 정리하고 있는 것처럼, 60여 년의 세월을 "항상 병법의 도에서 벗어나지 않는다"라는 말처럼 살다가, 우리들에게 거대한 어떤 것을 남기고 떠났다.

후기

처음으로 무사시를 읽었던 것은 23년 전 사전에서『오륜서』를 소개하는 일을 맡게 되었을 때였다. 실로 대단한 책이라고 깜짝 놀라 이에 대한 논문을 썼다. 구체적인 기술에 대해서는 당시 하고 있던 노구치野口 체조의 도움을 받아 몸의 깊숙이까지 찾아가며 표현할 수 있었다. 아울러 논문에서 무사시를 일본에서의 수행의 전통 안에서 평가할 수 있었기 때문에 일본사상 전공자인 나로서는 나름대로 최선을 다했다고 생각해서 그것으로 마무리 지을 작정이었다.

그러나 어찌된 영문인지 이후 무사시에 관한 새로운 자료가 계속 나와 상당히 축적되게 되었다. 또한 개인적으로 검도의 '형'이나 궁도, 나아가 일본적인 동법動法을 배울 기회를 얻었다. 무사시 덕분에 다양한 곳에 가서 다양한 사람들과 만나게 되었다. 미술관 등에서 무사시가 직접 쓴 글이나 그림을 특별히 직접 보게 해주신 적도 있었다. 도미나가 겐고冨永堅吾 씨가 수집한 목당문고牧堂文庫에서는 그 아드님이신 도미나가 후미오冨永文男 씨 부부께서 항상 따뜻하게 맞이해 주셨다. 무사시가 쓴 필사본, 그간 알려지지 않앗던 직계 제자나 도요타 마사카타豊田正剛 등에 의한 다수의 고문서를 마음껏 볼 수 있어서 여러 가지 것들이 이어져갔다. 정원에서 내비치는 햇살 속에서 옛날부터 내려오던 것들에 둘러싸여 책을 손에 들자, 그것을 필사한 사람들이나 이렇게 남겨준 사람들의 마음이 그대로 전해졌다. 뭐라 형용할 수 없는 신기한 느낌이 들었다. 또한 니텐이치류 각파의 사범들을 방문했는데, 제2차 세계대전 이전의 분위기를 아는 마지막 세대의 말씀을 들을 수 있었던 것은 다행이었다. 그런 곳을 친절하게 안내하며 같이 돌아다녀 주신 분, 만나야 할 사람을 소개해주신 분, 기꺼이 조사하러 가셔서 자료를 보내주신 분 등, 고마운 많은 분들이 생각난다. 오랜 세월동안 무사시를 연구해 오신 마루오카 무네오丸岡宗男 선생님을 처음으로 방문하자 마치 기다리고 계셨던 것처럼, 처음 찾아온 나에게 다정하게 말씀을 건네주셨고 이후 몇 번이나 만년의 귀중한 말씀을 들을 수 있었다. 당시에는 조사할 때마다 따뜻하게 맞이해 준 후나키 도루船木후 씨의 가족 분들도 구마모토에 계셨다. 생각해 볼수록 신기하기 그지없는 인연에 이끌려 앞서 나온 두 권의 책(『미야모토 무사시-일본인의 도』, 『정본 오륜서』)가 완성될 수 있었다고 생각한다. 문득 정신을 차리고 보니 무사시와 함께 한 세월이 20년이 넘어가고 있었다.

앞선 두 권의 책에 대해 구로즈미 마코토黑住真 씨는 참으로 따뜻한 말씀을 해 주시며 신서로 출판할 것을 권유해 주셨다. 구마노 스미히코熊野純彦 씨는 이 신서 출판이 가능하도록 진력해 주셨다. 두 분의 힘이 없었더라면 이 책은 세상에 나올 수 없었을 것이다. 진심으로 감사합니다. 편집을 담당해 주신 후루카와 요시코古川義子 씨께서는 독자들이 이해하기 쉬운 신서로 만들고 싶다는 간절한 마음으로, 전체적인 구성에서 세부적인 내용에 이르기까지 많은 조언을 해 주셨다. 정말 많은 도움이 되었다. 후루카와 씨도 어느 사이엔가, 무사시의 삶을 명확히 살펴보고 싶다는 엄청난 에너지 속으로 흡입되셨다고 생각되는 순간도 있었다. 마지막으로 함께 고민하면서 협력해 준 아내에게 감사의 마음을 전한다.

2008년 11월

우오즈미 다카시

역자 후기

바야흐로 '원소스 멀티유즈One Source Multi Use' 전성시대다. '원소스 멀티유즈'란 주지하는 바와 같이 하나의 소재(콘텐츠)를 책, 영화, 드라마, 애니메이션, 게임, 캐릭터, 공연, 테마파크 등 여러 장르에 적용하여 파급효과를 노리며 부가가치를 극대화하는 마케팅 전략이라고 할 수 있다. 매력적인 하나의 '반짝임'을 포착할 수 있다면 그 너머로 거대한 '광맥'을 발견할 수 있다는 말이 된다.

그러나 따지고 보자면 문화적인 측면에서 결과적으로 이런 전략을 구사하게 된 것은 결코 어제오늘의 일이 아닐 것이다. 예를 들어 『춘향전』 같은 고전문학은 강렬한 스토리텔링으로 인해 시대를 초월해 다양한 장르로 재생산되고 있다. 최근 문화적으로 각광받고 있는 세종대왕도 한글을 창제하고 장영실을 기용한 조선시대의 성군이라는 박제된 이미지에서 벗어나, 그야말로 만 원짜리 지폐를 찢고 나와, 기득권에 도전장을 내민 개혁의 군주로서의 면모를 과시하고 있다.

일본의 경우도 마찬가지다. 고색창연한 박물관이나 무미

건조한 서고에서 뛰쳐나와 시대와 문화를 이끄는 신선한 콘텐츠로서 기능하는 고전작품이나 역사적 인물이 적지 않다. 천년의 세월 동안 모노가타리, 회화, 가부키, 노가쿠, 영화, 드라마, 만화, 애니메이션 등 다양한 장르에서 새롭게 태어난 『겐지모노가타리源氏物語』가 좋은 예라고 할 수 있다. 가부키, 분라쿠, 영화, 드라마, 만화 등으로 끊임없이 재생산되는 매력적인 스토리의 『주신구라忠臣蔵』도 빼놓을 수 없을 것이다. 다양한 시대에 걸쳐 새로운 시각으로 재조명된 역사적 인물들도 적지 않다. 이 책은 그 중 한사람인 미야모토 무사시를 대상으로 그의 삶에 대해 접근하려 하고 있다.

미야모토 무사시 역시 '원소스 멀티유즈'라는 단어를 환기시킨다는 점에서 강렬하고도 근원적인 문화콘텐츠 중 하나로 꼽을 수 있다. 우리나라에서는 배우 기무라 다쿠야木村拓哉가 나온 시대극 《미야모토 무사시》나 전설적인 만화 《배가본드》가 먼저 떠오르지만, 미야모토 무사시라는 콘텐츠를 가장 성공적으로 다룬 작품으로 요시카와 에이지의 『미야모토 무사시』를 빼놓을 수 없다.

주지하는 바와 같이 일본의 경우, 대중문학의 존재감이 순문학의 그것에 결코 뒤지지 않는다. 이는 일본의 출판, 인쇄자본의 상업주의와 긴밀히 연결되어 있기 때문이겠지만 일세를 풍미한 대중문학 작가들과 걸작들이 상당수 존재했다는 사실과도 무관하지 않을 것이다. 그 대표적인 작품 중 하나가 바로 요시카와 에이지의『미야모토 무사시』인 것이다. 일본에서 대중문학이 크게 선전할 수 있었던 이유로 "인생을 어떻게 살아야 할지"에 대한 답변이 있었기 때문이라는 지적이 있는데, 요시카와 에이지의『미야모토 무사시』는 바로 그 모범답안과도 같은 작품이었다. 이 책은 요시카와 에이지의 소설로 인해 대중들의 뇌리에 깊이 각인된 무사시의 모습에 대한 검증을 시작으로, 미야모토 무사시의 전 인생을 철저히 규명하고 그 사상의 진정한 모습을 명확히 하며 이것을 일본문화의 전체적 흐름 속에서 거시적으로 고찰하고자 한 시도였다고 할 수 있다. 무사로 살아가고자 했으나 미야모토 무사시가 살았던 시대는 이미 에도 시대라는 태평성대로 진입하고 있었다. 어떤 의미에서 시대를 약간 잘못 태어났다고도 할 수 있지만 오히려 그 결과 운명처럼『오륜서』를 집대성할 수 있었는지도 모른다. 에도라는 시대는 전국시대를 관통한 외연적 팽창 에너지를 내연적인 깊이로 치환한 시대로 종종 표현되곤 하는데, 그렇다면 미야모토 무사시는 가장 시대정신을 구현했던 무사였다는 말이 될 것이다.

미야모토 무사시의 번역 작업은 매우 흥미로웠다. 철학이라면 현상학, 불교라면 선종에 좀 더 끌리는 개인적인 성

향도 있겠지만, 밤낮으로 단련하고 연마에 연마를 거듭한 끝에 자유를 얻는 농밀한 수련 과정은 삶의 의미를 성찰하게 하는 강력한 힘을 가지고 있었다. 매력적인 구도자이자 인간적으로 더할 나위 없이 성실한 한 인간의 삶의 궤적을 따라가는 듯한 느낌이 들었다. 일본의 대중들이 미야모토 무사시의 이야기에 열광하며 어떻게 살아야 할지에 대한 해답을 갈구했던 이유가 어렴풋이 짐작되기도 했다.

하지만 아이러니하게도 번역 작업 내내 "미야모토 무사시"와 가장 닮은 사람으로 마음속에 떠올렸던 인물은 바로 "밥 딜런"이었다. "과거에 살았던 동양의 검객"과 "현재를 살아가고 있는 서양의 가수"는 모든 점에서 자칫 공통점이 없어 보이지만, "구도자"인 동시에 "지극히 성실한 인간"이었다는 점에서 두 사람은 더할 나위 없이 비슷한 측면을 가지고 있다. 그러고 보니 무사시도 그 시절, 각각의 전문 분야는 다르지만 일류가 된 인물들에게서 어떤 공통점을 발견했다고 언급하고 있다. 이 책에서도 자세히 소개하고 있는 것처럼 검법에 관한 한 거의 '끝장'을 본 미야모토 무사시는 그 단련 방식을 다양한 예술 방면에서도 적용하고 있다. 자신의 병법이 다른 분야의 원리와도 통해 있다는 사실을 인지하고 스스로가 통달한 도가 올바른 것임을 확신하게 된 것이다. "도리를 터득해도 그 도리에 얽매이지 않는다"라고 말한 무사시는 거의 도인의 경지에 올랐던 것으로 보인다. 참고로 밥 딜런이 만든 영화 《아임 낫 데어I'm Not There》에서 살펴볼 수 있는 것처럼, 밥 딜런이라는 가수는 그를 그런 가수라고 규정하는 바로 그 순간, 더 이상 그런 사람으로 여겨지기를 거부한 가수였다. 미야모토 무사시의 "공(비어있음)"과 밥 딜런의 "아임 낫 데어"가 이끌어주는 세계는 실로 광활하고 심오하다. 인생에 대한 구도의 자세는 시대나 국가를 초월해 인류의 보편적인 관심사임을 깨닫게 해준다.

미야모토 무사시는 매력적인 캐릭터다. 그가 추구한 경지는 많은 이에게 큰 울림을 줄 것으로 믿어 의심치 않는다. 삶을 진지하게 생각하는 사람이라면 한번쯤 읽어볼 만한 책이다.

아울러 번역 초고에 대해 열정적인 조언을 해주신 저자 우오즈미 다카시 교수님, 병법 이론과 몸의 움직임에 대해 많은 가르침을 주신 스루가다이 대학의 박주봉 교수님께 깊이 감사드린다. 이 책을 포함하여 이와나미 시리즈 전체를 기획해주신 이동섭 대표님께도 깊은 감사의 마음을 전한다.

2020년 7월 김수희

미야모토 무사시 관련 개략 연보

(「 」은 『오륜서』의 기술, 〔 〕은 주변사항, 숫자는 달을 나타냄)

연호·년	서력	무사시와 그 주변	시대배경
덴쇼 (天正) 원년	1573		오다 노부나가(織田信長), 쇼군 아시카가 요시아키(足利義昭)를 추방
	78	하리마(播磨) 전투. 하리마 세력 오다 측과 전쟁	
	80	하리마·미키성(三木城) 함락. 도요토미, 하리마 평정	이시야마혼간사(石山本願寺) 퇴거. 오다 측 기나이(畿内) 지배
덴쇼 10년	1582	무사시, 하리마에서 출생. 다하라 이에사다(田原家貞)의 차남	혼노사(本能寺)의 변. 히데요시(秀吉) 패권 겐치(檢地) 개시
	85		도요토미 히데요시(豊臣秀吉) 간파쿠 취임, 총무사령(惣無事令)
	88		도수령(刀狩り)
	90		오다와라(小田原)의 전투. 히데요시 전국통일을 달성
	91	덴쇼 시대, 미마사카(美作)·신멘 무니(新免無二)의 양자가 되다	신분통제령 공포. 센노 리큐 할복
분로쿠 (文禄) 원년	92		조선 출병(임진왜란)
	94	「13세에 처음으로 승부를 겨루었다」	야규 무네요시(柳生宗厳)·무네노리(宗矩), 도쿠가와 이에야스(徳川家康)의 부름을 받다
	97	「16세에 다지마국(但馬国)의 아키야마(秋山)와 승부」	조선 재출병(정유재란)
	98		히데요시 죽다
게이초 (慶長) 5년	1600	동군·구로다 조스이(黒田如水) 휘하에서 양아버지 무니와 분고(豊後)의 이시가키바루(石垣原) 전투, 야스키성(安岐城)·도미쿠성(富来城) 공격에 참가	세키가하라 전투. 서군 편 다이묘(大名) 88 가문 영지 몰수, 5가문 영지 삭감. 대량 낭인. 도쿠가와의 패권 확립

연호·년	서력	무사시와 그 주변	시대배경
	2	「스물한 살에 교토로 올라오다」	전후 처리 종료
	1603		이에야스 쇼군으로. 에도 막부 성립. 에도 축성
	4	요시오카(吉岡) 가문과의 세 번에 걸친 대결에서 이기다	
게이초 10년	5	『병도경(兵道鏡)』, 「천하제일(天下一)」 엔메이류(円明流) 수립 (12) 「이후 천하를 돌아다니며 여러 유파의 병법자들과 승부하다(29세까지 60여차례 승부에서 이기다)」	히데타다(秀忠), 2대 쇼군으로 취임
	9		기나이에 있던 다이묘 중 영지 몰수·변경(오사카 포위망)
게이초 15년	10	간류 고지로(巖流小次郎)와의 승부에서 이기다	서일본에서의 축성 활발(「난세가 멀지 않음」)
	1611	「30세 이후, 더더욱 심오한 도리(道理)를 추구」	이에야스 상락, 서일본 다이묘 막부에 3개 조항의 서약서
	12		비젠(備前)·아리마가문 영지 몰수, 아리마 하루노부(有間晴信) 참수
	13	〔『기노시타 노부토시 일차기(木下延俊日次記)』에 "병법자 무니(無二)"등장〕	기독교 금지령
겐나 (元和) 원년	15	오사카 여름 전투, 후다이(譜代) 미즈노 가쓰나리(水野勝成) 휘하에서 참전	겐나엔부(元和偃武), 일국일성령(一国一城令), 무가제법도(武家諸法度)
	16		이에야스 죽다
겐나 3년	17	〔히메지(姫路)에서 혼다(本多) 가문, 아카시(明石)에서 오가사와라(小笠原) 가문으로부터 녹을 받음〕〔양자·미키노스케(三木之助)가, 히메지의 혼다 가문에 출사〕혼다 가문의 '귀한 손님', 아카시 성곽도시 구획정비 전승	히데타다 교토 도착. 신판(親藩)·후다이(譜代) 다이묘의 기나이 진출

연호·년	서력	무사시와 그 주변	시대배경
간에이 (寛永) 3년	1626	〔미키노스케 순사〕〔양자·이오리(伊織), 아카시 오가사와라 가문에 출사〕오가사와라 가문의 '귀한 손님'으로	히데타다·이에미쓰 교토 도착. 이에미쓰, 3대 쇼군 취임
	28		포루투갈과 단교, 나가사키에서 후미에(踏絵) 시작
	31	〔이오리, 오가사와라 가문의 가로(家老)가 되다〕「50세, 병법의 도에 도달하다」	
간에이 9년	32	〔오가사와라 가문, 고쿠라로 이봉(移封)〕이오리와 함께 고쿠라로 오다(12)〔야규 무네노리(柳生宗矩)「병법가전서(兵法家伝書)」〕	히데타다 죽음. 구마모토(熊本)·가토(加藤) 영지 몰수. 구마모토에 호소카와 가문, 고쿠라에 오가사와라 가문 이봉
	35		무가제법도 개정(참근교대제[参勤交代制]) 쇄국령
	37		시마바라의 난 발발
간에이 15년	38	시마바라의 난 참전(2), 나카쓰(中津)·오가사와라(小笠原) 가문의 본진〔이오리, 고쿠라·오가사와라번 소군부교(惣軍奉行)〕호소카와 가문 가로·나가오카 사도노카미(長岡佐渡守)와 연락. 『병법서부(兵法書付)』(11)	규슈 다이묘들 시마바라로 출전 막부 기구 개혁(로주[老中]를 중핵으로)
	39		쇄국령(제5차), 쇄국 체제 완성
간에이 17년	1640	구마모토(熊本)·호소카와(細川) 가문 '귀한 손님'이 됨(8)	나가사키 내항 포르투갈 선원을 베다
	41	『병법35개조(兵法三十五箇条)』(2)〔번주 다다토시(忠利) 사망〕	간에이의 대기근. 막부, 세록제(世禄制) 공포
	42	다이쇼사(泰勝寺)·다이엔(大淵)에게서 참선『오방지태도도(五方之太刀道)』	나가사키 경비 강화
간에이 20년	43	이와토산(岩戸山)·레이간도(霊巌洞)에서『오륜서(五輪書)』집필 시작(10)	전답영구매매금지령(田畑永代売買禁止令). 해안 경비 강화
	44	발병, 가로들의 설득으로 귀환(11)	막부 명의 원병요청 거부. 명 멸망

연호·년	서력	무사시와 그 주변	시대배경
쇼호 (正保) 2년	1645	『오륜서(五輪書)』를 물려주다. 『독행도(独行道)』무사시 세상을 떠나다(5)	
게이안 (慶安) 2년	49		번주 호소카와 미쓰나오(細川光 尚) 사망, 호소카와 가문 상속 문 제에 오가사와라 다다자네 후견
	50		으로 호소카와 쓰나토시(細川綱 利), 영지 상속.
게이안 (慶安) 4년	51		이에미쓰 죽다. 게이안 사건(慶 安事件). 막부 문치정책으로
조오 (承応) 3년	54	이오리, 무사시현창비를 고쿠라 에 건립	

미야모토 무사시 관련 자료

I 무사시 저작

1. 『병도경(兵道鏡)』 1605년(게이초 10년) 12월 「미야모토무사시 수의경(宮本武蔵守義軽)」의 서명 28개조 엔메이류(円明流) 상전서 1607년(게이초 12년) 판본은 2개조 증보, 상하 2권. 1608년(게이초 13년) 판본은 여기에 '이(裏)'의 '형' 여섯 가지 추가

2. 『병법서부(兵法書付)』 1638년(간에이 15년) 11월 「신멘 무사시 겐신(新免武蔵玄信)」의 서명 14개조 서명 없음

3. 『병법35개조(兵法三十五箇条)』 1641년(간에이 18년) 2월 36개조 번주 호소카와 다다토시에게 바친 검술서
   증보판 『병법39개조(兵法三十九箇条)』는 데라오 구메노스케 계통 상전서로 구메노스케가 4개조 증보, 1개조 삭제했다고 보인다. 증보한 부분에서 다른 곳에는 보이지 않는 「다섯 가지 겨눔세의 이치(五方の構の次第)」 첫 번째는 무사시 유문(遺文)으로 생각된다.

4. 『오방지태도도(五方之太刀道)』 1권 무제 무서명 한문 서문 자필 『오륜서』의 당초의 서문으로 보인다.

5. 『오륜서五輪書』 1643년(간에이 20년) 10월 집필 시작, 1645년(쇼호 2년) 5월 물려주다. 5권의 병법서

6. 『독행도独行道』 1645년(쇼호 2년) 1권 자필로 전해짐 21개조의 자서훈(自誓訓)

   * 1·2에 대해서는 졸저 『미야모토 무사시—일본인의 도(宮本武蔵—日本人の道)』(2002) 자료편에 해설·번각
   *3·4·5·6에 대해서는 졸저 『정본 오륜서(定本五輪書)』(2005)에 해설·번각·교주

II 무사시의 글·그림·수공예품

무사시의 글·그림·수공예품에 대해서는 에도 중기부터 모조품이 상당해서 무사시 전람회에서도 신뢰할 수 없는 작품이 섞여 있는 경우가 많다. 무사시의 작품인지 재검토하여 확실한 작품을 기준으로 각 작품마

다 종이 질·먹물 사용·도장·필치·화풍 등을 세밀히 비교 검토하고 당시의 제작 사정까지 고려해 진위 감정을 엄밀히 행한 결과, 졸저『미야모토 무사시—일본인의 도(宮本武蔵—日本人の道)』에서는 제1류, 전래가 명백한 기준작, 제2류, 무사시의 작품임이 거의 확실시 되는 것, 제3류, 불명한 점이나 의문점이 있지만 무사시의 작품일 가능성이 높은 것, 제4류, 무사시의 작품이라고 하기에는 의문점이 많은 것, 제5류, 모조품이라고 판단되는 것, 기타 오염이나 파손에 의해 판단이 불가능한 것, 등으로 분류했다. 제1류에서 제3류까지의 작품을 이하에 기록하겠다.

1. **글** 제1류 4점 아리마 나오즈미(有馬直純)에게 보낸 편지/나가오카 오키나가(長岡興長)에게 보낸 편지/「독행도(独行道)」/「전기(戦気)」
   제2류 1점『오방지태도도(五方之太刀道)』
   제3류 1점 서책「솔이(率爾)」

2. **그림** 제1류 3점「제도(鵜図)」/「노엽달마도(蘆葉達磨図)」세폭대(三幅対, 세 폭 족자)/「마도(馬図)」
   제2류 10점「정면달마도(正面達磨図)」/「면벽달마도(面壁達磨図)」/「포대관투계도(布袋観闘鶏図)」/「주무숙도(周茂叔図)」(「주렴계도[周濂溪図]」)/「고목명격도(枯木鳴鵙図)」/「호엽달마도(芦葉達磨図)」/「유압도(遊鴨図)」/「문복포대도(押腹布袋図)」/「운룡도(雲龍図)」/「호안도(芦雁図)」6폭 병풍
   제3류 7점「포대도(布袋図)」/「오면포대도(午眠布袋図)」/「연지비취도(蓮池翡翠図)」/「포대도(布袋図)」/(「죽작(竹雀)·비취도(翡翠図)」세폭대(三幅対, 세 폭 족자))/「기우포대도(騎牛布袋図)」/「척리달마도(隻履達磨図)」/「홍매구도(紅梅鳩図)」

3. **수공예품** 제1류 2점 대태도(大太刀)/목도(木刀 二振)
   제2류 1점 안장(鞍)
   제3류 2점 코등이(鍔)/무사시 제작 다치(武蔵拵え太刀)

Ⅲ 미야모토 무사시 관련 주요 간행서
1. 현창회(顕彰会) 편(이케베 요시카타[池辺義象] 편)『미야모토 무사시(宮本武蔵)』긴코도(金港堂) 1909
2. 모리 다이쿄(森大狂) 편『미야모토 무사시 유묵집(宮本武蔵遺墨集)』민

유샤(民友社) 1921

3. 도미나가 겐고(富永堅吾)『사실 미야모토 무사시(史実宮本武蔵)』하쿠
센쇼보(百泉書房) 1969

4. 모리타 사카에(森田栄) 편『일본검도사(日本剣道史)』제9호·제11호 일
본검도사편찬소(日本剣道史編纂所) 1972·74

5. 마루오카 무네오(丸岡宗男) 편『미야모토 무사시 명품집성(宮本武蔵名
品集成)』고단샤(講談社) 1977

6. 와타나베 이치로(渡辺一郎) 교주『오륜서(五輪書)』이와나미문고(岩波
文庫) 1982

7. 오카다 가즈오(岡田一男)·가토 히로시(加藤寛) 편『미야모토 무사시의
모든 것(宮本武蔵のすべて)』신진부쓰오라이샤(新人物往来社) 1983

8. 하라다 무카시(原田夢果史)『진설 미야모토 무사시(真説宮本武蔵)』아시
쇼보(芦書房) 1984

9. 오우라 다쓰오(大浦辰男)『미야모토 무사시의 진수(宮本武蔵の真髄)』매
니지먼트사(マネジメント社) 1989

10. 이즈미시구보소기념미술관(和泉市久保惣記念美術館) 특별전(特別展)『미
야모토 무사시 필치 기술(宮本武蔵 筆の枝)』이즈미시구보소기념미술
관(和泉市久保惣記念美術館) 1997

11. 마쓰노부 이치지(松延市次) 편『교본 오륜서(校本五輪書)』사가판(私家
版) 2000

12. 우오즈미 다카시(魚住孝至)『미야모토 무사시—일본인의 도(宮本武蔵
—日本人の道)』페리칸샤(ぺりかん社) 2002

13. 별책역사독본(別冊歴史読本)『도설 미야모토 무사시의 실상(図説宮本武
蔵の実像)』신진부쓰오라이샤(新人物往来社) 2003

14. 마에다 히데키(前田英樹)『미야모토 무사시『오륜서』의 철학(宮本武蔵
『五輪書』の哲学)』이와나미서점(岩波書店) 2003

15. 후쿠다 마사히데(福田正秀)『미야모토 무사시 연구논문집(宮本武蔵研
究論文集)』레키켄(歴研) 2003

16. 우쓰노미야 야스나가(宇都宮泰長)『미야모토 겐신전 사료집성(宮本玄
信伝史料集成)』호와슛판(鵬和出版) 2005

17. 우오즈미 다카시(魚住孝至)『정본 오륜서(定本五輪書)』신진부쓰오라이
샤(新人物往来社) 2005

IWANAMI 054

미야모토 무사시
—병법의 구도자—

초판 1쇄 인쇄 2020년 8월 10일
초판 1쇄 발행 2020년 8월 15일

저자 : 우오즈미 다카시
번역 : 김수희

펴낸이 : 이동섭
편집 : 이민규, 서찬웅, 탁승규
디자인 : 조세연, 김현승, 황효주, 김형주
영업·마케팅 : 송정환
e-BOOK : 홍인표, 유재학, 최정수
관리 : 이윤미

㈜에이케이커뮤니케이션즈
등록 1996년 7월 9일(제302-1996-00026호)
주소 : 04002 서울 마포구 동교로 17안길 28, 2층
TEL : 02-702-7963~5   FAX : 02-702-7988
http://www.amusementkorea.co.kr

ISBN 979-11-274-3581-3 04910
ISBN 979-11-7024-600-8 04080

MIYAMOTO MUSASHI ——"HEIHO NO MICHI" WO IKIRU——
by Takashi Uozumi
Copyright © 2008 by Takashi Uozumi
Originally published in 2008 by Iwanami Shoten, Publishers, Tokyo.
This Korean print edition published 2020
by AK Communications, Inc., Seoul
by arrangement with Iwanami Shoten, Publishers, Tokyo

일본의 지성과 양심

이와나미岩波 시리즈

001 이와나미 신서의 역사

가노 마사나오 지음 | 기미정 옮김 | 11,800원

일본 지성의 요람, 이와나미 신서!
1938년 창간되어 오늘날까지 일본 최고의 지식 교양서 시리즈로 사랑받고 있는 이와나미 신서. 이와나미 신서의 사상·학문적 성과의 발자취를 더듬어본다.

002 논문 잘 쓰는 법

시미즈 이쿠타로 지음 | 김수희 옮김 | 8,900원

이와나미서점의 시대의 명저!
저자의 오랜 집필 경험을 바탕으로 글의 시작과 전개, 마무리까지, 각 단계에서 염두에 두어야 할 필수사항에 대해 효과적이고 실천적인 조언이 담겨 있다.

003 자유와 규율 -영국의 사립학교 생활-

이케다 기요시 지음 | 김수희 옮김 | 8,900원

자유와 규율의 진정한 의미를 고찰!
학생 시절을 퍼블릭 스쿨에서 보낸 저자가 자신의 체험을 바탕으로, 엄격한 규율 속에서 자유의 정신을 훌륭하게 배양하는 영국의 교육에 대해 말한다.

004 외국어 잘 하는 법

지노 에이이치 지음 | 김수희 옮김 | 8,900원

외국어 습득을 위한 확실한 길을 제시!!
사전·학습서를 고르는 법, 발음·어휘·회화를 익히는 법, 문법의 재미 등 학습을 위한 요령을 저자의 체험과 외국어 달인들의 지혜를 바탕으로 이야기한다.

005 일본병 -장기 쇠퇴의 다이내믹스-

가네코 마사루, 고다마 다쓰히코 지음 | 김준 옮김 | 8,900원

일본의 사회·문화·정치적 쇠퇴, 일본병!
장기 불황, 실업자 증가, 연금제도 파탄, 저출산·고령화의 진행, 격차와 빈곤의 가속화 등의 「일본병」에 대해 낱낱이 파헤친다.

006 강상중과 함께 읽는 나쓰메 소세키

강상중 지음 | 김수희 옮김 | 8,900원

나쓰메 소세키의 작품 세계를 통찰!
오랫동안 나쓰메 소세키 작품을 음미해온 강상중의 탁월한 해석을
통해 나쓰메 소세키의 대표작들 면면에 담긴 깊은 속뜻을 알기 쉽게
전해준다.

007 잉카의 세계를 알다

기무라 히데오, 다카노 준 지음 | 남지연 옮김 | 8,900원

위대한 「잉카 제국」의 흔적을 좇다!
잉카 문명의 탄생과 찬란했던 전성기의 역사, 그리고 신비에 싸여 있
는 유적 등 잉카의 매력을 풍부한 사진과 함께 소개한다.

008 수학 공부법

도야마 히라쿠 지음 | 박미정 옮김 | 8,900원

수학의 개념을 바로잡는 참신한 교육법!
수학의 토대라 할 수 있는 양·수·집합과 논리·공간 및 도형·변
수와 함수에 대해 그 근본 원리를 깨우칠 수 있도록 새로운 관점에
서 접근해본다.

009 우주론 입문 -탄생에서 미래로-

사토 가쓰히코 지음 | 김효진 옮김 | 8,900원

물리학과 천체 관측의 파란만장한 역사!
일본 우주론의 일인자가 치열한 우주 이론과 관측의 최전선을 전망
하고 우주와 인류의 먼 미래를 고찰하며 인류의 기원과 미래상을 살
펴본다.

010 우경화하는 일본 정치

나카노 고이치 지음 | 김수희 옮김 | 8,900원

일본 정치의 현주소를 읽는다!
일본 정치의 우경화가 어떻게 전개되어왔으며, 우경화를 통해 달성
하려는 목적은 무엇인가. 일본 우경화의 전모를 낱낱이 밝힌다.

011 악이란 무엇인가

나카지마 요시미치 지음 | 박미정 옮김 | 8,900원

악에 대한 새로운 깨달음!
인간의 근본악을 추구하는 칸트 윤리학을 철저하게 파고든다. 선한
행위 속에 어떻게 악이 녹아들어 있는지 냉철한 철학적 고찰을 해본
다.

012 포스트 자본주의 -과학 · 인간 · 사회의 미래-

히로이 요시노리 지음 | 박제이 옮김 | 8,900원

포스트 자본주의의 미래상을 고찰!
오늘날 「성숙 · 정체화」라는 새로운 사회상이 부각되고 있다. 자본주의 · 사회주의 · 생태학이 교차하는 미래 사회상을 선명하게 그려본다.

013 인간 시황제

쓰루마 가즈유키 지음 | 김경호 옮김 | 8,900원

새롭게 밝혀지는 시황제의 50년 생애!
시황제의 출생과 꿈, 통일 과정, 제국의 종언에 이르기까지 그 일생을 생생하게 살펴본다. 기존의 폭군상이 아닌 한 인간으로서의 시황제를 조명해본다.

014 콤플렉스

가와이 하야오 지음 | 위정훈 옮김 | 8,900원

콤플렉스를 마주하는 방법!
「콤플렉스」는 오늘날 탐험의 가능성으로 가득 찬 미답의 영역, 우리들의 내계, 무의식의 또 다른 이름이다. 융의 심리학을 토대로 인간의 심층을 파헤친다.

015 배움이란 무엇인가

이마이 무쓰미 지음 | 김수회 옮김 | 8,900원

'좋은 배움'을 위한 새로운 지식관!
마음과 뇌 안에서의 지식의 존재 양식 및 습득 방식, 기억이나 사고의 방식에 대한 인지과학의 성과를 바탕으로 배움의 구조를 알아본다.

016 프랑스 혁명 -역사의 변혁을 이룬 극약-

지즈카 다다미 지음 | 남지연 옮김 | 8,900원

프랑스 혁명의 빛과 어둠!
프랑스 혁명은 왜 그토록 막대한 희생을 필요로 하였을까. 시대를 살아가던 사람들의 고뇌와 처절한 발자취를 더듬어가며 그 역사적 의미를 고찰한다.

017 철학을 사용하는 법

와시다 기요카즈 지음 | 김진희 옮김 | 8,900원

철학적 사유의 새로운 지평!
숨 막히는 상황의 연속인 오늘날, 우리는 철학을 인생에 어떻게 '사용'하면 좋을까? '지성의 폐활량'을 기르기 위한 실천적 방법을 제시한다.

018 르포 트럼프 왕국 -어째서 트럼프인가-

가나리 류이치 지음 | 김진희 옮김 | 8,900원

또 하나의 미국을 가다!
뉴욕 등 대도시에서는 알 수 없는 트럼프 인기의 원인을 파헤친다.
애팔래치아 산맥 너머, 트럼프를 지지하는 사람들의 목소리를 가감
없이 수록했다.

019 사이토 다카시의 교육력 -어떻게 가르칠 것인가

사이토 다카시 지음 | 남지연 옮김 | 8,900원

창조적 교육의 원리와 요령!
배움의 장을 향상심 넘치는 분위기로 이끌기 위해 필요한 것은 가르
치는 사람의 교육력이다. 그 교육력 단련을 위한 방법을 제시한다.

020 원전 프로파간다 -안전신화의 불편한 진실-

혼마 류 지음 | 박제이 옮김 | 8,900원

원전 확대를 위한 프로파간다!
언론과 광고대행사 등이 전개해온 원전 프로파간다의 구조와 역사
를 파헤치며 높은 경각심을 일깨운다. 원전에 대해서, 어디까지 진
실인가.

021 허블 -우주의 심연을 관측하다-

이에 마사노리 지음 | 김효진 옮김 | 8,900원

허블의 파란만장한 일대기!
아인슈타인을 비롯한 동시대 과학자들과 이루어낸 허블의 영광과
좌절의 생애를 조명한다! 허블의 연구 성과와 인간적인 면모를 살펴
볼 수 있다.

022 한자 -기원과 그 배경-

시라카와 시즈카 지음 | 심경호 옮김 | 9,800원

한자의 기원과 발달 과정!
중국 고대인의 생활이나 문화, 신화 및 문자학적 성과를 바탕으로,
한자의 성장과 그 의미를 생생하게 들여다본다.

023 지적 생산의 기술

우메사오 다다오 지음 | 김욱 옮김 | 8,900원

지적 생산을 위한 기술을 체계화!
지적인 정보 생산을 위해 저자가 연구자로서 스스로 고안하고 동료
들과 교류하며 터득한 여러 연구 비법의 정수를 체계적으로 소개한
다.

024 조세 피난처 -달아나는 세금-
시가 사쿠라 지음 | 김효진 옮김 | 8,900원
조세 피난처를 둘러싼 어둠의 내막!
시민의 눈이 닿지 않는 장소에서 세 부담의 공평성을 해치는 온갖
악행이 벌어진다. 그 조세 피난처의 실태를 철저하게 고발한다.

025 고사성어를 알면 중국사가 보인다
이나미 리쓰코 지음 | 이동철, 박은희 옮김 | 9,800원
고사성어에 담긴 장대한 중국사!
다양한 고사성어를 소개하며 그 탄생 배경인 중국사의 흐름을 더듬
어본다. 중국사의 명장면 속에서 피어난 고사성어들이 깊은 울림을
전해준다.

026 수면장애와 우울증
시미즈 데쓰오 지음 | 김수회 옮김 | 8,900원
우울증의 신호인 수면장애!
우울증의 조짐이나 증상을 수면장애와 관련지어 밝혀낸다. 우울증
을 예방하기 위한 수면 개선이나 숙면법 등을 상세히 소개한다.

027 아이의 사회력
가도와키 아쓰시 지음 | 김수회 옮김 | 8,900원
아이들의 행복한 성장을 위한 교육법!
아이들 사이에서 타인에 대한 관심이 사라져가고 있다. 이에「사람과
사람이 이어지고, 사회를 만들어나가는 힘」으로「사회력」을 제시한
다.

028 쑨원 -근대화의 기로-
후카마치 히데오 지음 | 박제이 옮김 | 9,800원
독재 지향의 민주주의자 쑨원!
쑨원, 그 남자가 꿈꾸었던 것은 민주인가, 독재인가? 신해혁명으로
중화민국을 탄생시킨 희대의 트릭스터 쑨원의 못다 이룬 꿈을 알아
본다.

029 중국사가 낳은 천재들
이나미 리쓰코 지음 | 이동철, 박은희 옮김 | 8,900원
중국 역사를 빛낸 56인의 천재들!
중국사를 빛낸 걸출한 재능과 독특한 캐릭터의 인물들을 연대순으
로 살펴본다. 그들은 어떻게 중국사를 움직였는가?!

030 마르틴 루터 -성서에 생애를 바친 개혁자-

도쿠젠 요시카즈 지음 | 김진희 옮김 | 8,900원

성서의 '말'이 가리키는 진리를 추구하다!
성서의 '말'을 민중이 가슴으로 이해할 수 있도록 평생을 설파하며
종교개혁을 주도한 루터의 감동적인 여정이 펼쳐진다.

031 고민의 정체

가야마 리카 지음 | 김수희 옮김 | 8,900원

현대인의 고민을 깊게 들여다본다!
우리 인생에 밀접하게 연관된 다양한 요즘 고민들의 실례를 들며, 그
심층을 살펴본다. 고민을 고민으로 만들지 않을 방법에 대한 힌트를
얻을 수 있을 것이다.

032 나쓰메 소세키 평전

도가와 신스케 지음 | 김수희 옮김 | 9,800원

일본의 대문호 나쓰메 소세키!
나쓰메 소세키의 작품들이 오늘날에도 여전히 사람들의 마음을 매
료시키는 이유는 무엇인가? 이 평전을 통해 나쓰메 소세키의 일생을
깊이 이해하게 되면서 그 답을 찾을 수 있을 것이다.

033 이슬람문화

이즈쓰 도시히코 지음 | 조영렬 옮김 | 8,900원

이슬람학의 세계적 권위가 들려주는 이야기!
거대한 이슬람 세계 구조를 지탱하는 종교 · 문화적 밑바탕을 파고
들며, 이슬람 세계의 현실이 어떻게 움직이는지 이해한다.

034 아인슈타인의 생각

사토 후미타카 지음 | 김효진 옮김 | 8,900원

물리학계에 엄청난 파장을 몰고 왔던 인물!
아인슈타인의 일생과 생각을 따라가 보며 그가 개척한 우주의 새로
운 지식에 대해 살펴본다.

035 음악의 기초

아쿠타가와 야스시 지음 | 김수희 옮김 | 9,800원

음악을 더욱 깊게 즐길 수 있다!
작곡가인 저자가 풍부한 경험을 바탕으로 음악의 기초에 대해 설명
하는 특별한 음악 입문서이다.

036 우주와 별 이야기

하타나카 다케오 지음 | 김세원 옮김 | 9,800원

거대한 우주의 신비와 아름다움!
수많은 별들을 빛의 밝기, 거리, 구조 등 다양한 시점에서 해석하고
분류해 거대한 우주 진화의 비밀을 파헤쳐본다.

037 과학의 방법

나카야 우키치로 지음 | 김수희 옮김 | 9,800원

과학의 본질을 꿰뚫어본 과학론의 명저!
자연의 심오함과 과학의 한계를 명확히 짚어보며 과학이 오늘날의
모습으로 성장해온 궤도를 사유해본다.

038 교토

하야시야 다쓰사부로 지음 | 김효진 옮김 | 10,800원

일본 역사학자의 진짜 교토 이야기!
천년 고도 교토의 발전사를 그 태동부터 지역을 중심으로 되돌아보
며, 교토의 역사와 전통, 의의를 알아본다.

039 다윈의 생애

야스기 류이치 지음 | 박제이 옮김 | 9,800원

다윈의 진솔한 모습을 담은 평전!
진화론을 향한 청년 다윈의 삶의 여정을 그려내며, 위대한 과학자가
걸어온 인간적인 발전을 보여준다.

040 일본 과학기술 총력전

야마모토 요시타카 지음 | 서의동 옮김 | 10,800원

구로후네에서 후쿠시마 원전까지!
메이지 시대 이후 「과학기술 총력전 체제」가 이끌어온 근대 일본
150년. 그 역사의 명암을 되돌아본다.

041 밥 딜런

유아사 마나부 지음 | 김수희 옮김 | 11,000원

시대를 노래했던 밥 딜런의 인생 이야기!
수많은 명곡으로 사람들을 매료시키면서도 항상 사람들의 이해를
초월해버린 밥 딜런. 그 인생의 발자취와 작품들의 궤적을 하나하나
짚어본다.

042 감자로 보는 세계사

야마모토 노리오 지음 | 김효진 옮김 | 9,800원

인류 역사와 문명에 기여해온 감자!
감자가 걸어온 역사를 돌아보며, 미래에 감자가 어떤 역할을 할 수 있는지, 그 가능성도 아울러 살펴본다.

043 중국 5대 소설 삼국지연의 · 서유기 편

이나미 리쓰코 지음 | 장원철 옮김 | 10,800원

중국 고전소설의 매력을 재발견하다!
중국 5대 소설로 꼽히는 고전 명작 『삼국지연의』와 『서유기』를 중국 문학의 전문가가 흥미롭게 안내한다.

044 99세 하루 한마디

무노 다케지 지음 | 김진회 옮김 | 10,800원

99세 저널리스트의 인생 통찰!
저자는 인생의 진리와 역사적 증언들을 짧은 문장들로 가슴 깊이 우리에게 전한다.

045 불교입문

사이구사 미쓰요시 지음 | 이동철 옮김 | 11,800원

불교 사상의 전개와 그 진정한 의미!
붓다의 포교 활동과 사상의 변천을 서양 사상과의 비교로 알아보고, 나아가 불교 전개 양상을 그려본다.

046 중국 5대 소설 수호전 · 금병매 · 홍루몽 편

이나미 리쓰코 지음 | 장원철 옮김 | 11,800원

중국 5대 소설의 방대한 세계를 안내하다!
「수호전」, 「금병매」, 「홍루몽」 이 세 작품이 지니는 상호 불가분의 인과관계에 주목하면서, 서사란 무엇인지에 대해서도 고찰해본다.

047 로마 산책

가와시마 히데아키 지음 | 김효진 옮김 | 11,800원

'영원의 도시' 로마의 역사와 문화!
일본 이탈리아 문학 연구의 일인자가 로마의 거리마다 담긴 흥미롭고 오랜 이야기를 들려준다. 로마만의 색다른 낭만과 묘미를 좇는 특별한 로마 인문 여행.

048 카레로 보는 인도 문화

가라시마 노보루 지음 | 김진희 옮김 | 13,800원

인도 요리를 테마로 풀어내는 인도 문화론!
인도 역사 연구의 일인자가 카레라이스의 기원을 찾으며, 각지의 특색 넘치는 요리를 맛보고, 역사와 문화 이야기를 들려준다. 인도 각고장의 버라이어티한 아름다운 요리 사진도 다수 수록하였다.

049 애덤 스미스

다카시마 젠야 지음 | 김동환 옮김 | 11,800원

우리가 몰랐던 애덤 스미스의 진짜 얼굴
애덤 스미스의 전모를 살펴보며 그가 추구한 사상의 본뜻을 이해하고, 근대화를 향한 투쟁의 여정을 들여다본다

050 프리덤, 어떻게 자유로 번역되었는가

야나부 아키라 지음 | 김옥희 옮김 | 12,800원

근대 서양 개념어의 번역사
「사회」, 「개인」, 「근대」, 「미」, 「연애」, 「존재」, 「자연」, 「권리」, 「자유」, 「그, 그녀」 등 10가지의 번역어들에 대해 실증적인 자료를 토대로 성립 과정을 날카롭게 추적한다.

051 농경은 어떻게 시작되었는가

나카오 사스케 지음 | 김효진 옮김 | 12,800원

농경은 인류 문화의 근원!
벼를 비롯해 보리, 감자, 잡곡, 콩, 차 등 인간의 생활과 떼려야 뗄 수 없는 재배 식물의 기원을 공개한다.

052 말과 국가

다나카 가쓰히코 지음 | 김수희 옮김 | 12,800원

언어 형성 과정을 고찰하다!
국가의 사회와 정치가 언어 형성 과정에 어떠한 영향을 미치는지, 그 복잡한 양상을 날카롭고 알기 쉽게 설명한다.

053 헤이세이(平成) 일본의 잃어버린 30년

요시미 슌야 지음 | 서의동 옮김 | 13,800원

일본 최신사정 설명서!
경제거품 붕괴, 후쿠시마 원전사고, 가전왕국의 쇠락 등 헤이세이의 좌절을 한 권의 책 속에 건축한 '헤이세이 실패 박물관'